KB138624

지식인문학교양총서
(석학에게듣는다1)

동아시아 지식 인문학의 지평을 탐색하다

이 저서는 2017년 대한민국 교육부와 한국연구재단의 지원을 받아 수행된
연구임 (NRF-2017S1A6A3A01079180)

단국대학교 일본연구소 HK+ 사업단 기획

임형택: 성균관대학교 한문학과 명예교수
펑옌룬(彭衍綸): 대만 국립동화대 중국어문학과 교수
이시이 마사미(石井正己): 도쿄 가쿠게이대 교수
허철: 단국대학교 한문교육연구소 연구원
왕찌엔시(王建喜): 중국 북경사범대 교수
양레이(楊磊): 중국 북경제2외국어대 교수
　　　([공동집필] 장하오난(張浩楠): 중국 북경제2외국어대 한국어학과 대학원생)
스에키 후미히코(末木文美士): 도쿄대·국제일본문화연구센터 명예교수
선병삼: 성균관대학교 한국철학인문문화연구소 객좌연구원
김승룡: 부산대학교 한문학과 교수
이성백: 서울시립대학교 철학과 교수
이효진: 독일 하이델베르크대 강사
브엉 티 흐엉(王氏紅, Vương Thị Hường): 베트남 사회과학 한림원 한남연구원 부편집장

지식인문학교양총서(석학에게듣는다1)

동아시아 지식 인문학의 지평을 탐색하다

© 단국대학교 일본연구소 HK+ 사업단, 2019

1판 1쇄 인쇄_2019년 06월 05일
1판 1쇄 발행_2019년 06월 15일

기　획_단국대학교 일본연구소 HK+ 사업단
지은이_임형택, 펑옌룬, 이시이 마사미, 허철, 왕찌엔시, 양레이, 스에키 후미히코, 선병삼, 김승룡,
　　　이성백, 이효진, 브엉 티 흐엉
펴낸이_양정섭

펴낸곳_도서출판 경진
　　　등록_제2010-000004호
　　　이메일_mykyungjin@daum.net
　　　사업장주소_서울특별시 금천구 시흥대로 57길(시흥동) 영광빌딩 203호
　　　전화_070-7550-7776　팩스_02-806-7282

값 21,000원
ISBN 978-89-5996-255-6 03000

※ 이 책은 본사와 저자의 허락 없이는 내용의 일부 또는 전체의 무단 전재나 복제, 광전자 매체 수록 등을 금합니다.
※ 잘못된 책은 구입처에서 바꾸어 드립니다.
※ 이 도서의 국립중앙도서관 출판예정도서목록(CIP)은 서지정보유통지원시스템 홈페이지(http://seoji.nl.go.kr)와 국가자료공동목록시스템(http://www.nl.go.kr/kolisnet)에서 이용하실 수 있습니다. (CIP제어번호: 2019022726)

지식인문학교양총서
(석학에게듣는다1)

동아시아 지식 인문학의 지평을 탐색하다

단국대학교 일본연구소 HK+ 사업단 기획

임형택 외 지음

　본 총서는 한국연구재단의 2017년 HK+ 인문기초학문 분야 지
원 사업에 선정된 단국대학교 일본연구소의 "지식 권력의 변천과
동아시아 인문학: 한·중·일 지식 체계와 유통의 컨디버전스" 사업
수행 결과물을 정리·보급하는 차원에서 기획된 총서의 하나이다.
본 사업은 15세기 이후 20세기 초까지 한·중·일 지식 체계의 형성·
변화 및 지식 유통의 메커니즘을 규명함으로써 그와 관련된 지식
권력의 형성과 지형 변화 등을 연구하는 데 목표를 두고 있다.
　지식이란 사물이나 대상에 대한 인간의 명료한 의식 전반을 일
컫는 용어로, 실증적 학문 이론뿐만 아니라 때로는 종교적이거나
형이상학적 인식을 지칭하는 용어이다. 동서양의 지식 관련 담론
과 서적은 이루 헤아릴 수 없을 정도로 많고 다양하다. 지식의 탄생
과 진화, 지식의 체계와 구조 등에 대한 연구 성과도 마찬가지이다.
이는 인간 사회와 역사에서 지식의 영향력이 그만큼 크다는 것을
의미한다. 곧 지식은 그 자체로서 이데올로기성을 띨 뿐만 아니라
권력과 밀접한 관련을 맺고 있다는 뜻이다.
　본 연구소의 HK플러스 사업팀이 15세기를 기점으로 동아시아
지식 지형과 권력의 상관성을 키워드로 하여 한국 지식사를 규명

하고자 한 의도는 한국 학문 발전사뿐만 아니라 한·중·일의 지식 교류사, 지식의 영향력, 지식 사회의 미래 등을 집중적으로 연구할 수 있는 토대를 갖추고, 이를 기반으로 본 연구소를 세계적인 지식 담론의 생산처로 발돋움하게 하는 데 있다. 본 연구소에서 다루어야 할 지식 담론은 전근대의 한·중·일 지식 현상뿐만 아니라 본 대학의 위치한 경기 동남부를 중심으로 한 각 지역의 지역학, 이를 기반으로 한 국내 각 지방의 지역학 네트워크 구축, 인접 국가인 중국과 일본의 지역학 등을 포함한다.

본 연구소의 총서는 학술 총서와 교양 총서(자료 총서 포함)로 구분되어 있다. 교양 총서는 '시민 강좌', '해외 석학 초청 강연', '학문 후속 세대를 위한 명사 초청 특강' 등의 사회적 소통 성과를 바탕으로 본 사업단의 아젠다 연구 성과를 보급·확산하는 데 목표를 두고 있다. 특히 이 총서는 본 사업단에서 실시한 '해외 석학 초청 강연' 및 학술대회에서 거둔 연구 성과를 수록한 것으로 아젠다를 심화하는 데 중요한 역할을 한다.

이번에 발행하는 『동아시아 지식 인문학의 지평을 탐색하다』(지식인문학교양총서: 석학에게듣는다1)는 '한중 서사전통과 근대소설'(임형택), '동아시아 지역 민간 전설의 유래와 변화'(평옌룬[彭衍綸]), '일본 민담과 지식'(이시이 마사미[石井正己]) 등 동아시아 문지(文知)의 성격과 지식의 유동(流動)을 고찰한 제1부, '동아시아 지식 탐구의 관점에서 본 한자 지식 연구의 가치'(허철), 『生死場』에 나타난 차유법의 한국어 번역전략 연구'(양레이[楊磊]·장하오난[張浩楠]), '한자 문화의 층위성'(왕찌엔시[王建喜]) 등 동아시아 공동 문어로서의 한자와 그 번역에 대한 탐색인 제2부, '왕권과 신불을 통해 본 일본 사상사'(스에키 후미히코[末木文美士]), '양명심학과 명대 정치 문화: 각민행도(覺民行道)를 중심으로'(선병삼), '고려 후기 지식인의 존재와 지식의 재구성'(김승룡) 등 전통 시대 한·중·일의 지식 사상 담론을 다룬 제3부, '권력-지식론의 지평 확장'(이성백), '경성제국대학 법문학부의 인맥 구조와 조수 제도'(이효진), '19세기 베트남의 유학 교육: 판귀틱의 사례 연구(브엉 티 흐엉) 등 지식 담론의 지평 확장에 관해 논의한 제4부로 구성되었다.

지식 인문학의 관점에서 지식 생산과 기반에 관한 체계적인 이론을 정립하는 일은 쉬운 일이 아니다. 인간의 다양한 의식이나 경험, 고대와 중세의 박물학적 지식을 비롯하여, 근대의 다양한 분과 학문의 전문화, 21세기 정보화 사회와 제4차 산업혁명으로 일컬어지는 인공지능, 빅데이터 등 끊임없는 전환 시대에 지식의 유형과 지식 생산의 기반을 설명하고자 하는 노력이 어느 하나의 이론으로 정립될 수 있을 것이라고는 생각하지 않는다. 그럼에도 지식 생산의 기반을 논의하고, 그에 대한 사적 고찰을 해야 하는 이유는 과거로부터 현재, 그리고 미래 시대에서 지식의 본질과 가치를 규명하기 위한 기본적인 작업이라고 믿기 때문이다. 본 총서는 연구 계획서에 기반한 첫걸음에 해당하며, 이 걸음을 떼는 과정에서도 다소의 시행착오가 있었다. 이 시행착오는 아마도 2차 연도 이후의 총서 개발에서도 다시 반복될 소지가 있다.

그럼에도 사회적 소통 차원에서 시민 강좌를 계획하고, 지역 인문학 센터를 통해 연구 성과를 보급하며, 지역 사회의 지식 담론을 수용하여 아젠다 연구를 보완하는 일은 매우 중요한 일로 생각한다. 아무리 어렵고 힘든 일일지라도 첫 걸음을 떼는 일은 매우 중요하다. 지식 인문학 교양 강좌를 담당하고, 또 총서에 기꺼이 원고를 주신 여러 선생님과 중국어 번역 편집에 힘쓴 최석원 연구교수, 일본어 번역 편집에 힘쓴 홍성준 연구교수께 감사드린다. 또한 이 책이 간행되기까지 많은 조언을 해 주신 공동 연구원 교수님, 수고해 주신 사업단의 연구교수와 연구보조원, 그리고 경진출판 양정섭 사장님께 감사의 말씀을 드린다.

2019년 5월 10일
단국대학교 일본연구소장(HK+ 사업 연구책임자) 허재영

목차

제2부 공동 문어로서의 한자와 번역

제3부 전통 시대 한·중·일 지식 사상 담론

제4부 권력 지식론의 지평 확장

제**1**부 동아시아 문지文知의 성격과 지식의 유동流動

1강

한중 서사 전통과 근대소설*

임형택

.

1. 동아시아 서사학

여기서 나는 전근대 소설로서 한국의 『구운몽』과 중국의 『홍루몽』, 근대소설로서 염상섭의 『만세전』과 루쉰의 『아Q정전(阿Q正傳)』을 말하려고 한다. 이처럼 양국에 걸쳐 앞뒤 시대의 명작 4편을 한목에 다 논하겠다니, 겁도 없고 주제넘다는 지탄이 당연히 따라

---

* 본고는 단국대학교의 'HK+ 지식권력의 변천과 동아시아 인문학' 사업단에서 행한 학문후속세대 특강(2019.04.30)의 원고로 작성한 것이다. 요청받은 주제는 '동아시아 서사학 전통과 근대'였다. 이에 필자가 전에 발표했던 「동아시아 서사학 시론: 『九雲夢』과 『紅樓夢』을 중심으로」(『동아시아 서사학의 전통과 근대』, 동아시아학술총서 2, 2005)와 「소설에서 근대어문의 실현경로: 동아시아 어문질서의 근대적 개편과 관련해서」(『흔들리는 언어들: 언어의 근대와 국민국가』, 성균관대학교 대동문화연구원, 2008)란 2편의 논문을 하나로 엮어 축약하면서 개작을 하였다.

올 것 같다. 나로서는 여기에 의도한 바가 없지 않다. 제 눈으로 작품을 읽고 떠오른 생각을 적어보자, 이야 무어 탓할 것이 있으랴! 오히려 작품에 대한 논의의 단초이자 기본이 되어야지 않을까 싶다. '동아시아 서사학'이란 틀에서 4편의 작품을 분석, 통괄해 보자는 것이 나름의 취지이다.

그렇다면 '동아시아 서사학'이란 과연 학적으로 성립할 수 있는 개념일까? 중국소설의 인식에 서사학적 담론을 제출한 앤드류 플락스(Andrew H. Plaks) 교수는 16~18세기 유라시아대륙의 양쪽 끝, 중국과 유럽에 소설이 동시적으로 발생한 점을 인정하면서, '놀라운 공존성'으로 거론한다. "유럽에서 소설의 형식이 등장하는 것과 관련된 문학의 외적 상황을 중국 전통과 비교해 보면 놀랄 정도의 유사성을 보이고 있음을 알 수 있다."1) 그의 중국소설의 전통에 대한 견해는 서구소설과의 대비를 통해 제기된 주장임은 말할 나위 없다.

서구적인 소설—Novel은 널리 알려져 있듯 '부르조아 서사시', 즉 시민계급의 성장과 밀접하게 관련된 장르이다. 19세기로 와서 유럽은 '위대한 소설'의 시대가 개막된 것이다. 그런데 중국 쪽을 돌아보면 오늘날까지 인구에 회자하고 문화적 효용가치도 오히려 살아나는 '위대한 소설'—『삼국지연의』·『수호전』·『서유기』등 장편소설이 오랜 연변(演變) 과정을 거쳐서 15~16세기경에는 이미 완성된 형태로 진화하였으며, 개인 창작의 '위대한 소설'『홍루몽』

---

1) 앤드류 플락스, 「중국서사론」, 김진곤 편역, 『이야기 小說 Novel: 서양학자의 눈으로 본 중국소설』, 예문서원, 2001, 121~122쪽.

이 등장한 것도 18세기 중후반이다. 중국소설의 범세계적인 조기 성취를 어떻게 설명할 것인가? 함에도 저 위대한 전통이 20세기 근대전환의 도정에서는 외관상으로 무화되고 서구적 소설이 이입, 새판이 차려지는 모양새가 된 사실을 또 어떻게 설명할 수 있을까?

플락스 교수의 위 지적을 통해서도 동서를 회통하는 소설 인식의 가능성이 포착된다. 그래도 좀처럼 풀리지 않은 의문점이 있다. 한자문화권의 소설(小說)과 서구의 Novel은 개념범주가 애당초 달라서 인지할 코드가 서로 맞지 않는 것일까. 서양의 Novel과 한자권의 소설은 등치시킬 것은 아니더라도 완전히 다른 것도 아니지 않는가. 서로 다르기도 하고 같기도 한 면모를 간과해서는 안 되겠지만, 어느 한쪽을 기준으로 다른 쪽을 재단해서도 안 될 것이다. 중국을 중심으로 한 한자권의 서사전통이 서구적인 것과 같고 다른 양상, 바로 그 지점이 동아시아 서사학을 제기하는 일차적 근거이다.

또한 한국의 서사전통은 중국과 다른 면모를 보이면서 대체로 유사한 궤적을 그려왔다. 일본의 경우는 정황이 그리 간단치 않다. 일본을 중국 중심의 세계로부터 분리시켜 보려는 언설이 안팎으로 있어 왔다. 일본은 현상적으로 한·중 사이의 상호관계에 비추어 소원했다고 말할 수 있겠으나, 역시 한자문화권의 자장에 속해서 상통하는 경로를 거쳐 온 사실 또한 부인하기 어렵다. 서구의 서사전통과 다른 점은 중국뿐 아니라, 한국과 일본에도 유사하게 적용될 것임이 물론이다.

서구적 소설과 동아시아적 소설의 상이점은 양쪽의 문화적 차이로 해석할 수 있을 터다. 결론적으로 동아시아 서사학은 성립 가능한 개념이며, 그것은 우리의 학적 과제이다. 그래서 '동아시아 서사학'이란 거대 주제를 앞에 놓고 방도를 찾는데 한·중의 대표격인 4작품을 이정표로 잡은 셈이다. 구체적 이해를 갖도록 하자는 의도이긴 하나 아직은 하나의 시론이다.

2. 한·중의 전통서사에서 도달한 두 봉우리
: 『구운몽』과 『홍루몽』

2.1. 중국의 『홍루몽』, 한국 소설사에서 『구운몽』 성립의 배경

중국의 서사전통이 도달한 최고봉은 『홍루몽(紅樓夢)』이라는 것이 대체로 정평이다. 한국 소설사에서는 어느 하나를 최고봉이라고 지목하기 어려운 형편인데 『구운몽』과 『춘향전』을 서로 다른 위치에서 고봉을 형성했다고 말하면 공론이 될 것 같다. 그런데, 중국과 한국 두 나라의 정상급 소설이 하필 『홍루몽』과 『구운몽』이란 유사한 제목이 되었을까? 이 상동성에서 우연 이상의 어떤 의미를 짚어낼 수 없을까?

한국소설사의 목록을 보면 1687~1688년에 『구운몽』이 창작되고[2] 18세기로 들어가 『옥린몽(玉麟夢)』이, 다시 19세기에 『옥루몽

---

2) 김만중이 『구운몽』을 지은 시점은 그의 년보 기록에 의해서 확인되었다. 김만중이 宣川으로 유배갔던 때(1687~1688년, 그의 나이 51~52세)의 기록에 "旣到配, 値尹夫人生朝, 有詩

(玉樓夢)』(일명『玉蓮夢』)이 나왔다. 그래서 한국소설사에 속칭 '몽자류(夢字類)'란 말이 쓰이기도 한 것이다.

중국의『홍루몽』은 18세기 중후반에 이루어진 것이다. 나는 이런 사실에 주의하여 "『구운몽』은『홍루몽』보다 1세기 먼저 출현하였으니 '몽자류'의 원조는 한국이 아닌가 싶다고 말한 바 있다. 문제는, 잘 살펴보면 이들 사이에 유형적 공통성은 인정되지만 내용 및 기법 면에서 현격하게 구별된다는 점이다. 여기서 또 동아시아적 시각의 필요성을 새삼 느끼게 된다"3)는 지적을 하기도 했다.

『구운몽』과『홍루몽』의 유형적 상동성으로서 우선 신화적 원형 회귀의 하강(下降) 구조를 지적할 수 있다.『구운몽』은 하강 구조에 꿈을 차용하여 인생을 한바탕의 꿈으로 처리한 작품이다. 꿈을 꾸고 깨는 서사의 과정이 '닫힌' 구조의 틀이 된 것이다.

『홍루몽』의 서사에서 꿈의 의미는 중층적이고 미묘하다.『홍루몽』의 제5회는 전체 서사를 예고하는 길목이다. 꿈속에서 경환(警幻)이란 선녀가 남주인공 가보옥을 꿈속에서 태허경(太虛境)으로 안내한다. 이 대목은 몽유록인 셈인데 장차 작중에서 벌어질 일들을 암시한 설정이다. 이처럼 몽환 중에 인간의 욕망과 쾌락을 살짝 맛보게 한 것은 깨달음을 얻도록 하기 위함이라는 언표가 나온

曰: '遙想北堂思子淚, 半緣死別半生離.' 又著書寄送, 俾作消遣之資. 其旨以爲一切富貴繁華都是夢幻."이라고 나와 있다. 여기서 '著書寄送'—책을 지어 보낸다고 한 그 책이 무엇인지 명기되지 않았으나, '一切富貴繁華都時幻夢'—일체의 부귀번화는 모두 다 몽환이라고 한 그 요지 설명으로『구운몽』임을 알게 한다. 이『西浦年譜』를 발굴, 소개한 金炳國 교수는 따로「九雲夢 著作時期 辨證」(『한국학보』51집, 1988년 여름)을 발표한 바 있다.

3)「『홍루몽』: 사회비극으로 승화된 애정 비극」,『창비문화』창간호, 1995.

다.4) 『구운몽』에서 일체의 부귀영화가 다 몽환임을 깨닫도록 한다
는 그것과 일맥상통하고 있다. 뿐만 아니라, 마지막 끝맺는 데서는
"처음부터 모두 다 꿈이던 것을 세인들의 어리석음 비웃지 말라[由
來同一夢 休笑世人痴]"고, 작품에 그려진 파란의 일들이 온통 꿈에
비유된 것이다. 그럼에도 『홍루몽』은 꿈을 전체의 구조적 틀로 이
용한 것이라고 보이지 않는다. 이런 다름이 있지만 다 같이 '몽(夢)'
자 돌림으로써 인생관까지 상동성을 보인 것이다.

그리고 상동점으로서 또 다른 하나는 남주인공 1인에 여성 다수
가 등장하는 인물배치의 구도이다. 『구운몽』에서 8선녀, 『홍루몽』
에서 금릉 12채(金陵十二釵)가 그것인데, 모두 전생에 정해진 숙연
(宿緣)이 있는 것으로 설정한 것까지 동일하다.

그렇지만 양자의 서사기법이나 문학적 성격이 워낙 달라서 동질
적인 것으로 간주하기 어렵다. 한국의 19세기 기록에 중국인의 『구
운몽』에 대한 소감이 적혀 있다. "중원 문사가 『구운몽』을 읽고서
기축(機軸)은 매우 좋은데 사건을 펼쳐내 폭이 큰 작품으로 만들지
못했다"5)고 아쉬운 뜻을 표했다는 것이다. 전언이긴 하지만 일리
있는 지적이다. '기축'이란 작품의 구성 및 표현미·풍격 등을 포괄
한 개념이다. 『구운몽』은 우선 편폭에 있어서 대작이 못된다. 서사
의 전개로 말하면 아주 복잡하면서도 세부의 디테일로 풍부하게
펼쳐낼 기량이 따르지 못한 것이다.

---

4) "幸仙姑偶來, 可望先以情欲聲色等事警其痴頑, (…중략…) 故引彼再到此處. 令其歷飲
饌聲色之幻, 或冀將來一悟, 未可知也."(『紅樓夢』, 經元堂藏板 제5회 7쪽 뒤)
5) 李遇駿, 『夢遊野談』(필사본).

『구운몽』은 『홍루몽』보다 1세기 앞서 나왔다. 『구운몽』 이후로 대하장편이 출현하긴 하였다. 하지만 독자들의 흥미본위에 쫓아가다 보니 마치 요즘 TV연속극처럼 엿가락 늘이듯 늘인 모양의 것이 되고 말았다. 소설이란 글쓰기를 통해 고도의 작가적 예술혼이 투여되기를 기대하기 어려웠음이 당시 조선의 문화 풍토였다.

작가의 개인적인 역량 문제가 아니다. 요는 '직업적 글쓰기'에 창조적 활력을 불어넣을 수 있는 사회·문화적 조건이 얼마나 갖추어졌느냐에 달려 있다. 19세기를 살았던 경화사족인 홍길주(洪吉周, 1786~1841)의 발언을 들어보자. "중국의 곤궁한 문사들은 허다히 책을 판각해서 생활을 영위하는데 우리나라에는 이런 풍속이 없다. 그래서 사대부 자제로서 벼슬길이 막혀 빈한한 자들 중에는 법을 어기고 이익을 탐하는데 **빠져들어** 패가망신하는 사례가 허다하다."6)

당시 자국을 비추어볼 타자는 오직 중국이었다. 관직에서 소외된 지식인 부류의 생존 문제를 제기한 바 중국의 경우 문필업이 생계수단으로 되고 있음에 비해서 우리 쪽은 그런 출로가 열리지 않아 잉여지식인들은 악의 구렁텅이로 쉽게 **빠져든다**는 진단이다. 홍길주가 걱정해 준 대상은 기존의 사대부에서 영락한 선비들이지만 그뿐이 아니었다. 지식의 욕구가 확산됨에 따라 밑에서 상승한 지식층이 늘어나서 당시 사회에는 잉여지식인들이 광범하게 존재했던 사실이다.

---

6) 洪吉周, 「睡餘瀾筆」.

홍길주가 잉여지식인 문제의 해결책을 출판문화에서 찾은 것은 길을 옳게 잡았다고 보겠다. 지식인의 근대적인 생존형태를 선각적으로 내다본 셈이다. 그는 출판문화의 활성화를 가로막는 요인은 인쇄술의 낙후에 있다고 판단한 것이다. 우리의 고비용 인쇄술을 가지고는 책의 상품적 유통이 불가능한 실정이었다. 해서 긴급히 중국의 저비용·고효율의 인쇄술을 배워다가 국내에 보급시키면 "춥고 배고픈 선비들이 중국 지식인들처럼 그에 힘입어 살아갈 수 있다"고 생각한다.[7] 이때의 글쓰기 양식은 어떤 종류가 유용할까? 이에 대한 답을 홍길주는 내놓지 않고 있다. 중국인의 『구운몽』 독후감을 전했던 이는 이우준(李遇駿, 1801~1867)이란 인물인데 그의 北京 견문기를 참고로 들어보자.

내가 보니 北京 正陽門 밖의 즐비한 서점들에 책이 가득 쌓여 있는데 태반은 稗官雜說이다. 대개 江南·西蜀지방에서 과거보러 상경했다가 낙방한 서생들이 먼길에 돌아가지 못하고 다음 번 과거를 기다리며 소설을 지어 출판, 판매해서 살아간다. 그래서 이렇다는 것이다.[8]

물론 이국의 상황에 대해 여행 중의 전문이므로 얼마나 실상에 부합할지 단정하기 어렵다. 하지만, 청대(淸代) 소설의 작가는 하층

---

7) 필자는 이조후기 사회에서 잉여지식인이 확산된 현상, 그 현상이 일으킨 사회·문화적인 문제를 「이조말 지식인의 戱作化 경향: 金笠 詩 연구서설」(『실사구시의 한국학』, 2000)에서 다루었다.

8) 李遇駿, 『夢遊野談』.

문인과 서적상의 합작의 결과라는 점이 일반적인 견해이므로 위의 기록은 대개 실상에 부합하는 것 같다. 더욱 확실한 사실은 당시 '직업적 글쓰기'로 말하면 소설이 제일이었다. 이것이 시대적 추세이기도 하였다.

17세기에서 19세기에 이르는 조선사회 역시 같은 시대적 추세 속에 들어가 있었다. 방각본 형태의 상업출판이 이루어지는 한편, 세책점(貰冊店)이 출현하여, 그런 대로 소설이 발흥할 조건이 발생한 것이다. 다만 아직은 유치하고 영세한 상태였다. 그래서 당시 소설은 대부분 필사본으로 보급되는 방식이 취해졌다. 이런 조건에서 증가하는 독자들의 수요에 맞추다보니 부분적으로 소설의 양적 비대화가 빚어진 것으로 여겨진다.

여기서 한국 고소설의 익명성 문제에 잠깐 눈을 돌려보자. 한문소설은 작자를 명기한 사례가 있으나, 국문소설은 예외 없이 책 자체에는 어디에도 작자의 성명이 밝혀 있지 않다. 소설의 익명성은 신소설 단계에 와서야 극복되기 시작한다. 이 현상은 저작권에 해당하는 권리를 당초에 생각하지 못했음을 의미하는바 그 당시 열악했던 출판문화의 실태를 반영한 것이다. 외형적인 데 그치지 않고 글을 지은 주체로서의 창작의식이 부재했다고 볼 수 있다. 곧 소설 양식은 창작의식을 발휘할 필요조건이 마련되지 못한 상태였다. 한문소설의 경우 전통적인 시문 창작 관행의 연장으로 볼 수 있다. 『구운몽』도 예외가 아니었는데 다른 자료를 통해서 후세에 작자가 김만중으로 고증이 된 것이다.9)

『구운몽』이 『홍루몽』과는 달리 "세부의 디테일을 풍부하게 펼쳐 낼 기법"이 따르지 못한 사정은 일종의 역사적 한계로서 이해할 수 있겠다.

그렇다면 나름으로 개성이 있고 상당한 수준에 도달한『구운몽』은 어떻게 출현할 수 있었을까? 17세기 말에 김만중의『구운몽』과 나란히 조성기(趙聖期)가 지은『창선감의록(倡善感義錄)』이 한국소설사에 등장한다. 이 두 소설이 다 같이 명문 출신의 일류지식인에 의해 창작된 사실에 주목할 필요가 있다. 소설이라면 유자들이 다분히 부정적 관점을 가졌고 사회기반도 열악한 상황에서 어떻게 그리 짧지 않은 글을 지어낼 수 있었을까? 다름 아닌 규방(閨房)의 요청을 접수한 때문이다.

전통사회에서 부녀자들은 궁정을 포함해서 사족층까지 한결같이 규방에 속박되어 있었다. 바야흐로 변해 가는 시대에 처했으나 저들을 마냥 그대로 규방에 안주시켜야만 했다. 조선조 사회를 유지하자면 여성이 규방을 지켜야 했으니까. 그러니 어떤 방식으로건 살짝 숨통을 터주지 않을 수 없었다. 이런 상황 처해서 저들에게 재미도 주면서 교육 내지 교양의 효과를 발휘할 수 있는 무엇을 고안해야만 했다. 거기에 안성맞춤으로써 소설을 고려하게 된 것이다. 이에 교훈적이면서 여성 교양적인 '규방소설(閨房小說)'이 창출되었다. 규방소설은 조선적 특수성의 산물이다.[10]

---

9) 중국 소설 역시 익명성의 경향이 없지 않았다.『홍루몽』도 세상에 처음 출현해서 읽혀진 당시에는 작자가 드러나지 않은 상태였다. 하지만 대부분 출판물로 유통이 되는데 작자가 비록 필명, 혹은 가명이라도 명기되어 있었고, 나름으로 작자에 의한 창작적인 의미가 담겨져 있었다.

10) 閨房은 사대부 부녀자들의 생활공간을 지칭하는 어휘이다. 그 차단된 공간에서 지내야 하는 부녀자들에게 흥미도 제공하고 교양적 의미도 지닌 것으로 고안된 품종이 다름 아닌 국문소설

규방소설은 당초 여성독자의 수요에 맞춘 것이기에 국문으로 씌어졌다. 『구운몽』이나 『창선감의록』 등으로 국문소설의 존재가 부상하여, 장차 자국어문학의 발전을 전망할 수 있었다. 그런가 하면 규방소설은 규방을 넘어 남성 독자들을 끌어들임으로써 그 자체가 한문소설로 전환되는가 하면, 서민층으로의 확산이 일어나 다양한 종류의 국문소설 형태가 출현하기에 이르렀다. 한국 문학사의 중요한 계기를 마련한 것으로 볼 수 있다.

요컨대 위에서 거론한 『구운몽』의 '닫힌' 구조는 곧 규방소설의 성격을 반영한 역설적 형식이다. 여성의 속박과 해방이라는 아이러니를 형식에서뿐 아니라 내용에서도 구현하고 있다.

2.2. 『구운몽』과 『홍루몽』의 비교분석

『구운몽』은 『홍루몽』과 사뭇 다른 사회·문화적 환경에서 산생된 작품임을 확인하였다. 이 양자의 관련 양상은 평면적으로 우열을 평가할 그런 성질이 아님을 말했다. 하지만 상호간의 공통점 및 차이점을 따져 물을 필요가 있으며, 이 작업이 하기에 따라서는 상당한 의미를 가질 수도 있다. 『구운몽』의 시각에서 『홍루몽』을 해석하고, 『홍루몽』의 시각에서 『구운몽』을 해석해 보려는 것이다. 곧 동아시아 서사학에 접근하는 방법론으로 생각하고 있다.

이었다. 당시에 '여사고담(女史古談)'이라고도 일컬어졌거니와, 필자는 여기에 '규방소설(閨房小說)'이란 개념을 부여하고 있다(「17세기 閨房小說의 成立과 『倡善感義錄』」, 『東方學志』 제57집, 1988).

『구운몽』의 양소유(楊少遊)와『홍루몽』의 가보옥(賈寶玉), 위에서 본대로 두 주인공은 유형적 차원에서 논하자면 동일한 재자형(才子型)이다. 이 유형은 전기소설(傳奇小說)의 유물로서 '닫힌' 구조에 상응하는 것이다. 게다가 두 작품의 등장인물들이 모두 초월적인 세계에서 내려온 그야말로 특별한 존재여서 외모도 준수할 뿐 아니라 범인으로는 따라갈 수 없는 걸출한 능력을 갖추고 있다. 뿐 아니라, 현세를 부정하고 영원으로 회귀하는 결말까지 두 소설이 같다.

『홍루몽』또한 등장인물들의 성격으로 보면 갈데없이 재자가인형(才子佳人型)에 속하는 것이다. 루쉰은『중국소설사략』에서『홍루몽』을 인정소설(人情小說)로 구분지었는데 그가 설정한 인정소설이란 다름 아닌 재자가인들의 이야기다. 소위 재자가인형 소설이 명말청초(明末淸初)에 크게 유행하였던바 루쉰은 이들을 인정소설의 범주로 다루면서 그 특징적 면모를 "그 서술한 내용은 대체로 재자가인의 일인데 문아풍류(文雅風流)를 섞어서 엮고 공명(功名)과 기우(奇遇)를 주로 하되 중간에 혹 어긋나지만 끝내 소망대로 이루어지는 까닭에 당시 가화(佳話)라고 일컫기도 하였다"[11]고 개괄했던 것이다. 한국소설사에서도『구운몽』을 비롯하여 재자가인형 소설이 성행하였거니와, 루쉰이 개괄한 그 특징적 규모는 거의 그대로 적용될 수 있을 것이다. 재자가인 자체가 중세 동아시아세계 보편의 이상화된 인간형이므로『구운몽』과『홍루몽』의 상동성은 이에 직결된

---

11) 魯迅, 『中國小說史略』, 上海文化出版社, 2005, 161쪽.

형상이다.

『홍루몽』의 가보옥, 인물특성과 소설의 특성

이렇듯 『구운몽』과 『홍루몽』은 폭넓은 상동성을 갖고 있지만, 상동성의 핵심인 양소유 그리고 가보옥—두 주인공은 동일한 인간유형임에도 표출된 성격은 서로 달라, 양자의 성격차이는 그대로 두 작품의 성격차이를 연출하고 있다.

『구운몽』의 양소유는 과거 시험을 보기 위해 집을 떠나면서 자기 모친에게 한 말이 있다. "만일 집 지키는 개가 되어 공명을 구하지 않으면 부친이 저에게 기대한 뜻이 아닙니다." 작품 중에서 이 대목은 남주인공이 8미인을 만나고 출장입상(出將入相)의 영예를 한 몸에 누리는 전체 스토리의 발단이다. 공명은 유교의 최고 덕목인 충효의 실천목표이기에, 남자로 태어나 공명을 추구하지 않는 삶의 태도는 '집 지키는 개'로 매도된다. 이러한 인생관을 『홍루몽』의 가보옥은 죽도록 지겨워하고 혐오하였다. 문장경륜(文章經綸)이다, 충효라고 떠벌이는 자들을 가보옥은 한낱 '녹을 훔치는 벌레'로 치부하고 있다. 가보옥의 눈에 혹시 양소유가 띠었다면 갈데없이 '녹을 훔치는 벌레'로 비쳤을 것이다.

『홍루몽』에서 '돌'은 형식적 장치로 중층적 기능을 하면서 고도의 상징적 의미를 내포하고 있다. 저 옛날 옛적 천지창조의 여신 여와씨(女媧氏)가 하늘을 떠받치고서 내버진 돌덩이 하나, 그 돌의 조화가 다 늦게 '소설적 신기루'를 창출한 셈이다. 돌의 화신이

보옥이요, 돌에 적혀진 기이한 사적이 소설의 내용이다. 그래서 『홍루몽』의 원제가 『석두기(石頭記)』였다.

하긴 신화적으로 탄생한 인물이 영웅형이 아니고 재자형에 속하게 된 자체가 고대적 서사의 문맥에서는 이미 정석에서 벗어났다고 하겠다. 게다가 재자형으로서도 이단자가 되고 말았다. 재자형이란 요컨대 숭문적(崇文的) 문벌체제의 이상형이다. 재자는 공명을 인생의 지표로 삼는 것이 마땅하다. 그럼에도 보옥은 엉뚱하게 공명을 싫어하고 멀리한 것이다. 보옥의 형상을 '봉건 가정의 반역자'로 규정한 사회주의적 문학사의 관점은 타당성이 인정된다.[12] 보옥의 반역이 만약 체제에 저항하는 행동으로 나갔다면 그야말로 영웅 본색이 되겠거니와, 자기 자신으로 내화해서 정서적으로 나갔다. 그의 성질이며 행동은 종작없이, 주변 사람들에게는 곧잘 쑥맥이고 약간 돈 사람처럼 비쳐진다. 그의 인상을 "밖은 청수한데 안이 혼탁하다"고 표현하였으니 특이한 형상 그 본체에서 괴리가 일어난 꼴이다. 가보옥이란 이름이 벌써 진짜가 아닌 '가(假) 보옥'임을 암시한 터였다. 그 돌은 본시 천지공사에 쓰고 버려진 '폐기물'이었으니 그 화신인 보옥 또한 문벌 귀족의 '폐기물'이란 의미를 함축하고 있다.[13]

반항아 보옥의 이상한 성격은 여성 편향으로 표출이 된다. 그는 "여자의 몸은 맑은 물로 이루어졌고 남자의 몸은 지저분한 흙으로

---

12) 游國恩 등, 『中國文學史 四』, 人民出版社, 1978, 266쪽.
13) 章培恒·駱玉明, 『中國文學史』 下, 復旦大學出版社, 1996, 548~549쪽.

빚어졌다"면서, 여자를 보면 맑고 깨끗한 느낌이 드는 데 반해 남자를 접하면 혼탁한 냄새가 난다는 것이다. 작중에서 보옥은 유난히 여자들에게 다정다감해 어울려 놀며 웃고 이야기하기를 좋아한다. 반면에 남자들과는 잘 어울리지 못해서 더구나 집안의 남자 어른들과는 거의 적대적인 관계에 놓인다. 이러한 여성 편향에는 또 이상한 점이 발견된다. 그는 여성이 결혼하는 것을 몹시 안타까워하고 나이 들어가는 모습에서 환멸을 느끼는 것이다. 결혼하기 전의 소녀는 보배로운 구슬이고 시집을 가면 어느덧 광채를 잃어버린 구슬이 되며, 늙어지면 썩은 고기눈깔로 변한다고 그는 탄식을 발하고 있다. 이러한 인간관을 어떻게 해석할 것인가?

가보옥이 여자에 대해 남자 못지않게, 오히려 남자보다 고귀하게 보는 의식에서 고질적인 남존여비의 관념을 거부하고 남성 중심의 사회에 저항하는 의미를 읽을 수 있다. 또 그의 소녀적 청순미에 쏠린 대목에서는 이탁오(李卓吾)의 유명한 「동심설(童心說)」이 제기한 사상에 결부시켜 볼 수도 있겠다. 사람들이 세상을 살아가면서 저마다 물욕에 빠져들고 여자들은 더더욱 가족 이기주의에 집착하는 행태가 너무나 역겨워서 혼자 고뇌한 나머지 '동심'을 잃지 않고 참 마음을 찾으려는 그런 정신적 지향으로 이해된다. 그런데, 삶의 과정에서 오염되어 추잡스러워진 세월의 나이테에 염증을 느낀 나머지 그는 환멸하고 있다. 마침내는 염세적으로 흘러 반체제적 비판의식의 현실적 출구를 스스로 차단해버린 셈이다. '피터팬 증후군'으로 진단할 혐의마저 보인다. 이러한 그의 출로는 탈현실밖에 없다.

『홍루몽』의 작가는 여러 부류의 인간들, 이런저런 삶의 세부를 예리하고 치밀하게 그려내서 리얼리스트로서의 치열하고도 탁월한 정신과 필치를 유감없이 발휘했다고 말할 수 있겠다. 그렇긴 하지만, 『홍루몽』을 현실주의로 규정짓기에는 그 자체에 현실주의에 배치되는 인간학적·문학적 경향이 적잖게 도사리고 있다고 본다.

『홍루몽』은 '반역적 재자형'을 주인공으로 등장시킴으로써 반역적 소설이 된 셈이다. 이는 작가가 처음부터 의도한 바였다. 작품의 서두에서 공공도인(空空道人)이란 서사적 장치에 해당하는 인물의 입을 빌어 '돌에 기록된 이야기'(『홍루몽』을 가리킴)는 어찌해서 일반 소설과 달리 연대도 나와 있지 않은 데다 대현대충(大賢大忠)의 나라를 구하고 세상을 바로잡는 내용이란 찾아볼 수 없는가 라고 의문을 제기한다. 그런 다음, 작가의 소설관을 내비치고 있다. 기존의 소설에 대한 부정과 창조의 변증법을 작가 스스로 실천한 것이다. 루쉰이 『홍루몽』을 인정소설로 다루면서도 "구투를 파탈하여 앞의 인정소설들과는 심히 같지 않다"[14]고 한 지적은 이런 점에 유의해서 나온 평가로 여겨진다.

『구운몽』, 게임의 논리

『홍루몽』의 경우 주인공이 '날개 잃은 천사'가 되어 서사의 무대

---

14) 魯迅, 『中國小說史略』, 上海文化出版社, 2005, 196쪽.

가 집을 벗어난 일이 드물었던 반면, 『구운몽』의 주인공은 '집 지키는 개'가 되기를 거부한 나머지 소설의 세계는 훨훨 비상하여 사건이 휘황하게 펼쳐진다. 양소유는 한번 집을 떠남에 "장원급제 한림학사(翰林學士)를 하고 출장입상(出將入相)하여 공명신퇴(功名身退)하고 두 공주와 여섯 낭자(娘子)로 더불어 즐기기"에 이른 것이다. 두 공주와 여섯 낭자—8가인은 부귀공명의 징표이다. 『구운몽』의 서사구조가 곧 출신과 성격이 각양각색인 여덟 가인을 하나하나 만나서 우여곡절 끝에 결연하는 스토리다. 이는 『수호전』에서 강호의 영웅들이 양산박으로 집결하는 과정과 유사한 구조라고 말할 수 있겠다.

여기에 살펴볼 점이 있다. 양산박의 108명 두령에 『구운몽』의 재자가인 9인을 대비해 보면 『구운몽』 쪽은 아무래도 단조로울 밖에 없다. 호걸들이 연출하는 역동감과 스펙타클이란 아예 기대조차 할 수 없으려니와, 남녀의 관계 맺기 또한 당초 서사의 디테일이 발전하지 못한 상태로서 애정 표현조차 극히 절제되고 보면 무맛이 되기 십상이다. (단순하고 소박한 전통사회에서는 그런 것도 재미있다고 여길 수 있겠으나, 소설류를 자꾸 접하게 되면 신기한 것을 요구하게도 될 듯싶다.)

이에 나름으로 고안한 묘수가 있으니 다름 아닌 '놀리고 속이기'이다. 예컨대 양소유가 여도사를 가장하고 대갓집으로 들어가서 규중심처의 처자 정경패를 만나 가까이 앉게 되며, 이에 대한 앙갚음으로 시녀 가춘운이 선녀도 되고 귀신도 되어 양소유를 골려주는 이야기, 적경홍이 남장을 하고 나타나서 양소유에게 의심을 일으키도록 하는 이야기, 이렇듯 줄줄이 이어진다. 갈등구조 대신 게임의 논리가 전편에 걸쳐 주조를 이루고 있다. 놀리고 속이는 게임이 주는 묘미로 재치와 익살에 긴장감이 적당히 유지되어 소설은 흥미진진하게 읽혀질 수 있다.

하긴 『구운몽』은 전체로서 게임의 구조 아닌가. 육관대사는 신의 조화를 지닌 연출자이니 성진과 팔선녀 다 함께 놀이판의 말처럼 실컷 부림을 당하는 꼴이다. 막판에 "인간 재미 어떻더뇨?"라는 육관대사의 소리에 성진은 비로소 꿈에서 깨어나고 놀이판 또한 끝이 난 것이다. 이로서 소설도 끝난다.

게임 논리가 서사를 주도하는 『구운몽』은 '무갈등'의 소설이라고 규정지을 수 있을 것 같지만 가만히 들여다보면 갈등이 여러모로 개입된 내용이다. 남자 하나에 여자 여덟의 구조 자체가 모순이라고 하겠는데, 처지가 각각 다른 여덟 '가인'들과 결연하는 과정에 언제고 신분 문제가 붙어 다녔다. 특히 정경패와 난양공주 사이의 갈등은 심각한 수준으로 전체 구도에 긴밀한 관련이 있다. 정경패는 문벌귀족의 따님으로서 먼저 양소유와 결혼하기로 굳게 정해졌는데 뒤에 황제권력이 양소유를 부마로 간택한 것이다. 이 삼각의 관계는 오직 비극적 결말이 예상되는 난제였다. 해서 서사의 진행에 적잖은 파란이 일어나지만 결국 난양공주가 양보의 미덕을 발휘, 누구도 상처를 입지 않고 원만한 해결을 본다. 요는 정경패를 황후의 양녀로 삼아서 영양공주로 봉한 것이다. 그리하여 양소유는 두 여자를 정실로 맞아들이는데 순위를 벌열출신의 정경패─영양공주를 위로, 황제의 친딸인 난양공주를 아래로 한 처리는 눈여

겨볼 대목이다.

정경패를 공주로 승격시킨 절차로서 난제가 일단 해결되긴 하였으나 문벌귀족과 황실귀족 사이의 모순이 해결된 것은 아니었다. 오히려 고조된다. 이 모순 갈등은 황제의 동생인 월왕(越王)과 양소유가 낙유원(樂遊原)에서 벌인 시합으로 표출이 된다. 양자의 대결이 양소유의 승리, 월왕의 패배로 끝나자 월왕은 그 앙갚음으로 양소유의 방종한 태도를 성토한다. 월왕이 작성한 성토문을 보면 양소유의 행실이 교망방자(驕慢放恣)함을 공격하면서 '여색 탐하기를 목마른 놈 물 찾기'보다 더하다고 몰아친 것이다.

이 대목에 또 짚어볼 점 둘이 있다. 하나는 정경패와 난양공주 사이의 모순에서 양소유와 월왕의 각축으로 발전한 갈등은 벌열(閥閱)과 왕실의 관계를 투사한 것으로 해석할 수 있을 듯하다. 이 갈등의 처리에서 작가 자신의 벌열 중심적 의식이 엿보이는 것이다. 다음은 갈등의 처리 방식이 역시 게임 논리를 따라서 해소되고 있는바 역시 치열한 대결이 없으므로 비장한 좌절도 없이 두루두루 원만하게 되는 것이다. 위의 월왕의 양소유에 대한 성토는 자못 험악하게 시작됐지만 기껏 벌주를 마시는 정도로 마무리되며, 이에 양소유는 그 분풀이로 8인의 처첩들에게 차례차례 벌주를 마시게 하는 장면으로 이어진다. 갈등을 유희적으로 봉합한 식이 이 소설의 특징적 기법이라 하겠다. 아울러 덧붙이고 싶은 말이 있다. 『구운몽』에서 1대 8의 성비는 현대사회에선 상상조차 하기 힘들지만, 당시 독자들의 눈에도 자못 과도하게 비치지 않았을까. 작가는 이 점을 의식하고 비판적 시선을 미리 작중에 수용해서 해소시킨 모양새로 읽혀지기도 한다.

　『구운몽』에 있어서 '재자' 1인에 '가인' 8명의 구도를 어떻게 해석할 것인가? 물론 "인간 부귀와 남녀 정욕이 다 허사인 줄"을 깨닫도록 하기 위한 가상적인 서사의 장치이다. 굳이 그 연원을 따지면 황량몽(黃粱夢)의 고사에 닿으며,『삼국유사』의 조신몽(調信夢)과는 한결 친연성이 있는 것처럼 여겨진다.『구운몽』의 주제를 "공명부귀는 일장춘몽으로 돌아갈 뿐이다"는 통상적 해석대로라면 더 할 말이 없겠으나, 역시 '닫힌' 구조의 소설에서는 으레 밖의 장치보다는 안의 내용물이 중요하다.『구운몽』의 한 남자와 여덟 여자가 벌이는 이야기는 충분히 알레고리로 읽혀질 소지를 내포하고 있다. 거기에 담긴 의미는 다층적인 해석이 가능하다. 일차적으로 가족을 이루는 고리인 남녀관계의 도리를 구체적으로 그려 보인 것인데 사회적 인간의 언어와 처신으로 일반화시킬 수 있으며, 국가 체제인 군신관계에 확대 적용할 수도 있다. 작가가 이미 이런 측면을 염두에 두고 쓴 것으로 짐작되는 문장들이 더러 끼어 있다. 다층적 의미의 지향점은, 요는 체제의 안정적 유지에 있다. 비록 규범적으로 강제하는 것은 아니로되 예교질서(禮敎秩序)에 순종하는 인간으로 견인하고자 한다. 규방소설의 취지가 본디 그러한 것이다. '닫힌' 구조가 역시 적합한 형식이었다.

　'닫힌' 구조의『구운몽』과『홍루몽』에는 다 같이 재자가인형의 인물들이 등장하지만 두 작품은 남주인공의 성격이 판이하게 다름으로 해서 서로 다른 소설로 펼쳐졌다.『구운몽』에는 내용의 보수성이 기속도(羈束度)를 높이는 작용을 한 것으로 해석할 수 있다.

그런 한편으로, 기속장치 속에 인간의 자유를 갈망하는 소리가 입력되어 있는 점 또한 지나쳐서는 안 될 것이다. "세세생생 계집 몸을 면하게" 해달라고 호소하는, 여자 몸으로 태어난 자체를 원죄로 치부하는 그 내면의 절규에서 여성 일반의 원한과 고뇌가 느껴진다. 그런 가운데서 배우자를 자신의 주체적 판단으로 선택하려 든다거나 여성의 교육과 사회활동을 갈망하는 자태들이 작지만 심상찮게 일어난다. 이 점에 관해서는 따로 다룬 글이 있으므로 여기서 구체적 분석은 생략한다.15) 『구운몽』은 말하자면 『홍루몽』이 부정한 소설의 계보에 속하는 성격이지만, 『구운몽』에서 『홍루몽』으로 통하는 인간적 각성을 감지할 수 있다.

이상에서 18세기 무렵 동아시아 두 나라의 정상급 소설 『구운몽』과 『홍루몽』을 양자 간의 상동성 및 상이성에 주목하여 분석해 보았다. 상이성은 그것을 산생한 양국의 사회·문화적 차이, 또 그 속에서 창조 주체의 개성 차이에 기인한 현상이다. 반면 상동성은 서사전통에 관계되는바 공통의 서사기반이 있었다. 그 서사기반은 오랜 층위와 다양한 폭원으로 형성된 총체인데 『구운몽』과 『홍루몽』의 경우로 말하면 전기소설로부터 재자가인형의 소설류에 이르는 선상에 가까이 접속되어 있다. 요컨대, 상동성의 구조 위에서

---

15) 필자는 이에 관해 「한국문학의 여성성과 그 인식방향」('한국 고전 여성문학의 세계'란 제목으로 이화여자대학교에서 1998년에 열렸던 학술회의의 기조 발제. 『한국문학사의 논리와 체계』, 창작과비평사, 2002에 수록)에서 거론하였으며, 그에 앞서 「17세기 閨房小說의 성립과 倡善感義錄」에서도 여성성의 시각에서 작품 분석을 시도한 바 있다.

상이한 꽃이 자못 볼만하게 피어난 것이다.

3. 동아시아 서사의 근대전환: 중국의 『아Q정전』과 한국의 『만세전』

한국문학사에서 중국문학사상의 『아Q정전』[16]에 비견되는 작품을 찾자면 무엇이 거기에 해당될까? 중국근대의 루쉰(魯迅)과 『아Q정전』, 그처럼 확고부동한 위치를 점유한 작가와 작품이 한국문학사에는 부재한 형편이다. 그렇긴 한데, 나의 개인적인 소견이지만 한국근대소설 성립기의 대표작은 염상섭의 『만세전(萬歲前)』[17]이다.

『아Q정전』과 『만세전』 사이에 몇 가지 공통점을 발견할 수 있다. 양적인 면에서 다 같이 중편소설의 형식을 취하고 있으며, 발표 시기도 같다. 단순한 시간대의 일치에 그치지 않고, 역사적 계기로 중국에 있어 5·4운동의 문학적 대변자가 『아Q정전』이라면 한국에 있어 3·1운동의 문학적 대변자로는 응당 『만세전』이다. 그리고 신

---

16) 『阿Q正傳』은 당초 1921.12.04~1922.02.12에 北京에서 발간되는 『晨報週刊』에 격주로 연재되었던 것이다.

17) 『萬世前』은 초판이 1924년 8월에 高麗公司에서 간행되었다. 앞서 1922년 『新生活』이란 잡지의 7~8월호에 「墓地」란 제목으로 2회 연재되고, 다음 9월호의 3회분은 일제 당국의 검열에 의해 전문 삭제되고 연재도 중단되었다. 1924년 『時代日報』에 다시 연재, 4월 6일부터 6월 7일까지 총 59회에 걸쳐 발표된 것이다. 그리고 해방 후인 1948년 수선사에서 개정판이 나온바 이때 수정되기에 이르렀다. 이 개정판이 요즘 통행하는 것이다. 본고는 고려공사의 초판본을 가지고 논의하고 있다.

해혁명(辛亥革命)의 좌절을 뼈저리게 자성한 『아큐정전』, 3·1운동의 사회적 배경을 암울한 화폭에 담은 『만세전』, 양자의 작품세계에서 이렇듯 내면적 상통성을 포착할 수 있다. 중국문학사의 『아Q정전』과 한국문학사의 『만세전』을 비교의 시각에서 읽으면 담론을 풍부하게 끌어낼 수 있다고 보는 것이다.

『아큐정전』과 『만세전』을 놓고 상통성을 위와 같이 열거해 보았으나 실은 같은 면보다는 다른 면이 더 많다. 당연한 노릇이다. 양자의 상이한 작풍(作風)에서 각기 자기 전통에 대응하는 자세의 차이점에 나는 특히 흥미를 느낀다. 우선 『아Q정전』이라고 붙인 제목부터 심상하게 지나칠 것이 아니다. 그 작가의 창작의식에 직결된 사안이다. '아Q(阿Q)'라는 주인공은 이름부터 천고에 유례없이 괴상하거니와, 날품팔이로 주거부정에 성명도 모호한 결함투성이의 인간이다. 이런 형편없는 인간을 입전(立傳)의 대상으로 삼는다니, 작중에서 작가의 말로 지적하였듯 도무지 도리에 맞지 않는, 문화관습을 위배한 수작이다. 것도 '정전(正傳)'이라고 하다니 말이다. 물론 작가의 치밀하게 계산된, 창작정신의 표현하기 위한 방법론이다. 주인공 '아Q'는 무식하고 저열하면서도 자만심을 곧잘 부리는 중국인 일반의 표상이요, 『아Q정전』은 그에 대한 자아비판의 의미를 갖는 것이라는 해석이 설득력을 갖는다.

시선을 한국 쪽으로 돌려서 18세기 연암 박지원을 보면 젊은 시절에 창작한 소설적 산문(『방경각외전』)에 '외전(外傳)'으로 표제했다. 그리고 『열하일기』를 두고서는 성경현전(聖經賢傳)을 바꿔놓은 것이란 측면에서 '외전'이라고 의미를 붙이기도 했다.[18) 박지원

자신 법고창신(法古創新)을 표방하였듯 전통에 전면적 도발을 감행하지 않았다. 반면 『아Q정전』에서는 '정전'으로 표제하고 변명하는 논조의 희화적 언설을 작중에 펴고 있다. 실로 문화전통에 도전, 정면으로 승부수를 던지는 뜻이 과감하다. 이 작가정신은 명백한 조반(造反)이다.

중국은 여러 천년에 걸쳐서 입언(立言)—불후문장(不朽文章)의 정신을 구현하여 유교적 '문화장성(文化長城)'이 구축된 상태였다. 이 '문화장성'은 중국의 바깥으로 영향을 확장하여 이른바 한자문화권이 형성된 것이다. '문화장성'을, 작중에서 꼬집고 있듯이 삼교구류(三教九流)에도 끼이지도 못하는 소설따위로, 더구나 '길거리의 뚜장장사[引車賣漿者流]'[19]의 말투인 백화문으로 써가지고 공략한다는 자체가 아이러니이다. 그리고 작가는 의도적으로 성경현전을 종종 끌어들여서 불경스럽게도 패러디를 자행한다. 작품의 전략적 선택에 상응하는 전술적 기법이다.

이 대목에서 다시 돌아볼 문제가 있다. 저 『삼국지연의(三國志演義)』·『수호전(水滸傳)』으로부터 『홍루몽(紅樓夢)』에 이르는 대장편의 백화체(속어) 소설이 출현하여 독자들의 열렬한 환호를 받았음에도 '문화장성'은 요지부동이었다. 그것들은 비주류로서 정통문

---

18) 「熱河日記序」, 『국역 열하일기』, 민족문화추진회, 1977. 이 서문은 누가 썼는지 애매했는데 유득공(柳得恭)이 지은 것으로 확인되었다.

19) 引車賣漿者流는 백화문을 얕잡아 지칭한 말. 차이위안페이(蔡元培)는 북경대학 총장으로서 백화문 운동을 주장하였던바 백화문을 격렬히 반대한 린수(林紓)가 차이위안페이에게 보낸 서신에서 쓴 말이다. 린수는 고문(古文)을 버리고 백화문을 채용한다면 수레를 끌고 뚜장파는 자들의 말도 모두 문법에 맞는다고 할 터이니 천한 장사치도 교수로 임용될 판이라고 비아냥을 하였다. 루쉰은 이 말을 일부러 작중에 원용한 것이다.

학의 장외에 있었기 때문에 문화장성에는 큰 타격을 가하지 못했다. 그런데 『아큐정전』은 기실 중편에도 미치지 못하는 소설인데 급기야 문화장성을 무너트리는 위력을 발휘하다니, 이는 어떻게 설명할 것인가? 이 사안은 필자가 나서기엔 주제넘을 뿐 아니라 기왕의 논의도 없지 않을 줄로 생각된다. 다만 본고의 논지와 관련해서 약간의 소견을 진술해 두고자 한다.

당연한 말인데, '아Q의 시대'인 1910년대는 그 이전과 시대적 조건이 현격히 달랐던 사실에서 배경적 요인을 찾아야 할 터다. 보다 우리가 중요하게 착안해야 할 점은, 그 당면한 시대 현실에서 창작주체가 어떻게 대응했느냐는 데 있다. 『아Q정전』은 신해혁명기 미장(未庄)이란 지역에 대한 보고서인 셈이다. 다시 말하면 신해혁명이 왜 실패하였는가를, 소설형식을 가지고 구체적으로 분석한 내용이다. 역사의 주체인 인간에게서 문제점을 찾는다. 중국인 일반의 사고방식·행동양태, 이를 유발하는 성향과 인습에서 혁명이 실패할밖에 없었던 병폐를 포착한 것이다. 곧 구중국의 사상문화의 전통에 대한 통렬한 비판이요, 문화장성으로 향한 공박이다.

그런 내용이라면 종래에는 응당 '재도지문(載道之文)'-고문(古文)으로 해야 했다. 그러나 지금은 도(道, 유교의 교리) 자체가 비판의 표적이요, 고문은 청산하지 않으면 안 되는 것이었다. 때문에 소설이란 형식을 채택했거니와 문체 또한 고문을 거부하고 백화체로 쓰게 되었다. 다름 아닌 '문화장성'을 공략하기 위해 채택한 전투적 글쓰기이다. 그리고 공격을 효과적으로 수행하기 위한 전술적 선택으로서 풍자와 패러디의 수법을 십분 활용하였다. 「아큐정전」은 비록 '뚜장장사의 말투'를 소설이지만, 도리어 만근의 무게에 칼날의 날카로움으로 시문(詩文) 중심의 구문학=문화장성을 넘어뜨리는 효과를 십분 발휘할 수 있었다.

염상섭의 『만세전』 역시 질곡으로 작용하는 케케묵은 인습에 대한 비판과 부정을 자행한 소설이다. 다른 어디가 아니고 바로 자신의 아버지, 그 아버지를 둘러싼 인간들의 덜떨어진 행태며, 타락하고 진부한 사고방식들을 들춰내 비웃고 고민하고 환멸하고 하는 것이다. 하지만 루쉰의 『아큐정전』처럼 문학 전통으로 향한 비판적 필봉을 휘두른 대목은 보이지 않는다.[20] 신문학을 건설하면서 구문학에 맞서 정면승부를 걸지 않고 빗겨나간 모양새로 비칠 수 있겠으나, 대신 소설을 창작하는 주체의 문제가 선명하다.

한국의 초기 근대소설로서 중요시되는 작품들은 일인칭 수법을 쓴 경우가 많다. 이 점을 잠깐 거론하려 한다. 소설작가로서의 자아를 작중에서 제기하고 있다고 보기 때문이다. 앞서 옛 소설의 익명성 문제를 거론했는데, 종전의 소설류는 생산자도 자기 제품임을 밝히지 않았고 소비자도 그것이 누구의 제품인지 묻지 않았다. 익명성은 소설작가로서의 자아가 부재하기 때문이며, 따라서 예전의 소설들은 전반적으로 문학으로 인정받을 만한 것이 되지 못했다는 말도 되는 것이다.

---

20) 중국에서 제기된 구문학과 신문학 간의 다툼이 한국에도 비슷하게 일어났으나 그 구체적인 내용과 양상은 서로 다를밖에 없었다. 한국에서는 표기수단으로 국자(國字=한글)냐 한자냐는 문제가 이미 1900년대 전후에 제기되어 근대 계몽기를 거치면서 일단 해소되었기 때문에 1920년대로 와서는 쟁점으로 부각이 되지 않았던 것도 같다.

한국 단편문학 초창기의 미학적 성취로 높이 평가되는 현진건의 「빈처」는 일인칭을 구사한 대표적인 사례이다. 소설을 만드는 주체의 고뇌를 다룬 작품으로, 먹고 사는 문제가 서사의 발단이 된 점에서는 박지원의 「옥갑야화」와 유사한 설정이다. 「옥갑야화」의 허생은 비록 처의 굶주림을 해결해 주진 못하지만, "만금이 어찌 나의 도를 살찌게 하랴!"라고 자부하는 대인물이다. 그토록 자부하는 도란 대체 무엇이란 말인가? 필시 치국평천하(治國平天下)의 경륜을 펼치고자 하는 뜻일 터이니, 주체적 사(士)의 형상 그것이다. 반면에 최상의 가치를 문학에 두고 소설 창작으로 자기를 성취하려는 「빈처」의 '나'는 전통적 가치관으로 보면 소도(小道)·소기(小技)의 인간이다. 이 주인공은 궁핍한 살림살이에 마음이 흔들리는 아내에게 "예술가의 처가 다 뭐야!"라고 역정을 내기도 한다.

무엇보다도 '나'를 가장 괴롭게 만드는 것은 소설에 대한 사회적 몰이해다. 소설 전업자인 '나'는 "그 잘난 언문(諺文) 섞어서 무어라고 끄적거려 놓고 제 주제에 무슨 조선에 유명한 문학가가 된다니!"[21] 라는 식의 조롱을 일수 받는다. 작가 자신 온몸으로 성취해야 할 가치로 확신하고 추구하는데 세상은 '시럽에 아들놈의 짓'으로 조소거리가 되고 있다. 주체와 세계의 분열상, 이것이 작가의 고뇌이다. 그 분열상은 너나없이 기회주의자가 되어 속물화로 빠져든 식민지 상황과 무관하지 않음을 작중에서 보여주고 있다.

「빈처」의 '나'는 곧 그 작가이다. 소설가로 각성한 자아는 선행시

---

21) 『開闢』, 1921.1, 162쪽. 표기법은 띄어쓰기만 제외하고 모두 발표 당시대로 인용함. 이하 같다.

기의 『옥갑야화』에서도, 한문단편집인 『기리총화(綺里叢話)』에서도 발견할 수 없다. 박지원은 말할 것도 없으며, 이현기도 『기리총화』라는 수준 높은 단편소설들을 쓰면서도 그 스스로 소설에 대한 부정적 의식을 노출한다. "역시 경사(經史)에 무한한 낙토가 있"음을 역설하면서 소설에 빠져서는 안 된다는 경계의 말을 잊지 않고 있다.[22] 반면 「빈처」에서 소설가로서의 자아는 경세(經世) 지향의 초인이 아닌 범인으로 왜소화된 모습이지만 그런 그대로 근대주체이다.

「만세전」의 초판에는 「서(序)를 대신하야」라고 해서 세 문장으로 된 작가의 짤막한 말이 실려 있다. 요지는 앞의 두 문장에 있는데 첫 문장에서 "내가, 왜 이것을 썼느냐는 것은, 잘 되었든 못되었든 이 作 自身(=소설)이 나를 대신하야 諸君(=독자)에게 말할 것이다"라고 적어 놓았다. 작가는 작품으로 말한다는, 소설작가로서의 자아를 뚜렷이 의식한 발언이다. 둘째 문장에서는 "이 作에, 얼만한 생명과 가치가 있겠느냐는 것은, 좋든글튼 諸君이 作을 대신하야 말할 것이다"고 작가로부터 분리되어 제군(諸君)=독자에 의해서 의미를 갖게 되는 근대소설의 존재 방식을 분명히 의식하고 있다. 소설문학의 존재 의미는 '생명과 가치'라고 본다.

이 소설은 "조선에 만세가 일어나든 전해 겨울이었다"는 문장으로 시작된다. 이처럼 3·1운동 직전의 조선현실을 그리려는 것이

---

22) 『綺里叢話·稗官移志』, "余酷嗜稗官, 多少閱覽, 甚至忘寢廢食, 而久乃厭之. 設意措辭, 都是一板印來, 纔看第一卷, 已料得全帙排鋪, 更不新奇. 反求經史, 而有無限樂地. 世人或因尤物移志, 終始不悟者何哉?" 이 글은 『기리총화』의 맨 끝에 실려 있다.

작가의 의도였음은 명백하다. 작가는 조선의 현실을 무덤처럼 암담하게 인식했던 까닭에 처음에는 제목을 '묘지'라고 붙였다. '묘지'로 비유된 조선현실을 경험해 가면서 작중의 나는 로맨티시즘에 빠졌던 자신의 문학태도를 부끄럽게 여긴다고 고백하는데 재정립한 문학관에서 산출된 것이 다름 아닌 『만세전』이었다.

『만세전』에서 '나'=이인화(李寅華)는 작가의 분신이라고 보아도 좋을 것이다. 소설은 주인공이 동경서 출발, 시모노세끼에서 출항하여 부산에 닿고, 거기서 기차를 타고 김천에 잠깐 들렀다가 서울에 도착한다. 이 도정에서 보고 듣고 느낀 이런저런 사실과 상념들을 나열해 놓았다는 점에서는 여행기적 구조이다. 말하자면 해사록(海槎錄)의 근대적 전도, 소설적 변용이라고 말할 수 있는 것이다. 그 일련의 과정이 '나'의 민족현실의 발견으로 세계인식의 심화를 가져와서 자아를 재정립하는 결말에 도달한다는 점에서는 성장소설적인 성격이다.

이 『만세전』은 한국소설사에서 근대소설을 확인하는 지점으로서 근대소설의 뚜렷한 출발선이 된 것이다.

중국과 한국에서 실현된 근대소설에서 동아시아 서사의 전통은 드디어 해체되기에 이르렀다고 말할 수 있다. 그 일련의 과정을 살펴보면 부정과 창조를 통해서 이루어진 일이었다. 동아시아 서사의 틀은 근대소설에서 외관상으로 사라졌음에도 그 흐름 속에 내화된 것은 아닐까.

동아시아지역 민간 전설의 유래와 변화

: 타이완, 일본, 베트남, 한국의 망부석 전설을 대상으로

펑옌룬(彭衍綸)

1. 서론

약 기원 후 3세기, 곧 지금으로부터 1700여 년 전인 중국 위진시기부터 전래되는 전설이 있다. 한 남편이 어떠한 이유로 부인과 이별한 후 오랫동안 돌아오지 못하였고, 오랜 세월 남편이 돌아오기만을 기다리던 부인은 결국 죽어 돌로 변했다는 내용의 '망부석 전설'이다. 위진시기의 『열이전(列異傳)』과 남조시기의 『유명록(幽明錄)』[1] 다음으로 망부석 전설은 중국의 여러 역대 문헌에 실리기

* 본고는 2018년 5월 31일 단국대학교 일본연구소 HK+ 사업단에서 주최하는 제2회 해외 석학 초청 강연 원고를 번역 수록한 것임. [번역: 이슬기(협성대)]
1) 魏·曹丕(西晉·張華), 『列異傳』(魯迅 校錄, 『古小說鉤沈』, 濟南: 齊魯書社, 1997, 第

시작하였고, 2005년 필자는 '중국의 망부석 전설 연구'라는 주제로 타이완 국립정치대학교 중문과에서 박사논문을 완성하였다.

실제로 중국, 타이완, 한국, 일본, 동남아 베트남 등을 포함한 동아시아지역에는 각기 모두 망부석 전설이 전해지며, 한국에서는 울산시 울주군, 정읍시, 서귀포시, 태안군 등 4개의 지역에서 전해지고 있다. 각 지역으로 전해지는 망부석 전설은 남편이 부인을 떠난 원인이 군대, 행상, 생계 등 다양하여 각기 고유한 특색을 지니고 있다.

민간전설은 구전문학으로 사람들의 입과 귀를 통해 전해지며 그 과정에서 끊임없이 변화하는 문학이다. 이에 필자는 타이완, 일본, 베트남, 한국 등지의 망부석 전설을 연구대상으로 삼아 동아시아지역에서 이 전설이 전해지는 유래와 변천을 살펴보고, 상호 간의 비교를 통해 공통점과 차이점을 분석하고자 한다. 특히, 한국의 상황을 비중 있게 다루고자 한다.

一版, 92쪽): "무창신현 북쪽 산 위에 망부석이 있는데, 그 모습은 마치 사람이 서 있는 것과 같다. 전하는 말에 따르면 옛날 절개를 지닌 부녀자가 있었는데, 그녀의 남편이 부역을 떠나, 국난을 구하고자 멀리 떠나게 되자, 부인은 아이를 데리고 이 산에서 전송하였는데, 서서 바라보다가 모습이 변화여 돌이 되었다[武昌新縣北山上有望夫石, 狀若人立者. 傳云, 昔有貞婦, 其夫從役, 遠赴國難, 婦攜幼子餞送此山, 立望而形化爲石]."

南朝宋·劉義慶, 『幽明錄』(臺北: 廣文書局, 1989, 初版, 4쪽): "무창 양신현 부쪽 산위에 망부석이 있는데, 마치 사람이 서 있는 듯 하였다. 전하는 바에 따르면, 옛날에 절개를 지킨 여인이 있었는데, 그 남편이 나라의 어려움을 구하러 부역을 떠나게 되었으니, 아이들을 이끌고 이 산에서 전송하였는데, 서서 바라보다 죽어, 돌로 변화하였다[武昌陽新縣北山上有望夫石, 若人立者. 傳云, 昔有貞女, 其夫從役, 走赴國難, 攜弱子餞送此山, 立望而死, 形化爲石]."

2. 타이완 펑후澎湖, 일본 사가佐賀, 베트남 랑선諒山과 후에順化의 망부석 전설

2.1. 타이완 펑후의 망부석 전설

타이완 펑후현의 망부석은 치메이향(七美鄉)에 위치하며, 치메이향의 망부석 전설은 현지의 유명한 '치메이섬의 고사' 등 향토 교재에도 수록되었다. 다음은 필자가 직접 망부석을 방문하여 망부석전설에 대한 현지 조사를 통해 수집한 자료 중 하나이다.

망부석은 이전에 '석인(石人)'이라고 하였다.

전설이 얼마나 오래 전부터 전해졌는지 모르겠지만, 아마도 우리 할머니 세대 전부터 전해진 것 같다. 치메이 섬에 이제 막 결혼한 한 금슬 좋은 부부가 있었는데, 어느 날, 남편이 바다에 나간 후 기후가 급격히 나빠졌다. 집에 있던 부인이 남편이 위험할까 걱정되어 바닷가에 찾으러 나갔으나 남편은 끝내 돌아오지 않았다고 한다. 그 부인은 갑작스레 떠난 남편이 걱정되어 몇날 며칠을 굶으며 슬픔에 잠겨 있었고, 결국 지독한 병에 걸려 세상을 떠나고 말았다. 그 후 얼마 지나지 않아, 부인이 남편을 기다리던 해안가 근처에 그 여인의 형상을 닮은 돌섬이 생겼는데, 입과 배, 발과 신발까지 모두 형체가 있었다고 한다. 사람들은 하늘이 남편이 돌아오기만 을 기다리던 그 여인의 충절에 감동하여 그녀를 석인으로 만들어 천천히 남편을 기다리라고 한 것이라 여겼다고 한다.2)

고기를 잡으러 나갔던 남편이 돌아오지 않자, 그를 기다리던 부인이 암초로 변하였다는 전설은 고되고 험난한 운명을 살아가는 어민들의 생활 태도와 충절과 지조를 지키던 여인의 남편에 대한 애절한 사랑을 보여준다.

이를 통해, 흔히 사람들이 이야기하는 '망부석'을 치메이향 사람들은 '석인'이라 부르며, '망부석 전설'은, 즉 '석인전설'이라고 명명한 사실을 알 수 있다. 평후 국가 관광지구 관리처가 설립된 후, 현지의 관광 사업을 크게 확장시키는 일환으로 관광지를 적극 개발하기 시작하였고, 치메이 석인도 그 중에 포함되었다. 아마도 치메이 인들과 유사한 생활경험이나 기억이 없는 사람들이 전설의 내용을 보고 대강 그 뜻을 짐작하여 관광지를 '망부석'이라 이름한 것으로 보인다.

〈그림 1〉 타이완 펑후 치메이 망부석. 彭衍綸 촬영.

---

2) 구술자 [許進豊]; 채록, 정리자 [彭衍綸]; 채록시간 및 장소 [서기 2004년 6월 29일, 澎湖七美國中校 교장실]

2.2. 일본 사가현의 망부석 전설

일본 규슈 사가현(佐賀縣) 히가시마쓰우라반도(東松浦半島)의 가라쓰시(唐津市)에는 일본의 3대 소나무숲 가운데 하나인 '니지노마츠바라(虹ノ松原)'가 있으며, 소나무숲의 남쪽에는 해발 약 283미터의 '카가미산(鏡山)'이 있다. '카가미야마'는 손수건을 흔든다는 뜻으로, 전설에 따르면 한 '마쓰우라 사요히메(松浦佐用姬)'라는 여인이 카가미산에서 손수건을 흔들었다고 해서 이러한 이름이 지어졌다고 한다.

사요히메가 손수건을 흔든 것과 관련한 묘사는 일찍이 8세기 후반 나라시대에 완성된 시가집인『만엽집(萬葉集)』의 권5에 출현한다.

868 마쓰라(松浦) 연안 사요히메(佐用姬) 처녀가 너울 흔들은 산의 이름 만을요 듣고 있는 것일까

871 도오쓰히도(遠つ人) 마쓰라 사요히메(松浦佐用姬) 님 그리워해 너울 흔든 때부터 붙여진 산의 이름

872 산 이름으로 후세에 전하라고 사요히메(佐用姬)는 이 산의 위에서요 너울 흔든 것일까

873 만년 후까지 얘기로 전하라고 이 산 위에서 너울 흔들었나봐 마쓰라 사요히메(松浦佐用姬)

874 넓은 바다의 가운데로 가는 배 돌아오라고 너울 흔들었을까 마쓰라 사요히메(松浦佐用姬)

875 떠나는 배를 흔들어도 못 잡아 어느 정도로 그리워 했었을까요 마쓰라
    사요히메(松浦佐用姬)
883 소문만 듣고 눈으로는 아직 못 본 사요히메(佐用姬)가 너울 흔들었다
    는 님 기다린다는 산3)

위에 제시된 7수의 작품 가운데 868, 871수의 작가는 야마노우치
노우쿠라(山上憶良)이며, 883수의 작가는 미시마왕(三島王)이다. 또
한 오쿠라는 868, 869, 870 등 3수의 시가를 완성한 후 '천평 2년
7월11일, 고쿠시산 위에서 시가를 올립니다'라고 하였으므로, 868
수의 시가 천평(天平) 2년(730), 즉 중국 당 현종의 개국 18년에 완성
되었음을 알 수 있다. 그러므로 마쓰우라의 사요히메가 손수건을
흔든 전설은 아마도 8세기 초기 일본에서 전해졌을 가능성이 높다.
또한 이러한 시가의 묘사를 통해, 손수건을 흔든 것은 사랑하는
이를 배웅하기 위함이었음을 알 수 있다.

마쓰우라 사요히메의 사랑하는 이는 누구였을까? 『만엽집』의
제5권, 제871수의 시가에 기록된 서문전설에 따르면, 그는 오토노

---

3) 868 松浦がた佐用姬の児が領巾振りし山の名のみや聞きつつ居らむ
   871 遠つ人松浦佐用姬夫恋に領巾振りしより負へる山の名
   872 山の名と言ひ継げとかも佐用姬がこの山の上に領巾を振りけむ
   873 万代に語り継ぐとしこの岳に領巾振りけらし松浦佐用姬
   874 海原の沖行く船を帰れとか領巾振らしけむ松浦佐用姬
   875 行く船を振り留みかねいかばかり恋しくありけむ松浦佐用姬
   883 音に聞き目にはいまだ見ず佐用姬が領巾振りきとふ君松浦山
   (日) 佐竹昭広 等 校注, 『萬葉集一』(『新日本古典文學大系1』, 東京: 岩波書店, 1999),
   488~489쪽, 490~491쪽, 491쪽, 491~492쪽, 492쪽, 492쪽, 495쪽. 각 작품 앞 숫자는
   해당 문헌에 표기된 순서를 표기한 것이다.

모 사데히코라는 군인이라는 사실을 확인할 수 있다. 그는 전쟁터로 출정을 하면서 사요히메를 떠나게 되었다. 당시의 출정은 8세기 초 편찬된 일본의 첫 번째 순 한문정사 『일본서기(日本書紀)』에 기록되어 있다.

2년 겨울 10월 임진 초하루, 천황이 신라가 임진을 침공한 까닭으로, 대반금촌 대련을 불러 임나를 도우라고 그의 아들 반과 협수언을 보냈다. 이때 반이 축자에 머물며, 나라의 정사를 맡아 삼한을 대비했다. 협수언이 임나에 가서 진압하고, 더하여 백제를 구했다.[4)

선화 천황 2년(병신년 637) 10월, 신라가 임진을 침략하였다. 대반금촌 대련을 불러, 그의 아들 반과 협수언을 보내 임나를 구하고자 하였다. 이때 반이 축자(지금의 후쿠오카)에 머물며 나라의 정사를 맡아 삼한을 대비했다. 협수언이 곧 임나로 가서 진압하고 또한 백제를 구했다. 선화 천왕이 즉위하기 전 집도 정치권을 장악한 대반은 임나 등 4현이 백제의 것이라 주장하며, 신라의 원한을 사서 사단을 일으키므로, 이후 선화황제가 즉위한 후에 협수안을 신라에 출정시켜 백제를 구하였다.

마쓰우라 사요히메의 전설 가운데, 일부분에는 그녀가 카가미산에서 손수건을 흔든 이후 산에서 내려와 마쓰우라천을 건너 해변

---

4) "二年冬十月壬辰朔, 天皇以新羅寇於任那, 詔大伴金村大連, 遣其子磐與狹手彦以助任那. 是時, 磐留筑紫執其國政以備三韓. 狹手彦往鎭任那, 加救百濟." (日)舍人親王 編, 『日本書紀·宣化二年』, 東京: 吉川弘文館, 1988, 46쪽.

을 따라 북쪽으로 향하여 가베섬의 텐류산 정상에 올라 7일 7밤을 꼬박 슬피 울다가 돌로 변했다고 전해진다. 즉, 『만엽집』에 있는 묘사와 사요히메가 돌로 변한 전설을 합하여 마쓰우라 사요히메 전설 또한 망부석 전설임을 알 수 있다. 그러므로 『신화전설사전 (神話傳說辭典)』에는 '마쯔라사요히메(まつらさよひめ 松浦佐用媛(姬))'에 대하여 오랜 시간 사요히메가 전쟁에 출정하는 애인 협수안을 떠나보낸 후 돌로 변하여 망부석이 되었다고 설명하고 있다.[5]

간단히 말해서, 마쓰우라 사요히메를 주인공으로 하는 일본의 망부석 전설은 선화황제 시기, 약 6세기 초 대반 협수안이 출정했던 그 역사의 시기를 배경으로 전해 내려오는 전설인 것이다.

2.3. 베트남 랑선과 후에의 망부석 전설

2.3.1. 랑선의 망부석 전설

중국 청나라 평후사람 차이팅란(蔡廷蘭)은 일찍이 『해남잡저(海南雜著)』를 집필하였는데, 이 책은 당시 베트남의 풍토와 민속에 관한 현지조사 기록이자 베트남 견문집으로, 차이팅란이 태풍을 만나 베트남에 체류하며 경험한 것을 기록한 것이다. 그 중 「염황기정(炎荒紀程)」에는 다음과 같은 기록이 있다.

---

5) (日)朝倉治彦 等 共編, 『神話傳說辭典』, 東京: 東京堂, 1997, 408쪽.

20일, (…중략…) 성의 동쪽에서 시내를 건너, (…중략…) 시내를 따라 20여리를 가니, 석산 일대가 보였다. 4개의 봉우리가 서로 연결되어 있는데, 3, 4리 가까이 돌의 재질이 이어져 있었다. 산 앞에 동굴이 있는데, 이청동이라고 불렸다. (…중략…) 반나절을 돌아다니다 산을 따라 2리 정도를 가니 삼청동(경흥 41년 조성)에 이르렀는데. 이청동보다 배가 넓었으나, 구비진 것은 이청동에 비해 덜했다. (…중략…) 동굴은 산을 마주하고 있는데, 우뚝 선 높은 봉우리를 망부산이라고 하였다. 민간에 전해지는 바에 따르면 소약란이 두도를 기다린 곳이라고 하는데, 그 말이 심히 황당했다. 한낮이 될 무렵, 옛 길을 따라 돌아갔다.6)

'경흥(景興)'은 베트남 후레(後黎) 왕조 후기 현종(顯宗) 연호로, 경흥 41년은 당시 중국 청나라 고종 건륭 45년(1780)이다. '성의 동쪽에서 시내를 건너다[自城東過溪]'의 '성'은 랑선성을 가리키며, 랑선에 도착하는 것은 차이평란이 베트남 여정의 막바지에 왔음을 알려준다. 차이팅란이 베트남에서 본 망부산은 바로 이 랑산성 부근에 있으며, 경흥 41년부터 생겨난 삼청동 맞은편에 있다. 랑산은 베트남의 동북부에 위치하여, 동북부에 있는 중국의 광시(廣西)와 인접하고 있으며, 약 200여 킬로미터에 달하는 경계선이 있다. 즉, 이 망부산이 처한 위치는 중국과 매우 인접하다.

그 중, '소약란이 두도가 있는 곳을 바라본다[俗傳爲蘇若蘭望竇滔處]'의 기록은 매우 황당하기 이를 데 없어 차이팅란(蔡廷蘭)조차

---

6) 清·蔡廷蘭, 『海南雜著』, 臺北: 臺灣銀行, 1959, 21~22쪽.

'황당무계하다'고 평가하였다. 두도는 중국 진나라 사람으로 그의 아내는 소혜인데, 『진서(晉書)』에는 다음의 기록이 있다.

두도의 처 소씨는 평인이며, 이름은 혜, 자는 약란이며, 글짓기를 잘하였다. 두도는 부견시대에 진주자사가 되었다가, 사막으로 귀양을 당하였다. 소씨는 그를 그리워하며 비단을 짜 회문 선도시를 지어 그에게 보냈다. 이리저리 돌려가며 읽으니, 가사가 애절한데, 840자로 글자가 너무 많아 기록하지 않는다.7)

즉, 부견 시대에 두도가 진주자사로 갔다가 북방의 사막으로 귀양을 당하자, 소약란이 그를 그리워하며 회문 선도시를 지었다.

전진(前秦)은 부견시대에 대대적으로 영토를 확장하였으며, 연이어 전연(前燕), 전량(前涼), 대국(代國)을 멸망시키고 북방을 통일시켰으며, 서역을 통해 동진(東晉)을 침략하였다. 동쪽으로는 회사, 서쪽으로는 서역, 남쪽으로는 공초, 북쪽으로는 대막을 장악하였다. 그러므로 지리적으로 두도가 귀양했던 지역을 보면 모두가 베트남에서 10만 8천리나 멀리 떨어진 곳으로, 이 전설은 매우 황당무계하다고 할 수 있다.

「염황기정(炎荒紀程)」에서 서술하는 이청동, 삼청동은 모두 랑산의 관광유적지로, '랑산국가정보사이트'에 소개되어 있으며, 또한 망부석 그림에 대해 다음과 같은 설명이 있다.8)

---

7) 唐·房玄齡 等, 『晉書』 卷九六 「列女·竇滔妻蘇氏」, 北京: 中華書局, 1974, 2523쪽.

이청동과 삼청동 사이에 위치한 망부석에는 매우 감동적인 전설이 전해 내려온다. 남편을 기다리는 부인이 높은 산에서 아이를 안고 남편이 돌아오기만을 기다리는 형상은 베트남 민족의 마음 속 깊이 스며들어, 베트남 여인의 변함없는 정절의 상징이 되었다.

위의 소개에는 두도나 소혜의 이야기는 없지만, 망부 여인과 베트남 여인의 형상이 시종일관 연결되어 있는 듯한데, 위의 글에서 제시한 위치로 볼 때, 이 망부석은 곧 「염황기정」의 망부산임을 알 수 있다.

2.3.2. 후에의 망부석 전설

베트남에는 고대부터 전해지던 설화집 『영남척괴외전(嶺南摭怪外傳)』이 있는데, 이 설화집에는 망부석 전설과 관련된 「망부산신전(望夫山神傳)」이 수록되어 있다.

망부산은 후에도의 해문에 위치한다. 우창현에 대대로 전해시기를 오래 전에 오빠와 여동생이 있었는데, 오빠가 숲에서 나무를 하였다. 오빠가 나무를 자르다 잘못하여 동생의 머리에 떨어져, 여동생이 아파하며 쓰러졌다. 오빠는 여동생이 죽었을 거라 여기고는 두려워하며 멀리 달아났다. 우연히 노인이 여동생을 보고는 거두어 키워주었는데. 장성하니 용모는

---

8) 망부석에 대한 그림은 2008년 1월 16일 http://www.langson.gov.vn/details_c.asp?Object=6152020&news_ID=6154190을 통해 확인하였다.

수려해졌고, 이전의 모습과는 사뭇 달라졌다. 후에 노인이 죽자, 여동생은 한 남성에게 시집을 갔는데, 그가 곧 오래전 도망간 그의 친오빠였다. 부인이 친여동생인 줄 모르던 오빠는, 우연히 아내의 이마에 있는 흉터를 보고 그 이유에 대해 묻자 아내는 "제가 어렸을 적 친오빠가 숲 속에서 나무를 베다가 실수로 이마에 떨어졌는데, 그 후 오라버니는 멀리 떠나가 생사를 알 수 없습니다."라고 했다. 오빠는 부인이 친여동생임을 알게 되었지만, 아내를 잘못 맞이했다는 사실을 감히 밝히지 못했다. 이에 행상과 행역을 핑계로 도망가 돌아오지 않았다. 여동생은 그가 친오빠라는 사실을 모른 채, 날마다 남편을 기다리다가 돌이 되었는데, 이를 '망부석'이라고 불렀다. 사람들이 그 돌의 신령스러움을 보고서, 사당을 세우고 제를 올렸다.[9]

린추이핑(林翠萍)의 설명에 따르면, 『영남척괴외전』은 후대인들이 『영남척괴(嶺南摭怪)』를 수정한 것으로, 총 38개의 설화를 담고 있다고 한다. 그 내용은 대부분 『영남척괴』의 제2권과 3권에 수록된 것들이며, 4권의 내용은 없으며, 「망부산신전」은 그 중 하나이다. 『영남척괴』는 베트남의 고대 설화집으로 베트남 신화, 전설, 민간고사의 전집이라 할 수 있다. 『영남척괴』는 역사적으로 여러 번 가감과 수정을 거쳐 수많은 판본이 존재하며, 작품의 저자와 역대가 정확히 알려지지 않았다. 역대 저자로는 진세법(陳世法), 무경(武瓊), 교부(喬富), 단영복(段永福) 등이 거론되고 있다. 진세법의 생애는 알려지지 않았으나, 거의 최초의 저자로 여겨지며, 무경,

---

9) 陳慶浩, 鄭阿財, 陳義 主編, 『嶺南摭怪外傳』(『越南漢文小說叢刊』 第二輯 『神話傳說類』 第一冊, 法國; 臺北: 遠東學院, 臺灣學生書局, 1992), 180쪽.

교부, 단영복 세 사람은 현재 전해지는 『영남척괴』 판본에 서문과 뒤에 수록된 발문을 통해 확인되므로, 『영남척괴』는 이 세 사람이 만든 저작으로 볼 수 있으며, 무경, 교부는 제2권의 저자이고, 단영복은 「속류(續類)」라 불리는 고사로 이루어진 제3권의 저자라고 할 수 있다.10)

『영남척괴외전』은 『영남척괴』에서 유래된 것으로 이는 『영남척괴』의 제2권과 제3권 이후, 즉 무경, 교부, 단옥령 세 사람의 연대 이후에 저작됐을 가능성이 높다. 무경, 교부는 후레 왕조 전기 (1428~1527) 시인이며, 단영복은 더 늦은 막왕조(莫朝, 1527~1592)의 시인으로,11) 대략 중국 명나라의 세종, 묘종, 신종 세 왕조의 시기로 보인다. 『영남척괴외전』의 망부석(산)전설의 설화는 16세기 이후의 저작이다. 물론, 신화전설이기 때문에 원작자나 저작 연대가 정확히 알려지지는 않았다.

또 다른 전설에 따르면, 망부석(산) 유적은 고대 베트남의 후에도 에 위치하며, 그 일부 내용은 중국 당나라 『속현괴록(續玄怪錄)』 제4권의 「정혼점(定婚店)」에 아내가 남편을 위해 상해를 입는 줄거리가 다소 유사하다. 그러므로 다른 망부석 전설과 비교할 때, 가장 큰 차이점은 베트남 전설의 망부석은 신괴로 여겨져 민간인들이

---

10) 이상의 『嶺南摭怪』와 『嶺南摭怪外傳』에 대한 고증은 林翠萍의 『「搜神記」與「嶺南摭怪」之比較硏究』(臺南: 國立成功大學中國文學硏究所碩士論文, 1996) 중 50~58쪽과 62쪽을 참고한 것이다.

11) 무경(1452~1516)과 교부(1446~?) 두 사람의 생몰년에 대해서는 『嶺南摭怪列傳·出版說明』(『越南漢文小說叢刊』 第二輯 『神話傳說類』 第一冊) 9쪽을 참고하길 바란다. 단영복(?~?)의 생몰년은 밝혀지지 않았고, 다만 막왕조 시대 사람인 것만이 확인되었다. 이와 관련하여서는 「搜神記與嶺南摭怪之比較硏究」 56쪽과 69쪽을 참고하길 바랍니다.

사당에 모시는 대상이 되었다는 점이다.

3. 한국 울산 울주의 망부석 전설

[전설배경] 삼국시대 신라 [유래지역] 현 울산시 울주군

20세기 전, 한반도의 왕조는 대략 고조선(2333BC~108BC), 삼국시대(57BC~AD676), 통일신라시대(AD676~AD935), 고려왕조(AD918~AD1392), 조선왕조(AD1392~AD1910)로 변천하였다. 그 중 삼국시대는 고구려, 백제, 신라 세 왕조가 분립하던 시기이다. 그 후, 백제, 고구려는 당시 중국의 당나라와 신라 연합군에 의해 멸망하였다.

통일신라시대가 끝나 후 시작된 고려왕조 시기에 삼국시대의 역사를 기록한 두 편의 역사서가 세상에 모습을 드러내는데, 이것이 곧 『삼국사기(三國史記)』와 『삼국유사(三國遺事)』이다. 『삼국유사』 제1권에는 신라 제19대 눌지왕(417~458년 재위)의 충신 '김제상(金堤上)'에 대한 기록이 있다. 김제상은 왕과 그의 아들들을 구하고자 연이어 왜국(일본)은 물론 고구려, 발해 등지에서 충신으로서의 사명을 다하기 위해 부인과 아들까지 버릴 뿐 아니라 그 목숨까지 바친 충정을 지닌 인물로 기록되어 있다. 특히 제상이 미해(美海)를 엄호하여 일본에서 구출하고 잡힌 후에 왜왕과 나눈 대화에서 그의 충절을 더욱 엿볼 수 있다.

이에 제상을 가두고 심문하기를 "너는 어찌하여 너의 나라 왕자를 몰래 보냈느냐?"라 하니 제상이 대답하기를 "나는 계림의 신하이지 왜국의 신하가 아니다. 이제 우리 임금의 뜻을 성취하고자 할 뿐인데 어찌 구태여 그대에게 말할 수 있겠는가?"라 했다. 왕이 화를 내며 말하기를 "지금 너는 이미 나의 신하가 되었는데도 계림의 신하라고 한다면 응당 온갖 형벌을 가하겠지만 만약 왜국의 신하라고 말한다면 반드시 후한 녹봉을 상으로 주겠다"라고 했다. 제상이 대답하기를 "차라리 계림의 개나 돼지가 될지언정 왜국의 신하가 되지 않겠으며, 차라리 계림의 매를 맞을지언정 왜국의 벼슬과 녹봉은 받지 않겠다"라 했다. (…중략…) 왜왕은 그를 굴복시킬 수 없음을 알고 목도에서 불에 태워 죽였다. 미해가 바다를 건너와서 강구려를 시켜 먼저 나라에 알렸더니 왕이 크게 기뻐하며 모든 관리들로 하여금 굴헐역에서 맞이하도록 했다. 왕이 친아우 보해와 함께 남쪽 교외에서 맞이하여 대궐로 들어가 연회를 베풀었다. 나라 안에 있는 죄 있는 사람들을 용서하여 크게 풀어주었으며 제상의 처를 국대부인으로 책봉하고 그의 딸로서 미해공의 부인으로 삼았다. 평하는 사람이 말하기를 "옛날 한나라 신하 주가가 형양에서 초나라 병사에게 사로잡혔을 때 항우가 주가에게 말하기를 '네가 나의 신하가 된다면 만호후에 봉하겠다.'라 하니 주가가 욕을 하며 굴복하지 않아 초나라 왕에게 죽임을 당한 바 있다. 제상의 지극한 충성이 주가보다 못하지 아니할 것이다."라고 했다.[12]

제상은 왜국에 잡혀 있던 기간에 발의 살갗이 벗겨지고 갈대

---

12) (韓)一然, 『三國遺事』 卷一 「紀異二·奈勿王·金堤上」(民衆書館, 1969, 三版), 53쪽. "계림雞林"은 신라를 가리킨다.

위로 끌려 다니며, 뜨겁게 달군 철판 위에 서게 되는 등 참혹한 형벌을 받았지만, 그의 충절은 끝내 꺾이지 않았고, 결국 불에 타 죽음으로 신의를 다하였다. 한편 한왕의 충신이었던 주가(周苛)에 대한 기록은『사기·항우본기(史記·項羽本紀)』에서 볼 수 있다. 항우가 주가를 총애하여 그에게 나의 장수가 되면 상장군으로 삼고 삼만호를 봉해주겠다고 후한 대우를 제안하였으나, 주가는 한왕 유방에 대한 충절을 꺾지 않았고, 오히려 항우에게 속히 한왕에게 투항하라고 비난하며 심지어 그는 유방의 적수가 되지 못한다고 조소하였다. 항우가 이런 태도에 화를 참지 못하고 그를 끓는 물에 산 채로 삶아 죽인다. 이런 이유로 사람들은 충신을 이야기할 때 제상과 주가를 비교하며, 두 사람 모두 온갖 부귀영화와 목숨을 버릴지언정 자신의 왕을 배신하지 않는 충신이었다고 이야기한다.

문장의 말미에는 제상의 부인이 떠나간 남편을 그리워하며 세 딸을 데리고 치술령에 올라 멀리 왜국을 바라보며 슬피 통곡하다가 죽어서, 후에 사람들이 사당을 짓고 그를 치술신모로 섬겼다고 기술되어 있다.[13]

상술한『삼국유사』제1권에 기록된 김제상이 자신의 목숨을 바쳐 왜국으로 건너가 군왕의 아우인 보해와 미해를 구출해낸 일화는『삼국사기』제3권과 4~5권에도 기록되어 있다. 3권은 본기에 속하여 주로 제왕에 대한 이야기가 실렸고, 4권과 5권은 김제상 열전으로 그의 일대기에 대한 더욱 상세한 기록이 있다:

---

13) (韓)一然,『三國遺事』卷一 「紀異二·奈勿王·金堤上」, 53~54쪽.

박제상은 시조 혁거세의 후손이며, 파사 이사금의 5세손이다. 할아버지는 아도 갈문왕이고, 아버지는 파진찬 물품이다. 제상은 벼슬길에 나가 삽량주간이 되었다. 이보다 앞서 실성왕 원년 임인에 왜국과 강화하였는데, 왜왕이 나물왕의 아들 미사흔을 볼모로 삼기를 청하였다. 왕은 일찍이 나물왕이 자기를 고구려에 볼모로 보낸 것을 원망하여, 그 아들에게 유감을 풀고자 하였으므로 거절하지 않고 보냈다. 또, 11년 임자에는 고구려가 역시 미사흔의 형 복호를 볼모로 삼고자 하였으므로, 임금은 또 그를 보냈다. 눌지왕이 즉위한 후, 말 잘하는 사람을 구하여 가서 두 아우를 맞이해 올 것을 생각하고 있던 바, 수주촌간 벌보말과 일리촌간 구리내, 이이촌간 파로 세 사람이 현명하고 지혜롭다는 말을 듣고 불러서 물었다. "나의 두 아우가 왜와 고구려에 볼모가 되어 여러 해가 되어서도 돌아오지 못하고 있소. 형제의 정이라서 그리운 마음을 억제할 수 없소. 제발 살아서 돌아오게 해야 하겠는데, 어찌하면 좋겠소?" 이에 세 사람이 똑같이 대답하였다. "신들은 삽량주간 제상이 성격이 강직하고 용감하며 꾀가 있다고 들었습니다. 그는 전하의 근심을 풀어드릴 수 있을 것입니다." 이에 제상을 불러 앞으로 나오게 하여, 세 사람의 말을 전하며 가 주기를 청하였다. 제상이 대답하기를, "신이 비록 어리석고 변변치 못하오나, 감히 명을 받들지 않을 수 있겠습니까?"14)

『삼국유사』와 『삼국사기』의 인명에 대한 기록이 다소 상이한데, 이를 비교하면 다음과 같다.

---

14) (韓)金富軾 撰, (韓)金鍾權 譯, 『三國史記』 卷四五 「列傳五·朴堤上」(출판지 미상: 先進文化社, 1969), 707쪽.

〈표 1〉『삼국유사』와 『삼국사기』에 나온 김(박)제상 등 인물의 인명 대조표

서명		인명	
≪삼국유사≫	김제상	미해	보해
≪삼국사기≫	박제상	미사흔	박호

『삼국사기』에는 『삼국유사』와 마찬가지로 미사흔(미해)과 박호 (보해)가 연이어 왜국과 고구려의 볼모가 된 사건이 기록된 것 외에, 제상이 신라 박혁거세 왕의 후손이라는 등의 가문에 대한 약간의 설명이 더하여졌다. 또한, 세 명의 현인이 눌지왕에게 어떻게 이구 동성으로 두 아우를 구해낼 사람으로 제상을 묘사했는지에 대해 상세히 기록되어 있다.

『삼국사기』 45권에는 또한 계속하여 제상이 고구려의 사신으로 가서 박호와 함께 도망쳐와 눌지왕을 만나는 장면이 묘사되어 있 다. 이때 눌지왕은 비록 매우 기뻐하였으나 미사흔이 아직 돌아오 지 않았으므로 한 쪽 어깨를 잃은 듯 상심하였다고 한다. 왕의 마음 을 알아챈 제상은 왜국으로 가서 미사흔을 구출하여 그가 안전히 신라로 돌아왔으나, 자신은 왜국에 남아 목도로 유배되었다가 불 에 탄 후에 목이 베었다. 제상이 죽은 후, 눌지왕은 그에게 대아찬 관품을 추증하고, 제상의 둘째 딸을 미사흔의 아내로 삼게 하였으 며, 그의 아내에 관한 이야기는 더 이상 묘사되지 않았다.

두 역사서에 기록된 제상에 관한 슬프고 감동적인 기록이 민간 에서는 또 하나의 불가사의한 이야기로 전해진다. 즉, 제상의 부인 이 너무 낙심하여 슬피 울다가 죽은 이후에 돌이 되었는데, 이것이

바로 '망부석'이라는 것이다. 「望夫岩と萬波亭」에는 이 전설에 대하여 다음과 같이 기록하였다.

이미 어쩔 수 없기 때문에 지금의 경주와 울산과의 경계 근처에 있는 치술령(鵄述嶺)이라는 산에 올라 적어도 돛의 그림자라도 배웅하려고 애처롭게 산 정상까지 올라 갔습니다. 산봉우리에서 아득히 바람에 실려 가는 돛단

〈그림 2〉『조선신화전설집·제국전설』의 「望夫岩と萬波亭」. 彭衍綸 촬영.

배를 배웅하면서 양손을 하늘 높이 올리며, 낼 수 있는 목소리를 다 내며 소리쳐 불렀습니다. 그러나 아무리 소리쳐도 들릴 리가 없었습니다. 배는 파도에 실려 지평선의 저편으로 사라져 버렸습니다. (…중략…) 완전히 배의 그림자가 보이지 않게 되자 아내는 슬픔이 한꺼번에 솟구쳐 올라 그대로 그 곳에 쓰러져 죽어 버렸습니다. 아내의 시신은 커다란 바위가 되어 버렸습니다. 그리고 그 바위를 망부석이라고 부르게 되었습니다.15)

15) "もう仕方がないので、今の慶州と蔚山との境の邊にある鵄述嶺といふ山によぢ登って、せめて帆かげだけても見送らうと、いぢらしくも山の頂まで登って行きました。山の峯からはるかに、風におくられて行く帆船を見送りながら、兩手を擧げて、聲を限りに叫びました。併し、どんなに叫んでも聞えるわけはありません。そのまゝ船は波におくられて、地平線の彼方に消えてしまひました。(…中略…) すっかり船のかげが見えなくなると、妻は、悲しさが一時にこみ上げて來て、そのまゝ其處に倒れて、たうとう死んで了ったのでありました。と、妻の屍は、いつか大きな巖となってゐました。それから其岩を、望夫岩とよぶやうになりました。"(日)中村亮平 編,『朝鮮神話傳說集』之「諸國傳說」第九五則「望夫岩と萬波亭」; (日)松元竹

인용문의 대략적인 내용은 다음과 같다. 제상의 부인이 지금의 경주와 울산 접경지에 있는 치술령이라는 산에 올라 멀리 왜국을 향하는 배를 바라보며 더 높은 산 정상까지 올랐다. 산 정상에 올라, 바람에 떠가는 배를 바라보며 배가 파도에 잠기듯 지평선 너머로 사라질 때까지, 두 손을 높이 들고 목청껏 소리를 질렀다. 배가 완전히 보이지 않자, 제상의 부인은 슬픔을 참지 못하고 위로 뛰어 올랐고, 결국 땅에 떨어져 죽고 말았다. 이후, 그녀의 시신이 큰 바위가 되었는데, 후에 사람들은 이를 '망부석'이라고 불렀다.

「望夫岩と萬波亭」에서 망부석 전설을 기록한 대부분 단락은 『삼국유사』 1권의 기록과 유사하며, 제상의 부인이 치술령에 오른 이후 발생한 전형적인 망부석 전설의 내용을 묘사하고 있다.

조선왕조는 14세기 말 개국되어 20세기 초까지 지속되었는데, 그 중 15세기 말 집권했던 성종 시기에 노사신(盧思愼) 등 문인들이 왕의 명령을 받아 전국 지리 총서인 『동국여지승람(東國輿地勝覽)』(성종 12년, 1481년 완성)을 편찬하였는데, 이는 중국 명나라 헌종의 성화(成化) 17년 때 일이다. 그로부터, 50년 후 16세기 초에 중종 시대 이행이 왕의 명을 받아 『동국여지승람』을 새로 편찬하여 『신증동국여지승람(新增東國輿地勝覽)』(약 중종 25년, 1530년)을 완성하였으며, 이는 중국 명나라 세종 가정(嘉靖) 9년의 일이다. 이 지리서에는 각 지역의 역사적 인물의 사적이나 산천강하 등 지역풍물에 관한 기록도 있었는데, 노사신과 이행(李荇) 등 문인이 함께 편찬한

二 編, 『支那·朝鮮·台灣 神話と傳說』(東京: 神谷勵, 1935, 重版), 401쪽.

『신증동국여지승람』에서 제상의 사적에 관한 기록을 찾아볼 수 있다.16)

　가. 『신증동국여지승람』 21권 「경상도좌도·경주부·산청」:

　치술령 부남 36리 위치(신증) 신라시대 박제상, 왜국에서 죽음. 그 부인이 치술령에서 슬피 울다가 죽었다.

　나. 『신증동국여지승람』 21권 「경상도좌도·경주부·인물·신라」:

　박제상 파사왕의 5세손, 삽량주간을 맡음. 눌지왕의 아우 미사흔이 왜국에 볼모로 잡힌 후 오랫동안 돌아오지 못하자 제상을 파견하여 구출하라 명함. 제상은 왜국으로 신라를 배신한 양 거짓 망명한 후, 미사흔을 신라로 돌려보낸다. 노한 왜왕에게 이르기를 "우리 임금의 뜻을 이루고자 하였을 뿐임이라"고 하였다. 이에 왜왕에게 참혹한 형벌을 받음에도 그의 충절을 꺾지 아니하여, 결국 목도에서 불에 타 죽게 된다. 눌지왕이 그의 충절에 감복하여, 대아찬 관품을 주고, 그의 딸을 미사흔의 아내로 삼게 하였다.

　다. 『신증동국여지승람』 22권 「경상도좌도·경주부·양산군·명신·신라」:

　박제상 눌지왕 시기, 삽량주간을 맡음. 아래 경주인물에 기록됨.

　첫 번째 기록에는 치술령이 제상의 아내가 부군을 떠나 보낸 후 슬피 울다가 죽은 곳이라 기록되었으며, 두 번째, 세 번째는

---

16) 이하의 내용은 (韓)盧思愼 纂修, (韓)李荇 新增의 『新增東國輿地勝覽』(朝鮮京城: 朝鮮 古書刊行會, 1912), 263쪽, 300쪽, 338쪽에 보인다.

모두 제상의 사적에 관한 기록이다. 이와 관련한 묘사는 더 이른 시기 편찬된 『삼국사기』나 『삼국유사』에서 볼 수 있으나, 모두 제상의 부인이 망부석이 되었다는 기록은 없는데, 이것이 작자가 여기기에 이러한 전설이 너무 황당하다고 여겨 고의로 기록에서 뺀 것인지, 혹은 당시에 제상의 부인이 망부석이 되었다는 전설이 생겨나지 않아서였는지는 알 수 없다. 그러나, 『신증동국여지승람』 21권 「경상도좌도·경주부·12영(慶尙道左道·慶州府·十二詠)」에 치술령을 노래한 다음의 작품을 볼 수 있다.

치술령 치술령 고갯마루 일본을 바라보니, 하늘에 맞닿은 푸른 바다 가이없네. 우리 님 떠나실 제 손을 흔드시더니, 죽었는지 살았는지 소식도 끊겨. 길이 헤어졌으나, 죽든 살든 언젠가는 볼 날 있으리라. 하늘 향해 울부짖다 무창의 돌이 되었으니, 매운 기운 천년토록 허공 위에 푸르리라.[17]

이 작품은 한 편의 이야기가 담겨져 있는 시로, 일본으로 떠나는 제상을 향해 부인이 치술령에 올라 손을 흔들며 그를 배웅하고 두 사람이 오랫동안 이별하게 되는 장면을 서술하고 있다. 후반부에는 전설을 따른 것인지 아니면 상상력을 발휘한 것인지, 제상의 부인이 돌이 되어 그 매서운 기운이 천년동안 하늘에 머물렀다는 이야기가 기록되어 있다. 그러나 안타깝게도 『신증동국여지승람』

---

17) (韓)盧思愼 纂修, (韓)李荇 新增, 『新增東國輿地勝覽』, 315쪽.

에는 제상에 대한 더 많은 단서가 없어 이 작품이 언제 누구에 의해 쓰인 것인지 정확히 알 수 없다.

작품에서는 제상이 일본으로 간 후에 소식이 묘연하므로, 생사의 이별을 겪는 부부의 애통한 심정을 노래하며, 특히, 치술령을 통해 그들의 슬픈 정서를 남김없이 드러내 보여준다. 더욱 중요한 것은 '하늘 향해 울부짖다 무창의 돌이 되었으니[呼天便化武昌石]' 구절에서 더욱 분명하게 『열이전』, 『유명록』 등 저서에 기록된 중국 고대 우창(양)신현의 북산에 전해지는 망부석 전설을 인용하였다는 점이다. 이러한 사실들은 당시에 이미 제상의 부인이 망부석이 된 전설이 전해졌으며, 다만 전설이 지리서에 기록되지 않았음을 보여준다. 그러므로 이 작품에서부터 비롯하여 제상의 부인이 망부석이 된 전설로 유래되었을 가능성이 있다.

전설의 유래가 이 작품의 창작 전이든 후든 관계없이, 최소한 한국의 문학작품에는 중국 당·송시처럼 망부석 전설을 인용한 시들을 볼 수 있다. 분명, 문학작품은 작가가 자신의 의지와 감정을 자유롭게 표현하는 방식이므로, 전설을 인용하는 것은 그러한 표현방식을 더욱 다채롭게 하는 방법 중의 하나이다. 한국뿐 아니라 중국에서도, 이는 분명히 망부석 전설의 영향력을 간접적으로 확대시켰다.

사실상, 김(박)제상의 사적은 국내뿐 아니라 문학작품을 통해 중국에도 전해졌으며, 명나라 사조제(謝肇淛)의 『소초재시화(小草齋詩話)』의 제4권 「잡편상(雜篇上)」에 다음의 기록이 있다.

진 의희(義熙) 시대, 신라 실성왕이 내물왕의 아들 복호와 미사흔을 각각 고구려와 왜국에 인질로 보냈다. 실성왕이 죽고 그의 아들 눌지왕이 왕위에 즉위한 후, 두 아우를 그리워하며 그들을 구해낼 사람을 찾다가, 사람들이 삽량군 태수 제상을 추천하니, 가서 고구려를 설득해 복호를 데려 오라고 명하였다. 이내 집에 들르지 못하고 바로 왜를 설득하러 갔다. 그의 부인이 쫓아가다가 율포에 이르렀는데, 제상은 이미 바다를 건너고 있어, 배에서 서로를 바라보고 손을 흔들며 이별하였다. 왜국에 이르러 여러 가지 방법으로 왜왕을 설득하였으나 거절하다, 간계를 써서 사흔을 고국으로 돌려보냈다. 왜왕이 이에 크게 노하여 힐책하였으나 제상이 굴복하지 않자, 그의 발의 살갗을 벗기고 갈대를 베어 그 위를 걷는 형벌을 내렸으나, 결국 충절을 꺾지 않아 불태워 죽였다. 그 소식을 들은 부인이 치술령에 올라 바라보며 통곡하다가 죽으매, 그의 영이 치술령 신모가 되었다고 한 다. 사람들이 그녀를 노래하기를 "치술령 고갯마루에서 일본을 바라보니, 하늘에 맞닿은 푸른 바다 가이없네. 우리 님 떠나실 제 손을 흔드시더니, 죽었는지 살았는지 소식도 끊어졌네. 소식이 끊어지고 길이 헤어졌으나, 죽든 살든 언젠가는 볼 날 있으리라. 하늘 향해 울부짖다 무창의 돌이 되었으니, 열년의 기개가 천년토록 하늘을 찌르네."라고 하였다.18)

사조제의 기록은 '미사흔(未斯欣)'을 '末斯欣'으로, 박제상(朴堤上) 을 '赴堤上'으로 쓰고 가사에 사용된 글자가 다른 것 외에, 그 핵심 은 『신증동국여지승람』에 기록된 노래와 크게 다르지 않다. 사조

---

18) 明·謝肇淛, 『小草齋詩話』(周維德 集校, 『全明詩話』, 濟南: 齊魯書社, 2005, 第一 版), 3536쪽.

제(1567~1624)의 자는 재항(在杭)이며, 복건(福建) 장락(長樂) 사람으로, 명나라 만력 30년(1602)에 급제하였다. 『신증동국여지승람』은 그가 출생하기 전 약 1530년에 완성되었으므로, 사조제의 작품에 묘사된 제상의 사적이 『신증동국여지승람』의 기록에서 비롯되었다 해도 시기적으로 이상할 것이 없다.

사조제의 『소초재시화』 기록을 통해, 제상의 사적이 명나라 때 혹은 더 일찍 중국에 전해졌음을 알 수 있다. 제상의 사적은 당시의 한국과 일본 두 나라 사이의 중대한 외교적 사건을 포함하고 있으므로, 더욱이 사람들의 관심을 끌었을 것으로 보인다.

4. 한국 정읍의 망부석 전설

[전설배경] 삼국시대 백제 [유래지역] 현 전라북도 정읍시

고려왕조부터 '정읍사(井邑詞)'라는 민요가 전해지는데,[19] 그 내용은 망부석 전설과 관련이 있으나, 그 전설 배경은 오히려 삼국시대의 백제를 배경으로 한다.[20] 정읍은 현재 전라북도에 위치하며, 그 지역의 망부석 전설은 마찬가지로 『신증동국여지승람』에 전해진다.

---

19) 정읍사의 내용은 망부석(전설)로부터 온 것인데, 망부석(전설)은 정읍사로 인하여 널리 알려지게 되었다.
20) 정읍은 백제의 영토에 속해 있었다.

망부석은 전주현의 북쪽 십리에 있으며, 전주현 사람이 행상을 떠난 후 오래도록 돌아오지 않으므로, 그 아내가 산에 올라 멀리 남편 있는 곳을 바라보면서, 남편이 밤에 다니다가 해를 입을까 두려워하는 마음을 진흙에 빠지는 것으로 비유하여 노래한 것으로, 정읍사라 한다. 세상에 전하는 바에 의하여 그 아내가 올랐던 고개 등점산에 망부석이 있으며, 자취가 여전히 남아 있다.[21]

이 전설에 따르면, 남자가 행상을 위해 부인을 떠난 후, 부인이 산 바위에 올라 남편이 있는 곳을 바라보며 남편이 밤중에 해를 입을까 두려운 마음을 진흙에 빠지는 것으로 비유하여 노래한 것으로, 그리하여 '정읍사'가 되었다. 이러한 전설은 『신증동국여지승람』 외에도, 조선시대 저작된 『고려사(高麗史)』 71권 「악지 2·삼국속악·백제·정읍(樂志二·三國俗樂·百濟·井邑)」에도 전해진다.

정읍은 전주의 속현이다. 현의 한 사람이 행상을 나간 지 오래 되어도 돌아오지 않았다. 그 부인이 산위에 올라가 멀리 바라보면서, 그 남편이 밤길을 오다가 해를 입거나 더러운 물이 더럽힐까 걱정되어 노래를 불렀다. 대대로 고개에 올라 남편을 바라본 돌이라고 부른다.[22]

---

21) (韓)盧思愼 纂修, (韓)李荇 新增, 『新增東國輿地勝覽』 卷三四 「全羅道·井邑縣·古跡」 (朝鮮京城: 朝鮮古書刊行會, 1912), 306쪽.

22) (韓)鄭麟趾 等編, 『高麗史』; 『四庫全書存目叢書』編纂委員會 編, 『四庫全書存目叢書』 史部 第一六〇冊(濟南: 齊魯書社據雲南大學圖書館藏明景泰二年朝鮮活字本, 1996, 第一版), 史160~714쪽.

齊魯書社出版의 『高麗史』 외에도 北京全國圖書館文獻縮微複製中心의 清抄本(清陳毅題識, 朱彝尊跋) 影印의 『高麗史』(姜亞沙, 經莉, 陳湛綺가 편집한 『朝鮮史料匯編』

『신증동국여지승람』이나『고려사』의 기록을 통해 한 가지 사실을 알 수 있다. 즉, 남편을 기다리던 부인들이 모두 돌로 변한 것은 아니며, 그녀들이 바위 위에서 멀리 남편을 바라보다가 그 흔적을 남겼으므로 망부석이라고 불렸다는 사실이다. 이는 중국 허베이(河北) 친황다오(秦皇島)의 망부석 전설과 유사한 것이다.

사당 뒤에 있는 망부석이 후에 몇 개의 큰 바위로 변하였는데, 그 중 한 바위 위에 '망부석'이라는 세 글자가 크게 새겨졌다. 전설에 따르면, 맹강녀가 자신의 남편을 그리워하며 이 곳에서 만리장성을 바라봤다고 한다. 두 바위 사이에는 작은 구덩이가 있는데, 이는 맹강녀가 바위 위에서 남편을 바라보다가 남겨진 발자국이라고 전해진다.[23]

정읍의 망부석 전설과 맹강녀(孟姜女) 전설이 서로 매우 유사한 것을 볼 수 있다. 맹강녀는 망부녀라고도 불리며, 마찬가지로 돌로 변한 것이 아니라 바위 위에서 돌아오지 않는 남편을 바라봤다고

第二冊至十五冊에 보인다.) 卷七一「樂志二·三國俗樂·百濟·井邑」(第九冊, 257쪽)의 망부석 전설에 대한 기록은 조금 다르다. 원래는 '夫'와 '行' 두 글자 사이에는 '夜'가 있었는데, 여기에서는 '托'자 앞에 쓰였다. 이렇게 되면 뜻이 달라지는데, 齊魯書社의 판본은 남편이 한밤중에 오다가 해를 당할 것을 걱정하던 아내가 흙탕물의 더러움에 기탁하여 노래한 것으로, 노래한 시간이 다음날 낮인지 밤인지 분명하지 않다. 그런데 全國圖書館文獻縮微複製中心의 판본은 부인이 행상 갔던 남편이 해를 당할 것이 두려워 밤에 진흙물의 더러움에 기탁하여 노래한 것으로, 노래한 시점은 분명하지만 남편에 대한 걱정이 곧 밤길에 국한되지 않게 된다. 齊魯書社가 근거한 판본이 비교적 이른 것이며, 그 내용 또한 서울대학교 규장각의『高麗史』手抄本과 같으니, 淸抄本은 베껴 쓸 때 오류가 생긴 것이거나 혹은 베껴 쓰는 자가 마음대로 고쳐쓴 것일 가능성도 있다.

23) 秦皇島市地名辦公室 編,『秦皇島風物志·文物古蹟』(石家莊: 河北人民出版社, 1986, 第一版), 85쪽.

해서 그 바위를 '망부석'이라고 한다.

『신증동국여지승람』의 기록에 따르면, 정읍에 전해지는 망부석 전설 속의 부인은 돌로 변하지 않았는데, 이는 여러 가지 분석의 실마리를 제공해 준다.

필자가 연구한 중국의 망부석 전설 가운데, 남편이 행상을 위해 부인을 떠난 경우는 거의 드물며, 그 중 가장 최초의 기록은 『대명일통지(大明一統志)』 49권에 전해지는 남창부 펑청현(南昌府 豊城縣, 현 江西省 豊城縣)의 망부석 전설이다. 『대명일통지』는 명나라의 이현(李賢) 등이 영종의 명을 받들어 천순(天順) 5년(1481)에 완성한 지리서로, 『신증동국여지승람』보다 먼저 편찬되었다. 또한, 정읍시가 속한 전라북도는 한반도의 서남부에 위치하여 중국과 지리적으로 인접하고, 정읍시 망부석 전설과 장시 펑청현의 망부석 전설 모두 남편이 행상으로 부인을 떠나는 줄거리가 매우 유사하다. 그렇다면, 혹시 둘 사이에 어떠한 관계가 있는 것은 아닐까?

물론, 정읍사는 고려민요이며, 고려왕조는 서기 918년부터 1392년까지 존속되었으므로, 정읍의 망부석 전설의 유래 연도에 대하여 더욱 신중히 고려할 필요가 있다. 또한, 만약 행상이 정읍 현지의 지역적 특색이라면, 예를 들어 정읍이 이백(李白)의 「장간행(長干行)」의 장간처럼[24] 당시 남자들이 주로 행상을 하던 지역이라 정읍사처럼 외래 영향을 받지 않고 타 지역과 달리 망부석 전설이 탄생했을 가능성도 배제할 수 없다. 그러므로 이러한 모든 가능성에 대하여

---

24) "장간(長干)"은 고대 남경의 골목 이름으로, 거주민의 대부분은 배를 통한 상업 활동에 종사하였다.

신중히 살펴볼 필요가 있다. 정읍사의 가사는 대략 이러하다.

> 돌하 노피곰 도ᄃ샤
> 머리곰 비취오시라
> 져재 녀러신고요
> 즌ᄃᆞ 롤 드ᄃ욜셰라
> 어느이다 노코시라
> 내가논ᄃᆡ 졈그롤셰라[25]

내용을 살펴보면, 후렴구 가사가 중국의 『시경(詩經)』과 유사하게 반복 낭송되는 것을 볼 수 있다. 모든 단락의 첫 두 소절은 부인이 행상 나간 남편을 염려하는 가사로 매우 깊은 사랑을 노래한다. 행상 나간 남편이 행여나 밤길에 해를 입을까 봐 달빛이 높고 멀리 비춰주어 진흙탕에 빠지지 않기를 기원한다. 더욱이 달빛이 남편이 지나는 모든 길을 밝게 비추어 쉽게 쉴 곳을 찾을 수 있기를 소원하고 있다. 이러한 가사는 행상에 나선 남편이 해를 입지 않고 평안하고 무사하기를 바라는 부인의 깊은 사랑과 그리움을 담고 있다. 덤덤한 어투의 가사이지만, 그 안에는 남편에 대한 깊고 간절한 사랑이 스며 있다.

중국에도 망부석 전설에 대한 인용문뿐 아니라, 이를 주제로 한 노래와 문학 작품들을 쉽게 찾아 볼 수 있는데, 그 중 대표적인

---

25) (韓)趙潤濟 撰, 『韓國文學史』(探求堂, 2005, 第十版), 89~90쪽.

것은 당대 이백, 유우석(劉禹錫) 등 시인의 작품이라 할 수 있다.[26] 그러나 망부석 전설에서 민요로 발전한 경우는 거의 드물다.

1985년, 정읍시에서는 시기동(현 초산동) 아양산 동쪽 산기슭에 33,000제곱미터 면적의 정읍사공원을 만들고, 1986년 12월 공원 안에 망부상을 세웠다. 망부상은 높이 2.5미터로, 망부상 앞에는 정읍사 전문이 새겨진 검은색 돌이 세워져 있다. 1990년 백제 여인의 정절을 기리고 백제 문화를 알리기 위해 제1회 정읍사 문화제가 거행되었으며, 또한 매년 백제 여인을 기리기 위해 부도상을 수여한다.[27] 이는 망부석 전설에서 비롯된 기념일로 민간문학과 민속 활동이 함께 결합된 대표적 예라 할 수 있다.

정읍사 문화제는 매년 10월 말~11월 초에 내장산 문화광장 및 정읍시내 일대에서 거행된다. 주요 행사로는 정읍사 거리퍼레이드 등 전야제행사, 정읍사 여인 추모식, 개회식 및 부도상 시상 등이 있다.[28] 이를 통해, 전설 속의 망부여인에 대한 한국 국민들의 숭고한 경외심을 엿볼 수 있다.

한국의 망부석 전설 가운데 울산 울주와 정읍시의 전설은 가장 대표적인 전설로서, 울산 울주의 망부석 전설은 삼국시대 신라의 역사적 인물 김(박)제상의 일화와 관련이 있으며, 정읍의 망부석 전설은 비록 역사적 인물이나 사건과 관련은 없지만, 삼국시대 백

---

26) 이백의 「望夫石」(『全唐詩』 卷一八五)과 유우석의 「望夫石」(『全唐詩』 卷三六五)이 그 것이다.

27) 「정읍시」 중문판 홈페이지(http://chn.jeongeup.go.kr) [열람일시: 2015년 5월 8일]

28) 「정읍시」 중문판 홈페이지(http://chn.jeongeup.go.kr) [열람일시: 2015년 5월 8일]

제여인의 숭고한 충절과 정조를 충분히 반영하고 있다.

5. 한국 서귀포 망부석 전설, 태안 망부석 전설

[전설배경] 전해지지 않음   [유래지역] 현 제주도 서귀포시
[전설배경] 통일신라시대   [유래지역] 현 충청남도 태안군

한국의 제주도 남부에 위치한 서귀포시에서 서쪽으로 약 2킬로미터 떨어진 곳에 삼매봉이 있는데, 그 앞 해면 위에 높이가 약 20미터에 달하는 바위가 홀로 우뚝 서 있어 이를 '외돌개'라고 한다. 외돌개는 서귀포의 유명한 절경 중 하나로, 이 바위를 '할망바위' 또는 '망부석'이라고도 하며, 다음의 전설이 전해진다.

한라산 산자락에 한 노부부가 살았는데, 어느 날, 바다에 나갔던 할아버지가 풍랑을 맞아 돌아오지 못하자, 할머니가 바다를 향해 목 놓아 통곡하다가 돌로 변했다는 전설이 전해지며, 그리하여 '할망바위'라고도 한다. 외돌개 밑부분에는 해면에 떠 있는 것 같은 작은 바위섬이 하나 있는데, 전설에 따르면 할머니가 돌로 변한 후에 할아버지의 시신이 그 작은 바위섬으로 변했다고 한다.29)

---

29) 「제주특별자치도」(중문판) 홈페이지(http://chinese.jeju.go.kr/?sso=ok)

서귀포 망부석 전설은 울산 울주와 정읍의 전설보다 늦게 탄생하였으며, 그 전설 내용이나 유래 방식은 펑후 치메이의 망부석 전설과 유사한 점을 보인다.

첫째, 내용 면에서 두 전설 모두 남편을 기다리는 여인이 바닷가에 나갔다가 해를 입어 돌아오지 못하는 남편을 기다리다가 돌이 되었다는 이야기를 담고 있다.[30)]

둘째, 유래 방식에 있어 서귀포의 망부석은 본래 '외돌개'라고 하며, 치메이의 망부석은 '석인'이라 하였다. 현지 조사를 통해, 치메이의 망부석 전설은 바로 석인전설이며, 현지의 관광산업 개발증진의 일환으로 관광객들의 공감을 쉽게 얻기 위하여 관광명소의 명칭을 '석인'에서 '망부석'으로 바꾸었다는 사실을 알게 되었다. 이를 통해 유추해 볼 때, 본래 외돌개라 불리던 서귀포의 망부석 또한 관광산업 유치 및 개발을 위한 고려에서 '망부석'이라 이름 붙여진 것은 아닐까 생각된다. 만약 그러하다면, 치메이의 망부석 전설과 서귀포의 전설은 유사한 전래방식을 지녔다고 볼 수 있다.

서귀포의 망부석 전설과 유사한 전설로 자연경관으로 유명한 충청남도 태안군 안면도의 망부석이 있다. 『대기원(大紀元)』인터넷판의 2011년 11월 14일 보도에 따르면, 태안군 안면도 꽃지 해수욕장 부근에 망부석 전설이 전해지는 바위 하나가 있는데, 그 전설에 따르면 약 천여 년 전 신라의 명장 장보고가 안면도에 기지를 두었는데, 어느 날 그 부하 장수인 승언 장군이 명령을 받들어 출정

---

30) 제주도와 치메이는 모두 섬이기 때문에 주민들이 바다로 나가는 것은 물고기를 잡아 생계를 유지하기 위함이다.

하였는데, 이후 그의 아름다운 부인 미도가 매일 안면도에 올라 바다를 바라보며 남편이 오기만을 기다렸다고 한다. 그러나 전쟁에서 승언 장군이 죽자, 미도는 하염없이 남편이 돌아오기만을 기다리다가 죽어 돌로 변했는데, 그 돌이 바로 이 '망부석'이라고 한다. 얼마 지나지 않아 그 옆에 또 하나의 바위가 생겼는데, 미도의 남편이 돌아온 것이라 하여 이를 '할매 할배 바위'라고 하였다고 한다.[31)]

서귀포의 망부석 전설과 비교할 때, 태안 안면도의 망부석 전설은 약 1천여 년 전의 신라시대라는 뚜렷한 역사적 배경이 있으며, 장보고의 출생년도(790~846)를 고려할 때 이는 통일신라시대(676~935)였음을 알 수 있다. 즉, 울산 울주의 삼국시대 신라, 정읍의 삼국시대 백제보다 안면도 망부석 전설의 시대적 배경이 더 늦었으며, 울산 울주의 망부설 전설과 마찬가지로 남편이 아내를 떠나게 된 원인은 전쟁 때문이었다. 전설이 한국의 고대 명장 장보고를 언급하므로, 그 역사성이 더욱 현저히 드러난다.

이 밖에도 전설에 나타난 바위의 수와 대표적 신분으로 볼 때, 태안군 안면도의 망부석 전설에는 서귀포 전설과 마찬가지로 모두 두 개의 바위가 출현하여 각각 남편을 기다리던 아내와 돌아온 남편을 상징한다.

제주도 서귀포 외돌개에 전해지는 망부석 전설은 현지를 소개하는 관광 사이트나 방문객들이 웹사이트에 남긴 정보를 통해 접할

---

31) http://www.epochtimes.com/b5/11/11/14/n3430231.htm [열람일시: 2015년 3월 10일]

수 있는데, 방문객들은 대부분 가이드를 통해 정보를 접하였다고 한다. 충청남도 태안군 안면도도 마찬가지로, 전설 속의 두 바위를 '할매바위'와 '할배바위'라고 부르기도 한다고 한다.

전설이 전해지는 관광명소는 전설과 여행이라는 두 개의 뗄 수 없는 테마가 존재한다. 전설은 여행의 깊이를 더해주고, 여행은 전설을 전파하는 통로가 된다. 훌륭한 가이드는 전설을 통해 관광지의 풍미를 더해주고 여행의 묘미를 한층 살려주어 관광지에 생명력을 불어 넣는다. 그렇지 못하면, 관광명소는 영원히 관광객과 교감하지 못하고 생명의 꽃을 피우지 못한다.

관광명소와 관광객 사이에 공감대가 형성되면, 여행과 전설 사이에도 미묘한 변화가 생겨 여행이 전설을 전파하는 통로로서의 효과를 극대화시킨다. 관광객은 여행 명소의 전설을 듣고, 여행이 끝난 후 주변 사람들에게 이를 적극적으로 알림으로써 또 하나의 관광 해설자가 되고, 관광명소의 전설을 소개하는 소개자가 되므로, 명소의 전설은 쉽게 대중들에게 전파되는 것이다. 관광객과 관광명소의 이러한 상호교류를 통해, 관광객들은 명소 전설의 계승자 역할을 하게 된다. 망부석 전설을 들은 관광객들이 망부석을 찾고, 망부석 전설은 또한 그들을 통해 각지로 퍼져 나가므로, 전설을 통해 여행의 풍미가 더해지고, 여행을 통해 전설이 계승되는 것이다. 이러한 발전은 여행의 수준을 높여주고, 내용에 깊이를 더해주며, 나아가 관광명소지의 생활 문화를 전해준다. 예를 들어, 서귀포나 태안군 안면도의 망부석 전설은 대자연에 맞서 생계를 유지하고, 국가를 지키기 위해 목숨을 아끼지 않았던 남편들의 시

대상을 보여주고, 또한, 떠난 남편만을 간절히 기다렸던 부인들의
숭고한 정절과 미덕을 노래한다.

　한편, 전설이 여행에 가져다주는 경제적 이익과 관광 수익으로
인해, 가이드들이 전설을 자의적으로 편집하고 창조하는 폐단도
생겨나고 있다. 서귀포, 태안군 안면도의 망부석 전설 또한 그러한
가능성으로부터 완전히 자유로울 수는 없을 것이다.

6. 결론

같은 속에서 다름을 추구하고, 다름 속에서 같음을 추구한다.

　중국, 타이완, 일본, 베트남, 한국을 포함한 동아시아 지역에는
모두 여인의 충절과 정조를 기리는 망부석 전설이 전하고 있다.
문헌 기록의 순서와 전설 분포 지역 및 유래 시기의 역사를 고려할
때, 동아시아지역의 망부석 전설은 중국으로부터 전파되었을 가능
성이 가장 크다.[32] 이 전설이 각 지역으로 전파된 후, 각 지역의
인물과 현지 풍토와 맞물려 각지의 특색과 의미를 내포한 새로운
망부석 전설이 탄생하게 된 것이다. 그러므로 망부석 전설은 여인
의 숭고한 충절과 정조를 칭송하는 동시에, 당시 서민들의 고단한

---

32) 중국의 영향 이외에도 동아시아 각국이 서로 영향을 주었을 가능성도 존재하지만, 아무래도
　　망부석 전설은 중국에서 비롯되었을 가능성이 크다. 물론 각지에서 자생적으로 탄생되었을
　　가능성도 배재할 수는 없다.

삶의 모습, 전쟁의 참혹함, 반인륜적인 비극, 숭고한 희생의 위대함, 외래문화의 영향 등 다양한 시대상을 모두 담고 있다.

역사성, 지역성, 해석성은 전설의 가장 뚜렷한 3대 특징으로, 동아시아 지역 망부석 전설의 비교는 지역성과 해석성을 모두 지니고 있다.[33] 일본의 사가현, 한국 울산 울주 및 태안에 전해지는 망부석 전설은 모두 역사성을 지녀 실제 역사적 인물과 사건을 묘사한다. 그러나 베트남 망부석 전설은 역사적 인물을 소재로 하긴 하였으나 현지 인물이라고 할 수 없다.

그럼, 중국의 망부석 전설은 전혀 역사성을 지니지 않는가? 중국은 역사적으로 전쟁이 끊이지 않았는데, 최초의 망부석 전설인 "전하는 말에 따르면, 일찍이 한 여인이 있는데, 그의 남편이 전쟁에 참전하여 멀리 떠나게 되었다. 그에 부인이 아이를 안고 산에 올라 그를 배웅하매, 오랫동안 바라보다가 돌이 되었다."(『열이전』)에서도 남편이 부인을 떠나게 된 원인은 전쟁 때문이었다. 그러므로 더욱 거시적인 관점에서 본다면, 전쟁 때문에 남자가 여자를 떠날 수밖에 없었던 중국의 망부석 전설은 중국인들의 공통된 역사적 인식이므로, 분명한 역사성을 지닌다고 볼 수 있다.

한국의 망부석 전설을 살펴보면, 울산 울주의 망부석 전설은 삼국시대의 신라를 배경으로 하고 한국 5세기에 실존했던 역사적 인물 박제상을 주인공으로 삼고 있어 전설의 역사성 특성이 가장 두드러진다. 삼국시대 백제를 배경으로 한 정읍의 망부석 전설은

---

33) 망부석은 한 지역에 위치하고 있기 때문에 지역성을 띠게 된다. 또한 대다수의 전설은 망부석의 유래를 해석하고 있기 때문에 해석성 역시 갖추고 있다.

비록 울산 울주의 전설처럼 역사적 인물이나 사건을 언급하지는 않으나, 전국적인 민요로 거듭날 수 있었다. 중국에도 일찍이 문인들이 망부석 전설을 소재로 시가를 창작한 것이 작가 문학에 속하였으나, 정읍사와는 다소 차이를 보인다. 서귀포의 망부석 전설은 그 내용이나 전래방식에서 타이완 펑후의 치메이 망부석 전설과 유사성을 보이는데, 두 전설이 전해지는 제주도와 치메이섬은 모두 유명한 관광명소이니 두 지역의 망부석 전설은 아마도 그 지역의 관광산업 유치 및 개발을 위해 재탄생되었을 가능성이 높다. 마찬가지로 태안군 안면도의 망부석 전설의 탄생 또한 서귀포의 전설과 유사하나, 그 보다 더 짙은 역사성을 지닌다.

울산 울주, 정읍 두 지역의 망부석 전설은 한국의 가장 대표적인 망부석 전설이며, 서귀포, 태안의 망부석은 한국의 유명한 관광명소에 위치하므로, 이 네 지역의 망부석 전설을 연구 대상으로 하여 한국의 망부석 전설의 유래와 발전을 한 눈에 살펴볼 수 있었다.

망부석 전설에 대한 연구를 통해, 우리는 타이안, 중국의 당시 시대상 이외에도 동아시아 다른 국가와 민족들도 동일한 망부석 전설을 통해 여인의 고결한 정조와 애정을 기념하였다는 사실을 알 수 있었다. 다시 말해, 망부석 전설은 동아시아 지역의 서로 다른 국가와 민족이 동일하게 여성의 절개와 지조를 표현하는 매개체였던 것이다. 종징원(鍾敬文)은 일찍이 "많은 전설이 더욱 광범위한 시대상을 특정한 역사적 인물, 사건 혹은 사물이나 자연물에 담으려고 함으로써, 허구의 이야기가 탄생하였다."[34]고 한 바 있다. 망부석 전설은 동아시아 지역에서 동일하게 여인의 충절과 지조를 기리는 방식이자, 또한 이 지역에 공통된 생활철학이 존재함을 상징한다.

〈그림 3〉 한국의 망부석 전설 유래 구역도. 李柏漢 제작.

---

34) 鍾敬文 主編, 『民間文學槪論』(上海: 上海文藝出版社, 1980, 第一版), 183쪽.

일본 민담과 '지식'*

: 『도노 모노가타리(遠野物語)』 속 고개(峠)의 풍경

이시이 마사미(石井正己)

1. '눈앞에서 전개된 이야기' '현재의 사실담'
: 고전에 대한 도전

야나기타 구니오(柳田国男, 1875~1962)의 『도노 모노가타리(遠野物語)』는 내가 가장 깊이 연구한 작품 중 하나이다. 이와테현(岩手県) 출신의 사사키 기젠(佐々木喜善, 1886~1933)에게서 들은 이야기를 모아 1910년(메이지43)에 사가판(私家版)으로 350부에 고유번호를 달아서 발간되었다. 작품에는 도노 지방(遠野郷: 동북지방 이와테현 내륙부—역자 주)에 전해 내려온 신·요괴·유령이 등장하는 불가

---

* 본고는 2018년 6월 14일 단국대학교 일본연구소 HK+ 사업단에서 주최한 제3회 해외 석학 초청 강연 원고를 번역 수록한 것임. [번역: 김미진(한국외대)]

사의한 이야기 등이 119화 수록되어 있다. 발간 당시 학계에서는 거의 주목을 받지 못했으며 소설가 이즈미 교카(泉鏡花, 1873~1939)와 젊은 아쿠타가와 류노스케(芥川龍之介, 1892~1927)에게 높이 평가받았을 뿐이다.

그러나 야나기타의 명성이 높아지자 고서의 가격도 오르고 입수도 어려워졌다. 이야기의 배경이 된 지역인 도노에서는 '도노 모노가타리 낭독회'를 조직해 등사판(謄写版)을 만들고 이를 명저라 칭했다. 한편 전국적으로 민족학의 동지가 태어나 이 작품은 '일본 민속학의 기념비'라고 평가받게 되었다. 사사키가 죽고 난 후 자료가 흩어져 없어지게 되는 것을 우려해 1935년(쇼와10)에 「도노 모노가타리 슈이(遠野物語拾遺)」 299화를 포함한 『도노 모노가타리 증보판』이 향토연구사에서 발간되었다. 그러나 이것은 여러 사람들이 제공한 이야기를 모은 것이었다.

초판의 서문에는 발간 의도가 명확히 들어나 있다. 서문은 세 단락으로 구성되어 있으며, 제1단락은 사사키 씨가 야나기타의 저택에서 이야기를 듣고 그것을 적어 두게 된 경위를 기술하고 있고, 제2단락은 야나기타가 도노 지방을 방문해서 시시 오도리(獅子踊) 등을 본 모습을 그리고 있다. 제3단락은 이 두 단락을 "이러한 이야기를 듣고 이러한 곳을 보고 와서 그 뒷이야기를 사람들에게 이야기하려고 하지 않는 자가 과연 있을까"라고 하며 다음과 같이 발간 의도를 간략히 밝히고 있다.

하물며 지금부터 구백년 전에 쓰인 『곤자쿠 모노가타리(今昔物語)』와 같은 설화집은 그 당시에도 이미 '지금은 옛날 이야기가 되었지만[今は 昔]'으로 시작하는 데 반해, 이 이야기들은 바로 우리들 눈앞에서 전개된 이야기이다. 비록 경건한 자세와 성실한 태도에 있어서는 『곤자쿠 모노가타리』의 저자를 능가하지 못할지라도, 사람들이 별로 들어보지 못했고, 이야기된 적도 또 책으로 기록된 적도 없다는 점에서는 오히려 담백하고 순진한 성격인 다이나곤(大納言)이 와서 들을만한 가치가 있다고 믿고 싶다. 근대의 오토기 햐쿠모노가타리(御伽百物語)의 작자들의 경우는 그 생각이 이미 고루(固陋)하고, 그 이야기가 결코 엉터리가 아니라고는 단언 할 수 없다. 이들 이야기와 비교되는 것을 내심 수치로 생각하고 있다. 요컨대 이 책은 현재 눈앞에서 벌어진 사실담이다. 이것만으로도 훌륭한 존재의 이유가 있음을 믿고 싶다.[1]

야나기타는 "지금부터 구백년 전에 쓰인 『곤자쿠 모노가타리』와 같은 설화집"을 "그 당시에도 이미 '지금은 옛날 이야기가 되었지만[今は昔]'"이라고 하고 있다. 헤이안(平安) 시대의 설화집인 『곤자쿠 모노가타리슈』는 각각의 이야기가 "지금은 옛날이야기가 되었지만[今は昔]"으로 시작하지만, 그것은 900년 전에 이미 "(지금은) 옛날이야기"였다는 것이다. 그리고 "근대의 오토기 햐쿠모노가타리(御伽百物語)의 작자들"의 "이야기"는 "엉터리"라고 하고 있다. 에

---

1) 『도노 모노가타리』 원문의 한국어역은 김용의 『도노 모노가타리』(전남대학교출판부, 2009)를 참조했다. 단, "후에후키고개(笛吹峠) → 후에후키(笛吹) 고개, 야마구치촌(山口村) → 야마구치(山口) 마을, 사루가이시가와(猿ヶ石川) 강 → 사루가이시(猿ヶ石) 강" 등 일부 수정한 부분이 있다.

도시대의 이야기책인 『오토기 햐쿠모노가타리』는 허구의 이야기
다. 이에 반해 이 『도노 모노가타리』는 '눈앞에서 전개된 이야기'이
며 '현재의 사실담'이라고 평가되어 "훌륭한 존재의 이유가 있음"
이라고 주장하고 있는 것이다. 『도노 모노가타리』는 『곤자쿠 모노
가타리슈』나 『오토기 햐쿠모노가타리』에 대항하는 도전적인 책이
라는 것을 알 수 있다.

　이 '눈앞에서 전개된 이야기', '현재의 사실담'이라는 성격은 실
제로 『도노 모노가타리』의 119개의 이야기를 통해 확인할 수 있다.
그것을 상징적으로 그리고 있는 예로 「도노 지역은 지금의 리쿠추
(陸中)2) 가미헤이(上閉伊) 군의 서쪽 절반, 산으로 둘러싸인 평지이
다」(1화)의 "지금"이다. 이와 비슷한 시간을 나타내는 "요즘"이라
는 표현도 종종 보인다. 이러한 기술이 '눈앞에서 전개된 이야기',
'현재의 사실담'임을 증명하는 것이다. 더욱이 주목해야 하는 것은
전체를 문어체로 서술하고 있는 것이다. 예를 들어 "전하기를, 도
노 지역은 먼 옛날에 부근이 전부 호수로 호수물이 사루가이시(猿
ヶ石) 강이 되어 사람 사는 곳으로 흘러들어와 자연적으로 이같은
읍락이 생겼다고 한다"(1화)가 있다. 이 전해져 오는 이야기에는
과거의 체험을 나타내는 조동사 'き'의 연체형 'し'가 자주 등장한
다. 그 외에도 이 'き'가 서술의 기조(基調)를 이루고 있으며 모노가
타리(이야기―역자 주) 문학의 'けり'는 거의 보이지 않는다. 이 점에
서 『도노 모노가타리』는 옛날이야기라기보다 "이런 종류의 모노

---

2) 옛 지명. 지금의 이와테현(岩手県)의 대부분과 아키타현(秋田県)의 일부분.

가타리", "산신 및 산인(山人)의 전설"(서문)과 같이 '모노가타리', '전설'이라고 부르는 것이 적절하다.

2. 조우遭遇하는 산인의 공포: 사실화의 방법

잘 알려져 있듯이 야나기타는 서문에서 "산신 및 산인의 전설'을 다루고 "그 이야기들을 들려주어서 도시 사람들을 깜짝 놀라게 해주었으면 한다"고 이야기하고 있다. '산신 및 산인'과 '도시 사람'이라는 입체적인 공간인식에 의한 인간의 엄격한 구별이 보인다. 야나기타는 이를 '조몬진(繩文人)=수렵민'과 '야요이진(弥生人)=농경민'으로 역사의 살아 있는 모습이라고 생각했다. 이에 대해서는 일단 제쳐 두고 야나기타가 깜짝 놀라게 해주고 싶다고 생각한 '산신 및 산인의 전설'은 어떤 이야기인지 살펴보겠다.

〈5화〉 도노 마을에서 해안에 있는 다노하마(田ノ浜), 기리기리(吉利吉里)로 넘어가기 위해서는 옛날부터 후에후키(笛吹) 고개라는 산길이 있었다. 야마구치(山口) 마을에서 롯코우시(六角牛) 쪽으로 들어가면 길이 가깝다. 이 고개를 넘어가는 사람은 반드시 야마오토코(山男)나 야마온나(山女)[3]를 만나기 때문에 모두 무서워하여 차츰 사람들의 왕래가 드물어졌다. 마침내 사카이기(境木) 고개 쪽으로 다른 길을 만들었다. 와야마(和山)를

---

3) 깊은 산 속에 사는 여자 요괴.

역마 지점으로 삼아서 지금은 이쪽으로만 넘어가게 되었다. 2리(里) 이상 우회하게 되었다.

도노 마을에서 해안에 있는 다노하마나 기리기리로 넘어가기 위해 후에후키 고개를 이용했지만, 산 속에서 반드시 야마오토코나 야마온나를 만나기 때문에 모두 무서워하여 왕래가 드물어져 사카이기 고개 쪽으로 다른 길을 만들었다는 이야기이다(아래 지도를 참조). 이것은 '요즘' 일어난 사건이고 '지금'은 경로를 바꾸었다

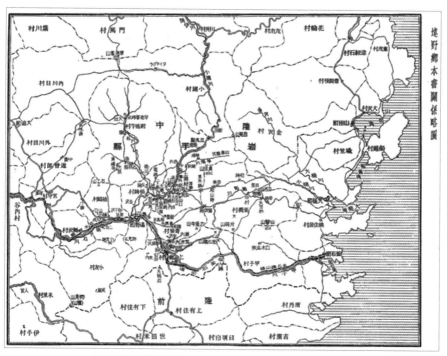

柳田国男, 『遠野物語 增補版』(郷土研究社, 1935)에 의함.

는 것에서 이 이야기는 '눈앞에서 전개된 이야기', '현재의 사실담'인 것이다. 산인의 공포 때문에 2리, 즉 8킬로미터나 우회했다는 것에서 야마오토코나 야마온나와의 해후(邂逅)는 매우 공포스러운 일이었음을 상상할 수 있다. 아마 내륙과 해안의 교역 일을 한 짐바리꾼들에게 전해져 온 이야기를 사사키가 듣고 이를 야나기타에게 전한 것일 것이다.

이 이야기는 초고(草稿)가 남아 있다. 초고에서는 '후에후키 고개', '사카이기 고개' 전후에 여백이 있어 '사카이기 고개'부터 이어지는 '와야마 역마 지점'은 오른쪽 행으로 치우쳐 있다. 이들 부분을 미리 공란(空欄)으로 두고 이야기를 들려주는 사사키에게 지명을 확인한 후 나중에 기입했을 것이라 추정된다. 이와 같이 지명을 기입하는 것으로 이야기의 무대를 명확히 밝히고 있는 것이다. 또한 초고에는 "□리(里) 이상 우회하게 되었다"고 '2'는 빈 칸으로 해 두고 있다. 이것은 숫자를 기입하려고 비워둔 것인데 이것을 통해 앞서 언급한 두 군데도 빈칸이었다는 추정이 확실하다는 것을 알 수 있다. 이러한 지명이나 숫자를 정확하게 쓰는 것에 의해서 지리 관계를 명확히 밝혀 이야기의 사실화를 추구한 것이라 할 수 있다. 야나기타는 주도면밀하게 기입함으로써 이 이야기를 '눈앞에서 전개된 이야기', '현재의 사실담'으로 만든 것이다.

게다가 초고에는 "산 속에서는 반드시 야마온나를 만난다"고만 쓰여 있고 '야마오토코'는 없다. 나중에 깨끗이 베껴 쓴 원고[淸書]에는 '야마오토코'가 추가되어 있기 때문에 이 단계에서 쓰여 진 것임을 알 수 있다. 청서에는 사사키가 그린 집의 겨냥도[見取り図]

를 그대로 인용하고 있기 때문에 청서 단계에서 사사키의 협력이 없었던 것은 아니다. 하지만 이러한 기입은 야나기타가 사사키에게 확인을 하면서 진행시켰다고는 생각하기 어렵다. 3화와 4화는 야마온나 이야기이고 그 흐름으로 5화에서도 야마온나 이야기를 그린 것이고 야나기타는 '야마오토코'를 추가하여 '산인'의 이미지를 증폭시켰다. 더욱 난감하게도 '제목'은 5화를 '야마온나'가 아닌 '야마오토코'로 분류하고 있다. 간행본에서는 알 수 없지만 성립과정에서 본다면 『도노 모노가타리』의 '산인'은 전승 문제만이 아닌 야나기타의 사상을 체현(体現)하고 있다는 점에서 주목해야 할 필요가 있다.

3. 피리에 감동한 사람의 목소리: 시간을 초월한 전승

다음 이야기는 젊은 시절 짐바리 일을 한 기쿠치 야노스케(菊池弥之助)라는 노인의 체험담이다.

〈9화〉 기쿠치 야노스케라는 노인은 젊었을 적에 짐바리 일을 했었다. 피리를 잘 불어서 밤새워 말을 몰고 갈 때에는 늘 피리를 불면서 다니곤 했다. 어느 희미한 달밤에 여러 동료들과 함께 해변으로 통하는 사카이기(境木) 고개를 넘어가면서 피리를 꺼내들어 불었다. 오야치(大谷地)라는 곳을 지날 때였다. 오야치는 깊은 계곡으로 자작나무 숲이 무성하였고 그 아래로는 갈대가 우거진 습한 늪이었다. 이때에 계곡 아래에서 누군가 큰 목소리로 "재밌는 데" 하고 외치는 사람이 있었다. 모두 하얗게 질려서 도망쳤다고 한다.

이는 피리 명인이었던 기쿠치 야노스케가 밤새 말을 몰아가며 짐바리 일을 할 때 피리를 불며 오야치라는 곳을 지나갔는데 계곡 아래에서 누군가가 큰 목소리로 "재밌는데"라고 외쳐 짐바리 일을 하는 일행이 새파랗게 질려 도망갔다는 이야기이다. (본문에는─역자 주) '누군가'라고만 쓰여 있지만, 제목은 '야마오토코'로 분류하고 있다. 야나기타는 이 목소리의 주인공을 '야마오토코'라고 생각했던 것이다. 여기에서 '산인'은 전승 문제뿐만 아니라, 야나기타의 인식에 의해서 강조되어 있다는 것을 알 수 있다.

앞서 살펴본 5화는 후에후키 고개에서 야마오토코 및 야마온나를 만나기 때문에 우회하여 사카이기 고개를 이용하게 되었다는 이야기였다. 그렇지만 지리적 관계에서 봐도 후에후키 고개를 이용해서 해안을 왕래한 것은 도노 지방에서 짐바리 일을 하는 사람들이었을 것이다. 야노스케와 같이 쓰치부치(土淵) 마을에서 생활하는 짐바리는 본래 가깝고 편리한 사카이기 고개를 이용했을 것이다. 그렇지만 야간에 고개를 넘는 공포는 여전했을 것이다. 도노 지방의 짐바리들이 야노스케와 같은 공포에 맞닥뜨렸을지 어땠을지에 대해서는 묻지도 않고 더 이상 추궁하지도 않고 있다. 이것은 『도노 모노가타리』의 본질과 관련 깊다고 말할 수 있다.

그보다 더 중요한 것은 이 9화가 『곤자쿠 모노가타리슈』 권제27·제45의 「곤에노 도네리(近衛舍人)가 히타치노쿠니(常陸国)4)의 산 속에서 노래를 부르고 죽은 이야기」와 유사한 점이 있다는 것이다. 곤에노 도네리는 노래를 잘 불렀지만 스모 선수를 소집하기 위해 전국을 돌아다니는 일을 하던 사람으로 동북지방으로 내려가 무쓰노쿠니(陸奧国)5)에서 히타치노쿠니를 지나 다케야마노 세키(燒山関)를 통과했다. 그때 히타치노쿠니의 노래를 반복해서 부르자 무서운 목소리로 "아... 재미있다"라고 말하며 손뼉을 치는 자가 있었다. 그 후 곤에노 도네리는 기분이 나빠져 그날 밤 숙소에서 잠이 든 채로 죽었다는 이야기이다. 이 이야기의 마지막 부분에는 다음과 같은 비평이 쓰여 있다.

그런 노래를 깊은 산중에서는 부르면 안 된다. 산신(山神)이 이것을 듣고 좋아하며 못 가게 막을 것이다. 이를 생각하니 히타치의 노래는 그 지방의 노래로 그 지방의 신이 듣고 막은 것이다. 이는 산신이 감동하여 못 가게 막은 것이다. 특별한 이유가 없는 것이다. 하인들도 놀라 한탄하며 교토로 돌아와 이와 같은 이야기를 전했다.

깊은 산에서는 노래를 불러서는 안되는데 곤에노 도네리가 히타치노쿠니의 노래를 잘 불러서 산신이 감동을 받아 못 가게 막은 것이라고 쓰여 있다. 이것은 곤에노 도네리의 급사를 지켜본 하인들이 교토로 돌아와 이야기한 것을 전해들은 자의 해석이다. 이

---

4) 옛 지명. 현재의 이바라키현(茨城県).

5) 옛 지명. 현재의 후쿠시마현(福島県), 미야기현(宮城県), 이와테현(岩手県), 아오모리현(青森県), 아키타현(秋田県県)의 일부분.

이야기가 수록되어 있는 권제27은 다수의 괴이담을 모은 권으로 괴이 현상이 일어나는 장소는 교토인 경우가 많지만 괴이담은 동북지방의 이야기를 수록한 마지막 부분에 들어가 있다.『곤자쿠 모노가타리슈』에는 '산신'의 용례가 다른 이야기에서는 보이지 않으므로 특이한 이야기라고 할 수 있지만, '산신'은 동북 지방에 살아 숨 쉬고 있다고 볼 수 있다.

이 이야기와 9화는 노래를 부르는 목소리와 피리 소리라는 차이점이 있지만, 누군가가 감동 받은 이의 목소리 "아...재미있다", "재미있는데"라는 부분은 동일하다. 야나기타는 목소리의 정체를 '야마오토코'라고 보고 있지만, '산신'이어도 상관이 없다면 (두 이야기는—역자 주) 더욱 비슷하다고 볼 수 있다. 야나기타는 서문에서 『곤자쿠 모노가타리슈』는 '지금은 옛날이야기가 되었지만'이고『도노 모노가타리』는 '눈앞에서 전개된 일', '현재의 사실담'이라고 강조하고 있지만, 이러한 유사점에 주목한다면 양자는 의외로 가깝다고 할 수 있다. 두 개의 이야기는 직접적인 관계는 없지만 히타치노쿠니(아바라키현)나 이와테현과 같은 동북 지방에는 이러한 괴이담(怪異談)이 800년 이상 전해져 온 셈이다.

4. 이리狼가 출몰하는 장소: 짐바리 일꾼·사냥꾼과의 접촉

이와 같이『도노 모노가타리』의 이야기는 사람들이 왕래하는 가운데 생겨난 것임을 알 수 있다. 앞서 소개한 인용문에서 자주

등장하는 쓰치부치 마을과 해안의 오오쓰치(大槌)를 이어주는 고개
는 사카이기 고개가 최단 경로였다. 그러나 사카이기 고개는 산인
(山人)들뿐만 아니라 이리가 출몰하는 위험한 장소이기도 했다.

〈37화〉 사카이기 고개와 와야마(和山) 고개 사이에서 자주 이리와 마주
쳤다. 마부들은 밤에 대개 열 명 정도로 무리를 이루어 다녔다. 한 사람이
예닐곱 필을 한데 묶어서 끌고 다니므로 이 무리가 끄는 말은 보통 사오십
필은 된다. 어느 날 이삼백 마리 되는 이리 떼가 쫓아왔다. 그 발소리에
산이 울릴 정도였다. 너무 두려운 나머지 사람들과 말을 한 곳으로 모아
주위에 불을 피우고 이리를 막았다. 그래도 이리 떼가 불을 뛰어넘어서
덮쳐왔다. 나중에는 말의 고삐를 풀어 빙 둘러쳤다. 함정을 판 것으로 생각
했는지 그 뒤로는 이리 떼가 안으로 뛰어들지 않았다. 멀리서 빙 둘러싸고
밤이 새도록 울어댔다.

짐바리꾼들은 사카이기 고개와 와야마 고개 사이에서 종종 이리
와 마주쳤다. 40~50필의 말을 끌고 가는데 200~300마리의 이리
떼가 쫓아왔다. 사람과 말 주위에 불을 피워 (이리 떼를—역자 주)
막았지만 그래도 뛰어 넘어 들어왔다. 그래서 말의 고삐를 풀어
주위를 둘러싸게 하자 그 후로는 이리 떼가 들어오지 않았지만,
(이리 떼는—역자 주) 멀리서 빙 둘러싸고 밤이 새도록 울어댔다는
이야기이다. 이리가 200~300마리라고 쓰여 있지만 밤이기 때문에
정확한 수를 확인할 수는 없었을 테니 "발소리에 산이 울릴 정도였
다"에서 상상했을 것이다. 하지만 이렇게 많은 이리로부터 습격당

할 수 있다는 공포감은 상상하고도 남는다.

사카이기 고개의 오야치에서는 다음과 같은 이야기가 전해져
오고 있다.

〈41화〉 와노(和野)에 사는 사사키 가헤에(佐々木嘉兵衛)가 어느 해에
사카이기 고개에 있는 계곡으로 사냥을 하러 갔다. 시스케(死助) 방면에서
뻗어 온 들판이다. 늦가을이었으므로 나뭇잎도 모두 지고 산이 황량했다.
건너편 봉우리에서 몇 백 마리나 되는 이리 떼가 이쪽을 향해 달려왔다.
이를 보고 두려운 나머지 나무 위로 올라갔다. 이리 떼는 그 나무 밑으로
우르르 떼를 지어 북쪽을 향해 지나갔다. 그 무렵부터 도노 지역에는 이리
가 아주 적어졌다고 전해진다.

사사키 가헤에는 유명한 사냥꾼으로 사사키 기젠에게 이야기를
제공한 사람이다. 이 기헤에에 대해서는 야마온나와 조우하거나(3
화), 꿩을 잡으러 가서 여우에게 속임을 당하거나(60화), 흰 사슴이
라고 생각해서 흰 바위를 쏘거나(61화), 승려의 모습을 한 사람을
쏘거나(62화) 한 이야기가 전해진다. 이 이야기도 사카이기 고개를
넘어 오야치에서 몇 백 마리인지 모를 이리 떼가 나무 밑을 지나
북쪽을 향해 가는 것을 목격하고 있다. 37화와 동일하게 이리 떼의
발소리의 웅장함을 이야기하고 있지만, 이 경우에는 늦가을 나뭇
잎이 모두 떨어져 시야가 충분히 확보되어 있다. "몇 백 마리인지
모른다"라는 표현은 상당히 과장되어 있지만, 공포를 사실화하는
데 도움이 된다. 이것은 도노 지역에 나타난 마지막 이리 떼의 모습

이다.

37화는 이리가 말을 쫓으려고 한 이야기이지만 다른 이야기에서도 이리는 야생 사슴을 쫓을 뿐만 아니라(39화), 종종 가축용 말을 쫓는다. 이리가 마구간의 바닥 밑을 파고 안으로 들어가서 일곱 필의 말을 모두 잡아먹거나(38화), 이리가 아이를 죽이고 이이데시(飯豊衆)[6]의 말을 습격하는 일에 그치지 않고 있다(42화). 짐바리꾼이 약 열 명 정도 무리를 지어 왕래하는 것은 이리의 습격을 피하기 위한 것이었음에 틀림없다. 기쿠치 야노스케의 경우도 "여러 동료들과 함께 해변으로 통하는 사카이 고개를 넘어 갔다"(9화)고 되어 있다. 그렇지만 이리는 산 속에서 짐바리 일꾼이나 사냥꾼이 조우하는 대상일 뿐만 아니라 쓰치부치 마을의 초등학생이 귀가하는 도중, 후타쓰야마(二ッ山)의 돌산에서 이리가 울어대는 모습을 본 것과 같이(36화) 종종 사람들이 사는 마을 근처로 내려오기도 한 것이다. 옛날에는 사람들이 두려워한 야생동물이 곰이 아니라 이리였음에 틀림없다.

5. 짐바리꾼이 들은 옷토새ォット鳥의 울음소리
: 옛날이야기가 전해져 오지 않게 된 이유

도노 분지는 주위가 산으로 둘러싸여져 있기 때문에 고개를 넘

---

6) 야마가타현(山形県) 이이데시(飯豊) 마을의 사람들.

어 왕래를 하는 짐바리꾼이 새의 울음소리를 듣는 것은 매우 자연스러운 일이었다. 그러한 새의 울음소리는 전생에 인간이었던 시절의 이야기와 관련이 깊은데, 사람들은 그러한 이야기와 함께 새의 울음소리를 듣는다. 옛날이야기 연구에서는 이러한 새의 울음소리에서 유래된 이야기를 '작은 새 전생담[小鳥前生譚]'이라고 부른다. 다음의 옷토새 이야기는 이와테현에서만 확인되는 진귀한 이야기이다.

〈51화〉 산에는 여러 종류의 새가 살았는데 가장 구슬픈 소리를 내는 것은 옷토새[オツト鳥]이다. 이 새는 주로 한여름 밤에 운다. 짐바리꾼이 오즈치(大槌) 해변 쪽에서 고개를 넘어오면 저 계곡 밑에서 새우는 소리를 들을 수 있었다고 한다. 옛날에 어떤 장자(長者)의 딸이 있었다. 다른 장자의 아들과 친해져서 산에 가서 놀곤 했다. 그런데 하루는 남자가 사라져버렸다. 해가 지고 밤이 지나도록 남자를 찾아다녔지만 결국 발견할 수 없었다. 결국 여자는 옷토새가 되었다고 한다. '옷톤[オツトーン], 옷톤'하고 우는 소리는 옷토[夫]를 의미한다. 마침내 목소리가 잠겨서 처량한 울음소리로 변했다.

여름 날 한 밤중에 짐바리꾼이 오즈치에서 내륙으로 넘어 들어올 때 이용하는 고개는 앞 서 언급한 사카이기 고개나 후에후키 고개 중 하나이다. 게다가 "저 계곡 밑에서 새우는 소리를 들을 수 있었다고 한다"는 "계곡 아래에서 누군가 큰 목소리로 '재밌는데'하고 외치는 사람이 있었다"(9화)와 유사하다. 짐바리꾼은 옷토새의 울음소리도 야마오토코의 감탄하는 목소리도 동일하게 들은 것이다. 괴이담이 이러한 목소리의 교향(交響) 속에서 생겼다는 점에 주목할 필요가 있다.

이 옷토새가 쓸쓸한 소리로 우는 것은 옛날, 친한 장자의 딸과 장자의 아들이 산에 가서 함께 놀았는데 남자 아이의 모습이 보이지 않아 저녁부터 밤까지 "옷톤, 옷톤"하고 외치면서 찾아 다녔지만 찾을 수 가 없었고 결국 옷토새가 되었다는 것이다. 이 이야기는 사사키 기젠이 『기키미미 조시(聽耳草紙)』(三元社, 1931)「114번 새 이야기」의 '옷토새(4)'에도 남겨 두었다. 젊은 부부가 깊은 산에 고사리를 따러 갔는데 젊은 아내가 남편을 찾지 못해 슬퍼하며 죽었다는 이야기와 젊은 아내가 남편의 시체를 발견해서 부둥켜안고 큰 소리로 울어댔다는 이야기를 기술하고 있다. 51화는 전자(前者)의 전승에 해당된다.

이 『기키미미 조시』가 중요한 것은 그 후 "어르신들의 이야기에 의하면 이 새가 마을 근처에서 울면 그 해는 흉작이라고 한다. 평소에는 상당히 깊은 산 속에서 사는 새인 듯하다"라고 기술하며 "나의 어린 시절의 기억, 할머니에게서 들은 이야기"라는 주석이 달려 있다. 사사키는 유년시절에 1853년(덴포13)에 태어나 1920년(다이쇼9)에 돌아가신 할머니 노요(ノヨ)에게서 이 이야기를 들었다. 할머니를 비롯해 노인들이 옷토새가 깊은 산에서 마을 근처로 내려와 울며 "그 해는 흉작이다"라고 했다고 한다. 옷토새가 우는 해는 냉해(冷害)로 인한 흉작과 기근으로 굶어 죽을 것이라는 공포가 있었다. 옷토새의 울음소리는 생명과 관련된 메시지라고 말할 수 있다.

그러나 "평소에는 상당히 깊은 산 속에서 사는 새인 듯하다"라고 추정하고 있듯이 사사키는 옷토새의 울음소리를 들어본 적이 없었다. 메이지 시대에 들어와 냉해·흉작·기근·아사와 같은 힘겨운 일들을 극복했는데 실제로 옷토새가 마을 주변에 와서 우는 일이 없었는지 혹은 마을 주변 와서 울어도 인식할지 못했던 것인지 모르겠다. 그렇지만 할머니들이 그 울음소리를 흘러 듣지 않도록 귀를 기울였다는 절실한 의식이 사사키에게는 없었다. 사사키는 옷토새의 울음소리보다도 일기 예보라는 과학적인 사고로 살아가게 된 것이다. 『기키미미 조시』는 이러한 옛날이야기를 전하는 필연성이 점차 희박해진 시대의 분위기를 적절하게 서술한 것이다.

6. 오두막집을 운영하는 닛타 오토조新田乙蔵: 백 년 전의 고령화 사회

산인이나 이리가 출몰하는 사카이기 고개는 닛타 오토조라는 노인이 오두막집을 열어 감주(甘酒)를 판 것으로 유명하다. 우선 12화부터 살펴보겠다.

〈12화〉쓰치부치(土淵) 마을 야마구치(山口)에 닛타 오토조라는 노인이 살았다. 마을 사람들은 오토 할아버지라 불렀다. 나이가 거의 구십에 가까워서 병으로 곧 죽을 것 같은 상태이다. 도노 마을의 옛날이야기를 많이 알고 있어서 입버릇처럼 "누군가에게 이야기를 들려주고 싶다"고 말했지만 너무 냄새가 고약해서 사람들이 가까이서 이야기를 들으려고 하지 않았다. 성주들의 전기(伝記), 여러 집안의 성쇠, 옛날부터 이 지방에서 불려진 노래를 비롯하여 깊은 산 속의 전설, 산 속에 살던 사람들의 이야기 등을 이 노인이 가장 잘 알고 있었다.

닛타 오토조의 집은 사사키 기젠의 바로 앞집이었기 때문에 이 집의 몰락을 눈앞에서 지켜 본 것을 알 수 있다. "나이가 거의 구십에 가까워서 병으로 곧 죽을 것 같은 상태이다"라고 이야기를 듣고 적었을 때에는 노쇠를 걱정했는데 두주(頭注)에는 "○안타깝게도 이 노인은 메이지 42년(1909) 초여름에 돌아가셨다"라고 되어 있고 발간되기 전에 돌아가셨다. 12화에서는 오토조가 "성주들의 전기", "여러 집안의 성쇠", "옛날부터 이 지방에서 불려진 노래"를 비롯하여 "깊은 산 속의 전설, 산 속에 살던 사람들의 이야기"를 잘 알고 있었다는 사실을 알 수 있다. 오토조는 앞서 언급한 사사키 가혜에와 함께 사사키 기젠에게 이야기를 제공한 인물이었음에 틀림없다. 사사키는 오토조의 체취가 고약해도 그의 옆에서 열심히 이야기를 들었으며 거기에서 들은 이야기가 『도노 모노가타리』에 수록되어 있음에 틀림없다. 「도노 모노가타리 슈이(遠野物語拾遺)」의 다음 이야기는 그 일단을 말한다.

〈131화〉 금계[金の鶏]나 칠만배[漆万杯] 이야기가 존재하는 다테아토(館跡: 성채(城砦)—역자 주)는 여럿 있다. 쓰지부치의 한 마을에서도 가쿠성(字角城)의 가쿠조관(角城館), 시모토치나이(下栃内)의 하치만사와관(八幡沢館) 등 모두 소나무 뿌리를 캐러 가서 항아리를 찾았다든지, 야생 말의 굽에 주색 칠[朱漆]이 묻은 채로 돌아왔다는 구비가 있다. 또한 고토바타(琴畑)의 깊은 곳의 장자(長者)의 저택에는 다섯 잎의 병꽃나무가 있었고 그 나무 아래에는 보물이 묻혀 있다고 전해져 오고 있다. 야마구치(山口)의 본지사와관(梵字沢館)에도 보물을 몰래 묻어 둔 곳이 있다고 한다. 사카이게(堺木)의 오토조 할아버지가 죽기 전에 "나만 그 것을 알고 있다. 누군가 확실한 자에게 가르쳐 주고 싶다"고 했지만 그 누구도 배우러 가지 않았고 할아버지는 돌아가셨다.

그리고 12화 다음의 13화는 다음과 같이 전개된다.

〈13화〉 이 노인은 수십 년 동안 산 속에서 홀로 살았다. 좋은 집안에서 태어났지만 젊은 시절에 재산을 탕진하고 세상을 등지게 되었다. 고갯마루에 오두막을 짓고 지나가는 사람들에게 감주를 팔아 생계를 이어갔다. 짐바리꾼들은 이 노인을 아버지처럼 여기고 따랐다. 수입이 조금이라도 있으면 마을로 내려가서 술을 마셨다. 붉은 모포로 만든 한텐(半纏)을 걸치고 붉은 두건을 썼다. 술에 취하면 마을을 춤을 추면서 돌아다녔다. 순사(巡査)도 말리지 않았다. 결국 노쇠해져서 옛 마을로 돌아가 불쌍한 생활을 하였다. 자식들은 모두 홋카이도(北海道)로 떠나고 노인 홀로 살았다.

이 13화에 의하면 오토조는 젊은 시절에 재산을 탕진하고 고개 위에서 오두막집을 짓고 지나가는 사람들에게 감주를 팔아서 생계를 꾸렸다. 앞서 인용한 슈이 131화에 "사카이게의 오토조 할아버지"라고 있듯이 오두막집을 지은 장소가 사카이기 고개였다. 이 고개는 산인이나 이리가 출몰하는 위험한 곳이었지만, 그렇기 때문에 더욱 사람들의 안전을 위해서 오두막집을 열었음에 틀림없다. 그 때문에 짐바리꾼은 오토조를 마치 아버지처럼 생각하며 친근하게 다가갔다. 스즈키 기치주로(鈴木吉十郎)『도노쇼시(遠野小誌)』(私家版, 1910)에는 "메이지 30년(1897) 경에 마을의 닛타 오토조라는 노부(老父)가 이곳에 살며 오두막집이라고 칭하며 여행객을 추위와 배고픔으로부터 구해주는 일이 있었다"라고 쓰여 있다. 13화의 "수십 년 동안"과 "메이지 30년 경"은 시기는 다르지만, 그것은 잠시 접어 두고 이 설명은 산인이나 이리의 공포보다도 현실적이고 겨울 추위로 인해 동사(凍死)하는 사람을 구하는 일을 했기 때문에 "오두막집"이라고 부른 것이다. "칭하고"라는 표현을 신중히 해석하면 오토조가 스스로 "오두막집"이라고 불렀다는 것이 된다.

이러한 오토조의 인식에 대해서 평소 신세를 지고 있던 짐바리꾼들뿐만 아니라 도노 지방의 사람들도 그 사회적 의의를 인식하고 있었던 것 같다. 그것은 오토조가 붉은 모포로 만든 한텐에 붉은 두건이라는 화려한 모습으로 마을에 와서 술을 마시고 취해서 춤추며 걸어 다녀도 순사가 말리지 않았다는 것에서 상상할 수 있다. 재산을 탕진한 가족은 해체되고 어린이들은 모두 홋카이도에 건너가 재기를 꿈꿨지만 오토조만은 고향에 남았다. 가족과 헤어져 오직 홀로 산 속 고개에서 오두막집을 운영한 오토조는 비참하게 보일지도 모른다. 결국 노쇠해져서 고개를 내려와 쓰지부치 마을의 야마구치로 돌아와 마을 사람들이 바라보는 가운데 죽음을 맞이했다. 90세라는 고령에 돌아가셨지만 오토조의 마지막은 고독사(孤独死)는 아니었다. 여기에는 한 노인의 살아가는 방식이 나타나 있고 공동체가 안전책(safety net) 역할을 한 것이다.

7. 센닌仙人 고개에 남겨진 낙서: 괴이를 증폭시키는 장치

해안의 가마이시(釜石)가 제철(製鉄)로 번영하게 되자 후에후키 고개나 사카이기 고개보다도 남쪽에 있는 센닌 고개를 왕래하는 사람이 많아졌다. 슈이 231화에는 메이지 유신 당시 관군에게 당한 도쿠가와(徳川) 영주 일가족이 도망쳐 왔을 때 공주 일행이 가마이시 해변에 가기 위해서 센닌 고개를 넘어 왔다는 이야기가 있다. 이 센닌 고개에는 다음과 같은 이야기가 전해져 온다.

〈49화〉 센닌 고개는 올라가는데 십오 리, 내려오는데 십오 리가 걸린다. 중간쯤에 선인(仙人)상을 모셔놓은 사당이 있다. 이 사당의 벽에는 나그네가 산 속에서 겪은 괴이한 일을 적어놓는 것이 예부터의 관습이다. 예를 들면 '나는 에치고(越後) 사람인데, 몇 월 며칠 밤에 산길을 가다가 젊은 여자가 머리를 늘어뜨리고 이쪽을 보며 생글생글 웃고 있는 모습을 보았다' 하는 식이다. 또 이곳에서 원숭이가 나타나서 희롱했다든지, 세 명의 도둑과 만났다든지 하는 내용이 적혀 있다.

두주(頭註)에는 "○이 1리(里)도 고미치(小道)이다"라고 쓰여 있다. 15리는 극단적이고 표고차(標高差)는 300미터 정도이다. 이 고개 정상에는 센닌당(仙人堂)이 있었다(아래의 사진 참조). 이곳의 벽에는 산 속에서 만난 불가사의한 일을 적어 두는 습관이 있었다. 소위 말해 낙서이다. 그 내용은 "나는 에치고(越後) 사람인데, 몇 월 며칠 밤에 산길을 가다가 젊은 여자가 머리를 늘어뜨리고 이쪽을 보며 생글생글 웃고 있는 모습을 보았다", "이곳에서 원숭이가 나타나서 희롱했다", "세 명의 도둑과 만났다"와 같은 종류다. 첫 번째는 야마온나를 조우한 이야기로 제목의 '야마온나'와 3화, 4화, 34화, 35화, 75화가 유사하다. 두 번째는 "센닌 고개에도 원숭이가

仙人堂(大正末期) 後藤総一郎監修, 『注釈遠野物語』(筑摩書房, 1997)에 의함.

많아서 지나가는 사람들에게 돌을 던지며 장난을 건다"(48화)와 일치한다. 이러한 낙서는 괴이를 증폭시키고 (이야기를—역자 주) 정착시키는 역할을 했다.

센닌 고개에 대해서는 슈이 5화에 다음과 같은 이야기가 실려 있다.

〈5화〉 도노에서 가마이시로 넘어오는 센닌 고개는 옛날 산기슭의 센닌 사와(千人沢)의 금산(金山)이 무너져 천 명의 광부가 한꺼번에 죽었기 때문에 그러한 고개의 이름이 붙여졌다는 구비(口碑)이다. 그리고 가미고 (上鄕) 마을의 어느 절은 오우미 야에몬(近江弥右衛門)이라는 사람이 죽은 이들의 명복을 길이기 위해 건립했다고 전해진다. 또한 일설에는 이 산에는 한 명의 선인이 살았다고 한다. 그 선인은 국화꽃을 사랑해서 지금도 산 속에서 꽃을 본다고 한다. 그리고 그것(꽃—역자 주)을 발견해서 먹은 자는 장수를 한다고 한다. 혹은 그 선인이 지금도 살아 있다는 설도 있다. 전년 가마이시 광산에 꽃구경을 간 사람들이 고개의 정상에 있는 센닌(仙人) 신사 앞에서 기념사진을 찍었는데 나중에 봤더니 사람 수가 한 명 많았다. 그것은 선인이 사진에 찍혔기 때문이라는 것이다.

우선 센닌 고개의 지명 기원담으로 옛날 고개의 아래쪽에 있던 센닌(千人) 골짜기의 금산(金山)이 무너져 천 명의 광부가 한꺼번에 죽었기 때문에 '센닌 고개'라는 이름이 붙여졌다는 구비(口碑)에 대해 기술했다. 센닌(仙人) 고개는 센닌(千人)에서 온 표현이다. 그 공양추선(供養追善)을 위해 오우미 야에몬이 가미고 마을에 절을 건립했다고도 전해진다. 이 금산의 추갱구비(墜坑口碑)에 대해서 사사키 기젠은 『도온이분(東奧異聞)』(坂本書店出版部, 1926)에 수록한 「황금 소」에서 자세히 기술하고 있다. 거기에는 사사키가 가미고 마을에 갔을 때 그곳에 사는 노인이 "내가 작년에 가마이시에서 귀촌했을 때 센닌 고개에서 아키타 사람과 도반(道伴)하게 되어 어찌하여 이 산을 '센닌 산'이라고 부르게 되었는지"에 대해 서로 간에 화제가 되었다. 나는 실은 이 산의 한 골짜기에 장자동(長者洞)이라는 오래된 금산의 흔적이 있어 그곳에서 황금 소를 캐내려고 천 명의 광부가 갱(坑)에 떨어져서 죽었기 때문에 이 산의 이름이 생겨났다고 하는 노인들의 이야기를 하고, 그에 덧붙여 어떻게 해서든지 말하지 않으면 안 되는 우소토키에 대해서도 말하니 아키타 사람이 혈색을 바꿔 말하기를, "그것은 거짓이다. 황금 소든 천명이 죽은 것이든 우소토키이든 그것들은 모두 금산의 이야기이다. 이 주변에 그런 이야기가 있느냐고 말했던 것입니다."라는 말을 인용한다. 길에서 만난 두 사람이 언쟁을 나누었듯이 금산의 추갱구비는 아키타에도 있었던 것이다.

또한 슈이 5화에는 다른 지명 기원담도 실려 있다. 그것은 이 산에 한 명의 선인이 살고 있는데 국화꽃을 사랑해서 지금도 산속에서 꽃을 보고 있으며, 그것(꽃—역자 주)을 발견해서 먹는 자는 장수를 한다고 한다. 선인이 살고 있기 때문에 센닌 고개라고 부르게 되었으며 국화의 이슬이 불로장수의 약이 되었다는 전설도 생기게 된다. 그리고 이 선인이 지금도 살아 있다는 이야기도 전해진다. 전년 가마이시의 광산에서 꽃구경을 한 사람들이 센닌(仙人)

신사(이것은 센닌 당으로 사진에는 도리이(鳥居)가 있다) 앞에서 기념사진을 찍었는데 사람 수가 한 명 많았고 거기에 선인이 찍혀 있었다는 것이다. 사진이라는 새로운 문명이 선인 전설에 신빙성을 부여하고 있는 것을 알 수 있다.

8. 도노 분지의 가장자리에 위치하는 고개
: 모노가타리物語가 생겨난 장소

지금까지 산에 둘러싸인 도노 분지의 동쪽에 위치한 사카이기 고개·후에후키 고개·센닌 고개와 관련된 이야기를 살펴봤다. 고개는 산인이나 이리와 마주치는 공포스러운 장소이고, 옷토새의 우는 소리를 듣는 장소였다. 이러한 고개를 빈번히 이용한 사람에는 사냥꾼이 있었지만, 물자를 말에 실고 운반한 짐바리꾼들도 있었다. 사냥꾼에는 사사키 가헤에, 짐바리꾼에는 기쿠치 야노스케라는 인물이 등장하는데 그들은 사냥꾼이나 짐바리꾼의 한 명으로 이러한 이야기를 전해주는 역할을 한 것이다. 고독해진 닛타 오토조는 고개에 오두막집을 짓고 감주를 팔아서 사람들의 생명을 구하는 역할을 했다.

이야기꾼인 사사키 기젠이 쓰치부치 마을 출신이기 때문에 (『도노 모노가타리』에는―역자주) 도노 지방 중 동쪽에 위치한 고개에 대한 이야기가 많이 수록되어 있지만, 「도노 모노가타리 슈이」에서는 범위가 더욱 넓어진다. 도노 분지의 북쪽 오구니(小国) 마을을

가는 곳에 다쓰마루(立丸) 고개가 있다. 슈이 16화는 다음과 같은
이야기이다.

〈16화〉 쓰치부치 마을에서 오구니로 넘어가는 다쓰마루 고개의 정상에
옛날에는 신으로 받들어 모시는 돌[石神]이 있었다고 한다. 지금은 남성의
생식기 모양을 조각한 커다란 나무가 있다. 이 고개에는 곤세사마(金精
神)⁷⁾의 유래와 관련된 옛날이야기가 존재하지만, 그와 비슷한 전승을 갖고
있는 석신은 여러 곳에 있는 듯하다. 쓰치부치 마을 도치나이(栃内)의 와노
(和野)에는 밭 한가운데 돌기둥 석신이 있는데, 이는 여자의 허리 통증을
고쳐 준다고 한다. 밭주인은 이를 귀찮게 여겨 돌기둥을 뽑아 다른 곳에
버리려고 흙을 팠더니 어마어마한 양의 인골(人骨)이 나왔다. 그래서 앙화
가 두려워 지금도 그대로 남겨두었다. 고(故) 이노(伊能) 선생님의 이야기
에 의하면 돌기둥이 서 있는 곳을 팠더니 많은 인골이 나온 예는 오토모(小
友) 마을의 에조쓰카(蝦夷塚)도 있다고 한다. 아야오리(綾織) 마을에도
그러한 이야기가 두 곳에 있다.

다쓰마루 고개에는 옛날에는 석신이 있었지만, 지금은 커다란
나무를 남성 생식기 모양으로 조각한 곤세사마가 모셔져 있다. 신
의 모습이 석신에서 곤세사마로 변했지만, 고개는 경계이기 때문
에 계속해서 그 곳에 모시고 있다. "곤세사마를 모시는 집도 적잖
다. 이 신의 신체(神体)는 오코마사마와 비슷하다. 오코마사마의

---

7) 남근(男根) 모양의 기둥. 혹은 그러한 기둥에 깃든 신.

신사는 마을에 많이 있다. 돌 혹은 나무로 남성물을 만들어 받들어 모신다. 지금은 점점 줄어들고 있다."(16화) 또한 이 다쓰마루 고개도 이리를 마주칠 수 있는 곳으로 슈이 214화에는 오구니 마을 맛카쿠(又角)의 오쿠타로가 도오 마을에 갔다 오는 길에 해 저물 무렵 다쓰마루 고개에서 누군가가 덮쳐 와서 이를 끌어안고 지인의 집에 가서 봤더니 큰 이리여서 죽였다는 이야기가 있다. 이는 메이지 20년경의 일이다. 이처럼 고개는 이리와 조우하기 쉬운 장소였던 것이다.

또한 도오 분지의 서쪽 아야오리(綾織) 마을에서 미야모리(宮守) 마을 방향으로 넘어가는 곳에 고(小) 고개가 있다. 슈이 113화는 고 고개와 관련된 이야기이다.

〈113화〉 아야오리 마을에서 미야모리 마을로 넘어가는 길에 고 고개라는 곳이 있다. 그 근처의 가사노 가요우(笠の通)라는 산에 사는 갸샤(キャシャ)라는 자가 죽은 사람을 (땅 속에서—역자 주) 파내어 어딘가로 운반해서 먹는다고 한다. 또한 장례식의 관을 열어 덮친다는 이야기도 있는데, 이에 관한 기사가 『도노 고지키(遠野古事記)』에도 실려 있다. 그 괴물의 짓인 것이다. 가사노 가요우 부근에 요상한 여자가 나돌아 다니는 것을 본 사람이 여러 명 있다. 그 여자는 오비를 앞으로 묶고 붉은 색 주머니를 들고 있다고 한다. 미야모리 마을의 아무개 노인은 젊은 시절에 이 여자를 만난 적이 있다고 한다. 예전부터 전해 들은 주머니를 들고 있는 여자가 서있어서 생포하여 그 공을 자랑하려고 맞붙어 싸웠지만, 밀치락달치락하던 중에 손발이 저려 와서 움직일 수 없게 되어 결국 놓치고 말았다.

고 고개 근처의 가사노 가요우라는 산에는 사체를 먹는 '갸샤'나 붉은 색 주머니를 들고 있는 여자가 나타난다. 고 고개는 요괴가 나오는 장소로 인식되었던 것을 알 수 있다. 센닌 고개의 슈이 49화에는 '여행자', 다쓰마루 고개의 슈이 214화에는 '오구니 마을의 맛카쿠의 오쿠타로라는 남자', 슈이 113화에는 '미야모리 마을의 아무개라는 노인'라고 있는데 어떤 인물인지 그 이상 알 수 없다. 『도노 모노가타리』가 사사키 기젠 한 명의 이야기를 모은 것인데 이와 다르게 「도노 모노가타리 슈이」는 여러 경로를 통해 집결된 이야기이기 때문에 이 이야기에서 정보원(情報源)을 확인하기는 어렵다. 그렇다 해도 이러한 괴이를 조우한 것이 사냥꾼이나 짐바리 꾼이었다고는 볼 수 없고 왕래하는 여행자도 변하게 된 것이다.

도노 분지에는 해안이나 내륙과의 왕래에 의해서 여러 이야기가 집산(集散)한 것을 상상할 수 있다. 그때 도로 역할을 한 것이 내륙과 외부의 경계에 위치한 고개였다. 후에후키 고개, 사카이기 고개, 센닌 고개, 다쓰마루 고개, 고 고개는 각각 서로 다른 성질을 띠고 있으며 그 때문에 그 장소에 기인한 이야기가 생겨난 것임에 틀림없다. 그러한 이야기는 결국 사사키 기젠에게 집결되어 『도노 모노가타리』가 완성되고, 그리고 「도노 모노가타리 슈이」가 만들어졌다. 두 작품의 성립 사정은 다르고 시기도 25년 차이가 나지만 그래도 각각의 고개가 '지식'의 원천이 된 모습 잘 담고 있다고 할 수 있을 것이다.

참고문헌

石井正己, 『遠野物語の誕生』, 若草書房, 2000年; 筑摩書房, 2005年.

石井正己, 「『遠野物語』時間考」, 『東京学芸大学紀要 第2部門 人文科学』 第52集, 2001年.

石井正己, 「柳田学と平安文学: 『遠野物語』と『今昔物語集』」, 『叢書 想像する平安文学』第7巻, 勉誠出版, 2001年.

石井正己, 『柳田国男と遠野物語』, 三弥井書店, 2003年.

石井正己, 『『遠野物語』を読み解く』, 平凡社, 2009年.

石井正己, 『『遠野物語』へのご招待』, 三弥井書店, 2010年.

石井正己, 『柳田国男を語る』, 岩田書院, 2012年.

石井正己, 『全文読破 柳田国男の遠野物語』, 三弥井書店, 2015年.

石井正己, 『100分de名著ブックス 柳田国男 遠野物語』, NHK出版, 2016年.

제**2**부 공동 문어로서의 한자와 번역

동아시아 지식 지형 연구 기반 학문으로서의 한자漢字 지식 연구의 가치 탐구*

허철(許喆)

1. 서론

문자는 인류를 문명의 시대로 이끈 가장 중요한 도구 중 하나였다. 인류는 집단생활인 사회를 형성하면서 음성 언어를 1차 교제의 도구로 사용하였으나 음성언어의 한계로 인해 상호 약속한 '기호'와 '문자'라는 새로운 도구를 발명하여 사용하기 시작하였고, 인간의 모든 생활과 지식은 이 기호와 문자를 통해 발전될 수 있었다. 특히 문자를 이용한 언어의 기록은 구술과 구전으로는 불가능했던 폭발적 양의 지식 축적을 이루도록 하였다. 결국 도구로서의 문자

---

* 이 글은 단국대학교 일본연구소 HK사업단의 제1회 국내 학술대회에서 발표되었던 것으로, Journal of korean Culture(JKC) 2018, 통권 42호에 수정 게재한 것을 다시 수록한 것임.

는 인류의 문화와 문명 발전의 토대를 제공한 것이다. 이러한 상황은 시기적으로 차이는 있으나 거의 모든 인류의 집단 거주지에서 다발적으로 발생하였다. 집단(사회)를 구성한 성원 간의 약속에 의해 결정된 문자 시스템은 해당 언어를 기록하는 도구였다. 사용 언어 특성에 따라 문자가 제작되고 사용되면서 여러 변화 과정을 거치며 존멸하고 있다. 동아시아 지역에서 사용했던 문자 시스템도 그러한 특성을 지니고 있다. 동아시아에서 오랜 동안 사용되는 한자시스템뿐 아니라 거란, 여진, 한글, 가나 등 다양한 문자 시스템의 존멸이나 변화도 이와 같은 의미에서 생각해 볼 수 있다.

모든 문자는 해당 언어를 표기하는 수단으로 시간과 공간을 초월해 기록의 도구가 되고, 단순한 기록을 넘어 지식을 생산하는 도구로 사용되었다. 그 중에서도 가장 오랜 시간 동안 가장 넓은 지역에서 공통적으로 지식 전달의 도구로 사용된 것은 라틴문자와 한자이다. 라틴문자는 라틴어뿐 아니라 다양한 서양 언어의 흐름에 맞추어 변화하여 현재에 이르고 있으며 이 발전의 근간에는 레부스(Rebus) 시스템[1]으로의 전환이 큰 영향을 주었다. 레부스 시스템은 표의문자를 표음문자로 바꿀 수 있는 획기적인 사고 발상의 전환이었고 현재의 대부분의 문자 시스템의 근간이 되는 표음문자체계가 되었다. 표음문자체계는 인간의 인식에 따른 표현하

---

1) '레부스 시스템'이란 표기기호를 표음기호로 변화시켜, 표기기호의 시각적 특성에서 벗어나 음가만을 표기하는 시스템으로 변화시킨 것을 말한다. 'S. Robert Ramsey, 『The Languages of China』, Princeton University Press, 1987'에서는 한자에서 'Rebus principle'의 적용은 '가차자(假借字)로 구현되었다.'라고 하지만, 사실 이는 한자의 일부 적용에 지나지 않기 때문에 다른 문자의 예처럼 그림문자에서 표음문자로 변화시킨 것이라고 말하기 어렵다.

고자 하는 대상을 표현하는 소리로 구분의 기준을 삼고 있다. 곧 시각적 기호에서 음성을 시각화하는 기호로 전환한 것이다. 하지만 시각화는 부수적인 것으로, 시각화를 통해 표현하고자 하는 구체적인 시그니피앙[2]이 무엇인지 더 중요한 문제가 되었다. 이는 다시 문자의 정의를 고려하면서 생각해 볼 수 있다.

문자(文字)란 인간의 말을 눈으로 읽을 수 있도록 일관성 있게 나타낸 기호, 곧 시그니피앙이라고 할 수 있다. 인간의 말이란 단순한 음성 표현이 아니라 상호 간의 의사 전달을 말하며, 의사 전달에 있어 음운[phonology], 형태[morphology], 통사[syntax], 의미[semantics]와 화용[pragmatics] 등을 함께 공유해야 한다. 여기에서 언급된 형태와 의미, 화용은 인간의 인식 세계로부터 출발하는 형이하적인 것과 형이상적인 모든 것을 지칭한다. 다시 말해 인간의 언어는 사고의 출발점이며 문자는 사고의 도착점인 동시에 다른 사고로의 출발점 역할을 담당하게 된다. 이런 이유로 언어학자는 내면화된 인간의 언어 지식을 설명해 주는 언어 규칙을 찾으려 하며, 언어의 발전을 통해 인간의 의식 세계를 발견할 수 있게 된다. 곧 표음문자로의 전환이나 표의문자로의 발전, 혹은 음소문자나 어소문자의 발달 모두가 형태적인 시그니피앙을 어떻게 이용하는 것이 보다 효율적인가에 초점을 맞추거나, 인류의 역사에서 보다 중요한 것은 시그니피앙적 요소, 즉 추상적 개념이나 인식이 어떻게 발전하는가에 있다고 할 수 있다. 이 역할은 언어철학의 문제로 매우 중요

---

2) 소쉬르의 의견에 따라 시그니피앙(signifiant)은 記標[signifier]로 시그니피에(signifié)는 記意[signified]로 번역하여 사용하였다.

한 과제로 취급된다. 결국 표현하는 '의미'의 본성을 문제 삼는다는 점에서 형이상학과 밀접히 연관되며, 동시에 '의미'가 우리가 마음으로 '뜻 하는 바'와 깊은 연관을 맺는 것으로 보이기에 심리철학과도 긴밀히 연결된 문제이다.

이렇듯 언어의 연구는 단순히 언어 현상 자체에 대한 연구라기보다 언어로 표현되는 모든 현상들에 대한 연구이며, 이 연구를 통해 인간의 의식과 인식 체계의 발전, 곧 '지(知)'와 '식(識)'의 발전을 살펴볼 수 있는 중요한 도구이다. 이는 결과적으로 모든 언어와 문자의 공통된 연구 주제이자 관심사가 되는 것이다. 특히 한자의 경우 동아시아 각 민족과 지역 간에 존재하는 음성언어의 이질성을 극복하고 사용된 공통 문자라는 점과 그 역사가 매우 길었다는 점에서 서양의 언어-문자와의 관계와 다른 특성을 지니고 있다.

주지하듯 한자의 기원을 갑골문 시기부터로 계산하면 약 4,500여 년 이상의 역사를 지니고 있을 뿐 아니라 현재까지 사용되는 거의 유일한 표의문자체계이다. 한자는 이처럼 오랜 기간 동안 사용자들의 요구에 의해 부단히 생성되었고 형태적 요소뿐 아니라 음가와 의미도 변화를 겪었으며, 하나의 자형에서 다양한 자형으로 분화되고 발전되는 한편, 또 소멸되기도 하였고, '취(取)'와 '사(捨)'의 과정을 겪기도 하여 지금에 이르고 있다. 때문에 현재의 시점에서 한자를 연구하는 주된 이유는 단순히 한자 자체의 역사적 변천 과정을 살피거나 현재 사용하는 자형을 파악하고 정리하는 데만 머물지 않는다. 이러한 이유는 앞서 언급했듯이 한자가 사용자에 따라 생성, 변화, 소멸하는 일련의 도구였기 때문이다.

곧 한자는 인간이라는 사용자들의 의식과 인식 세계의 또 다른 표현양식이다. 한자로 이를 표현하면 표현하고자 하는 새로운 '사(事)'를 청각적으로 표현한 것이 '명(名)'이며, 이를 다시 시각적으로 표현하는 것이 '문자(文字)[한자(漢字)]'이다. 하나의 한자는 '사(事)'와 '명(名)'의 관계 속에서 형태적으로 구성되며 이를 시각적 형태와 음성적 소리, 시그니피앙인 의미로 구분할 따름이다. 따라서 표현하고자 하는 '사(事)'가 증가하거나, 혹은 '사(事)'의 명확한 구분이 필요할 때 해당 '사(事)'가 더 이상 필요가 없어지는 상황이 발생한다. 곧 인류 지식의 축적과 발전 과정에 따라 한자 또한 생성되거나 증가하기도 하며, 도태되거나 소멸하는 등의 여러 과정을 거치는 것은 당연한 것이다. 이런 과정 속에서 한자 사용자의 잠재적 의식과 인식의 세계관이나 사고의 세계가 투영되고 반영된다.

언어(言語)의 사용은 크게 보면 언어 사용자의 사회, 민족, 문화 등의 배경 등에서도 살펴볼 수 있으며, 작게는 화자가 언어교제를 진행할 때의 외적 환경 속에서도 이루어진다. 따라서 사용자의 언어 사용은 언어사회학[3]적 각도에서 한자를 연구한다는 것을 말하며 곧 인간의 역사와 문화, 철학을 연구한다는 것이기에 인문학의 범주라고 할 수 있다. 결국 '한자(漢字)'의 발명과 사용 등에 따른 연구는 동아시아 지식사와 문명사뿐 아니라 전인류의 지식사와

---

3) 언어란 단순한 기호 체계가 아니라 사회적인 특정한 기호 체계이다. 언어는 자체 규칙의 제약뿐 아니라 사회, 문화적 제반 요인의 영향을 함께 받는다. 따라서 언어의 연구는 사회학, 인류학, 민족학, 심리학, 지리학, 역사학, 철학 등 각각 다른 사회과학의 각도에서의 연구와 함께 언어 사용에서의 변이 현상과 사회적 환경 사이의 상호관계 속에서 연구도 포함된다.

문명사에 있어서도 매우 중요한 의의를 지닌다고 할 수 있다.

본고는 한자학 연구가 동아시아 인문학 연구에서 왜 기초적이며 토대적인 학문이 되는가를 밝힘으로써 한자학 연구의 가치를 새롭게 규명하고자 한다.4)

2. 한자학 연구의 유용성

기원 후 100년 중국 동한(東漢) 시기의 학자인 허신(許慎)은 『설문해자(說文解字)』라는 인류 최초의 한자 해설서를 세상에 내 놓으면서 서문을 작성한다.5) 많은 연구자들이 『설문해자』 서문에서 집중하는 것은 한자의 기원 혹은 역사나 제자 원리의 분류, 곧 육서론 등에 관한 것이 대부분이다. 하지만 실제 이 서문에서 가장 중요한 부분은 왜 허신이 한자를 연구하게 되었으며, 그 궁극의 목표는 무엇인가라는 그 목적성에 대한 고찰이 필요하다.

대개 문자(文字)라고 하는 것은 경예(經藝)의 근본이며 왕정(王政)의

---

4) 본고는 이러한 목적 아래 작성된 개론적 성격으로, 이후 자형의 동이성, 고유한자의 차이, 어휘 연구의 방법론과 그 역사적 변이 과정, 수용 등 다양한 방면으로 미시적 연구를 진행할 예정임을 밝힌다.

5) 중국 청(淸)나라 때의 학자 왕명성(王鳴盛)은, 『설문해자정의(說文解字正義)』 서문에서 "『설문해자』는 천하에 으뜸가는 책"이라고 칭송하면서, "천하의 책들을 두루 다 읽었다 하더라도 『설문해자』를 읽지 않았다면 그것은 책을 읽지 않은 것과 같지만, 『설문해자』에 능통하다면 나머지 책들을 다 읽지 않았다 하더라도 그를 통유(通儒), 즉 석학(碩學)이라고 하지 않을 수 없다"고까지 하였다.

시작이다. 앞 사람이 그것으로 뒷 사람에게 무언가를 남겨줄 수 있고, 뒷 사람이 그것으로 옛 것을 알 수 있게 되는 것이다. 따라서 "근본이 서면 도(道)가 생겨난다", "천하의 지극한 이치를 깨달으면 혼란함에 빠지지 않게 된다"고 말하는 것이다.6)

허신의 시대는 고문경학파와 금문경학파가 대립하고 있었다. 당시 우연한 벽중서의 발견은 고문경학파에게 금문경학파의 논리를 극복할 수 있는 새로운 기회였으나 그들에게 고문자에 대한 기초 지식 습득이 필수적인 선결 과제였다. 허신은 당시의 금문경학파를 비롯한 잘못된 지식 습득과 전파의 문제를 제기하면서 한자 연구가 옛 글자의 자형이나 의미를 밝힘에 그 목표가 있는 것이 아니라, 이 연구를 통해 올바른 경전 해석을 시도하고 이를 통해 최종 목적인 '왕정(王政)'을 이루기 위한 것이라 설명하고 있다. 이는 유학을 국가의 통치 이념으로 삼은 국가에서 유학에 대한 올바른 해석이 필수적임을 말하는 것으로, 고전어로 작성된 지식을 당대의 언어로 어떻게 번역할 것인가에 대한 일련의 사고방식의 결과로 볼 수 있다. 다시 말해 무엇이 정의로운 지식인가의 문제이며, 이 지식의 문제는 곧 고전 언어를 당대의 언어로 번역하고 이를 해석하는 방법론에 관한 것이다.

물론 그 당시와 지금은 지식이 추구하는 목표가 다르므로 허신이 밝힌 한자 연구의 목적인 '올바른 왕정의 실현'이 현대에도 그대

---

6) "蓋文字者, 經藝之本, 王政之始. 前人所以垂後, 後人所以識古. 故曰本立而道生, 知天下之至嘖而不可亂也."

로 유용할 수 없다. 그러나 한자 연구가 '한자' 연구에만 국한되지 않고, 이를 통해 어떤 목표를 달성하고자 하는 것이라는 그의 인식 체계는 현재에도 유효하다. 이를 현재의 관점으로 치환하면 한자 연구는 동아시아 고전적을 올바르게 번역하고 해석하며, 이를 통해 다양한 인문학 연구를 보다 정치하게 하고자 함이라고 할 수 있다.

이런 인식은 현재에도 유용하게 적용되는데,[7] 다음의 몇 가지 예를 통해 그 사실을 확인할 수 있다.

(1) 子曰 "學而時習之, 不亦說乎, 有朋自遠方來, 不亦樂乎, 人不知 而不慍, 不亦君子乎"

『논어·학이편』을 해석함에 있어 주자(朱子)는 『논어집주(論語集 註)』에서 '습(習)'자를, "습이란 새가 여러 번 반복하여 나는 연습을 하다는 뜻이다."라고 하였고 '온(溫)'자에 대해서는 "온이란 '온(慍)' 으로 노기를 띤다는 뜻이다."라고 해설하였다. 이런 해설은 『설문 해자』에도 동일하게 나타난다. 이로 미루어 볼 때, 주자도 역시 경전의 해석에 『설문해자』를 참고하였음을 알 수 있다.

또한 대표적 경전 주석서인 『십삼경주소본(十三經注疏本)』의 『논 어』편에서 하안(何晏)은 '온(溫)' 자에 대해 "온(慍)이란 '화내다'라는 뜻이다."고 주(注)하였는데, 이는 『설문해자』의 뜻풀이와 완전히

---

7) 이하 제시하는 각 예와 풀이에 관해서는 특수한 참고문헌을 제시하지 않는다. 다만 자형과 관련하여서는 国学大师_国学网(http://www.guoxuedashi.com/)을 이용하였다.

일치한다.

그러나 '온고이지신(溫故而知新)'에서 '온(溫)'의 의미는 이와는 다르다. '온(溫)'의 소전은 '𥁕'이다. 『설문해자』에서는 '수(水)'를 의미로 '𥁕'을 소리 단위로 만든 글자라고 했으나, 실제 이 글자가 본자(本字)이며 후에 '수(水)'가 더하여져 '강 이름'을 나타내는 글자로 사용되었다. 오히려 '𥁕'의 본의를 사용하게 되고 '𥁕'의 자형은 더 이상 사용되지 않게 되었다. '𥁕'은 죄수에게 그릇에 담긴 밥을 먹인다는 의미로 어질다는 의미였으나, 후에 "따뜻하다", "따뜻하게 데우다", "열을 가하다", "계속 열을 가하다", "반복적으로 학습하다"의 의미로 파생되게 된다. 따라서 '온고'란 "옛 것을 반복하여 학습하다." 혹은 "닭이나 이유를 반복하여 생각하다."의 의미가 된다.

반면 '온(溫)'과 '온(慍)'의 관계는 동음차용으로, '𥁕'을 같은 성부로 가진 글자들끼리 서로 대체하여 사용된 경우로 볼 수 있다.

'인부지이불온(人不知而不慍)'과 '온고이지신(溫故而知新)' 두 문장에 사용된 '지(知)'의 의미도 서로 달라 '인부지(人不知)'에서는 다른 사람의 이해를 말하며, '지신(知新)'에서는 배움 혹은 수확을 의미하는 것으로 분류할 수 있다. '지(知)'는 '시(矢)'와 '구(口)'가 합쳐진 글자로 형성 겸 회의자이다. '시(矢)'는 화살을 나타내며 화살은 사냥이나 전쟁을 의미하며, '구(口)'는 말을 뜻하여 사냥이나 전쟁에 관한 말을 의미하게 된다. 수렵사회에서 화살을 이용한 수렵은 성인들이 반드시 갖추어야 할 기본적 소양이자 지식이었으므로 이 글자는 '알다, 깨닫다, 이해하다' 등의 의미로 발전하게 되며, 이는 또 다시 '관장하다' 혹은 '주도하다'라는 의미로 파생되거나 명사로 '경험'이나 '상식' 등의 의미로 사용되게 된다. 이런 면에서 보면 '지(智)'와 구분된다. '지(智)'의 갑골문은 '𣉻', 금문은 '𫍱'이다. 갑골문은 '矢'와 '주(口)', '시(示)'로 구성되어 있다. 여기서 '시(示)'는 목제 무기를 나타내기 때문에 '지(知)'와 합하여 병사와 전쟁에 관한 일을 말한다는 의미로 파악이 가능하다. 금문에 와서 '왈(曰)'이 아래 더해져 '말하다', '논의하다'의 의미를 더욱 강조하였으나, 예변을 통해 전서 '𣉻'까지 존재하던 '우(于)'를 생략시킴으로써 본래의 의미를 파악하는데 어려움을 주고 있다.[8]

이처럼 이 한자는 군사 행동 작전에 관한 것을 지칭한 것에서 '경험이나 책략, 사상' 등의 의미로, 더 나아가 '책략이 있는 혹은 똑똑한, 신기로운' 이라는 의미가 발전하게 된다. 따라서 마음을 비우고 실제의 것을 탐구하는 '혜(慧)', 깨달아 명확하게 아는 '각(覺)', 밝은 마음으로 자신을 발견하는 '오(悟)', 나를 없애고 자연

---

8) '智'의 자형 변화는 다음과 같다(国学大师_国学网, 2018.8.24 검색. http://www.guoxue dashi.com/ 참고).

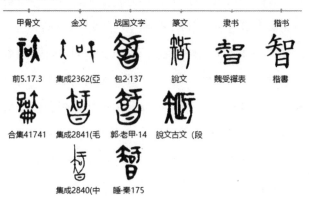

본성 순리를 따르는 '선(禪)'과 구분되는 의미를 가지고 있다.

이와 같이 개별 한자에 대한 연구는 주석이라는 이름으로 부기되어 훈고되면서 마치 어떤 의견의 개진인 것처럼 보이지만 사실은 한자 연구를 통한 결론이 해당 고문의 풀이와 해석에 영향을 끼치고 있다. 위의 예처럼『설문해자』에서 밝힌 세 글자의 의미가 주자의 주석으로 적용되고 있음은 이러한 사실을 뒷받침한다. 이러한 예는 고문(古文), 즉 한문(漢文) 자료에서 쉽게 그 예를 찾아볼 수 있다.

(2) 項伯乃夜馳之沛公軍

(3) 躡足行伍之間, 俛起阡陌之中

(4) 從酈山下, 道芷陽閒行.

(5) 餘嘉其能行古道, 作師說以貽之.

(6) 君子博學而日參省乎己, 則智明而行無過矣.

(2)는『사기·항우본기』의 문장이다. 여기서 '지(之)'는 동사로써 '~를 향해 가다' 혹은 '도착하다'의 의미로 사용되었다. '지(之)'를 허사로 인식하거나 실제 의미인 '가다'라는 의미만으로는 풀이하기 어렵다. 이는 '지(之)'의 고문자 형태 분석을 통해 본의를 파악함으로써 다른 의미로의 정확한 파악이 가능하다. 갑골문 형태인 '𡳿'나 금문 형태인 '𡳿', 소전 형태인 '𡳿'를 보면, 상단은 사람의 발을 모양을 나타내면 하단의 '일(一)'은 땅을 나타내어 "사람이 땅에 발을 디뎌 어딘가로 가는 모양"을 나타낸 것임을 알 수 있다. 곧

단순히 '가다[go]'의 의미가 아니라 '어디를 향해 가는 것[to go]'의 의미라는 것을 알 수 있다.

(3)은 가의(賈誼)의 『과진론(過秦論)』의 일부분으로, 여기서 '행(行)' 또한 우리말로는 '항'이라고 읽고 '길', 그 중에서도 "농사짓는 곳"이라는 의미로 사용된다. '항(行)'의 갑골문은 '行', 금문은 '行', 소전은 '行'9)으로 『갑골문자전』에 의하면 "사통팔달의 네거리로, 사람들이 가는 곳이다."라고 하였으며, 『설문해자』에서는 "길이다."라고 하였으므로, '항(行)'의 본래의 뜻은 '도로'이다. 사거리는 종과 횡으로 서로 만나는 곳이므로, 군대의 배열 또한 횡과 열이 정확히 맞아야 하므로 '군대'를 가리키는 것으로 사용되었다.

한편 (4)의 『사기·항우본기』의 예에서는 본의인 사거리 길에서 파생하여 '길을 걸어가다'로, (5)의 한유의 『사설』에서는 길을 걷는 실제적 행동에서 '행동'이나 '집행'을 의미하고 있으며, (6)의 순자 『권학』에서는 '행위 자체'를 의미하고 있기도 하다.

---

9) '行'의 자형 변화는 다음과 같다(国学大师_国学网, 2018.8.24 검색. http://www.guoxuedashi.com/ 참고).

이렇듯 고전적에 하나의 한자가 매우 다양한 한자의 의미로 사용되고 있음을 확인할 수 있다. 이는 한자의 자의가 인류의 지식 역사의 발전만큼 오랜 동안 지속되면서 의미의 변화 또한 지속되었기 때문이다. 곧 현재 우리가 보고 있는 문헌은 실제로 20세기 이전의 모든 것들로 공시적인 대상을 취급하는 것이 아니기 때문에 그 의미를 파악하는데 한계를 지니게 된다. 결국 시대가 올라갈수록 한자의 의미 변화를 본의로부터 찾아보지 않고 현재의 일반적인 통용되는 의미만으로 파악하는 경우는 상당수 오류를 만들어낸다. 따라서 본의와 파생의의 관계를 명확히 볼 수 있는 안목의 제공은 올바른 번역을 하는 기초가 되며, 불가번역어일지라도 해석과 이해를 할 수 있는 기초가 된다는 점에서 중요하다.

한편 이와 다르게 한자 사용의 현상적 특징으로 해석의 어려움을 겪는 경우도 발생한다. 『논어(論語)·양화(陽貨)』에는 다음과 같은 문장이 등장한다.

(7) 陽貨欲見孔子, 孔子不見, 歸孔子豚.

이 문장에서 '귀(歸)'를 어떻게 해석해야 하는지는 한문 초학자들에게 크나큰 숙제거리이다. '귀(歸)(𨈭)'를 자형으로 풀이해 보면 '여인이 출가하여 빗자루를 들고 청소를 한다'는 의미로 이 문장에서 이러한 의미는 도무지 어울리지 않기 때문이다. 만약 파생된 의미로 "돌아오다[귀환]"로 파악한다면 의미가 통할 듯하나, 공자나 양화가 서로 돼지를 빌린 적이 없는데 '돌아오다' 혹은 '돌려주다' 의미로 파악하는 것은 사실 관계에서 정확하지 않다. 오히려 전체 문장을 보면 증정 혹은 선물하다의 의미로 사용이 되어야 하지만 '귀(歸)'의 의미항에는 이러한 항목을 찾을 수 없다. 물론 선현의 주석을 보면 이를 풀이해 놓은 것을 보고 그로 인해 도움을 받을 수 있지만, 왜 이렇게 되었는가는 알지 못한 채 주석에만 얽매이게 되는 잘못을 범하게 된다. 이 현상은 고전에 흔히 등장하는 동음차용 현상으로, 음이 같을 경우 어떤 이유에서인지는 정확하지 않으나 음이 비슷한 다른 글자를 빌려와 기록하는 것을 말한다. 고대에 물건을 보낼 때 주로 사용하던 글자는 '궤(饋)[kui]'로 '귀(歸)[gui]'와 음이 서로 비슷하다. 곧 어떤 이유에서이건 '궤(饋)'를 '귀(歸)'자로 동음대체하여 사용한 것이다. 이러한 예는『논어·미자(微子)』"齊人歸女樂, 季桓子受之, 三日不朝"에서도 찾아 볼 수 있다. 이 문장에서도 '귀(歸)'를 '궤(饋)'의 의미로 사용하였다. 곧 당시에 이 두 글자를 상호 연계하여 사용하는 것은 일종의 습관처럼 굳어져 있었다. 일찍이 정현(鄭玄)은 이 부분에 주석을 하면서 '귀작궤(歸作饋)'라고 밝힌 것도 이러한 사실을 이미 파악하고 있었음을 말해준다.

한편 우리 언어로의 고전적 해석에 있어 나타나는 또 하나의 어려움은 바로 자의의 유사성 혹은 가까움에 있다.

(8) 府倉實. 韋昭注: 貨財曰府, 米粟曰庫. (『國語·越語』)

(9) 在官言官, 在府言府, 在庫言庫, 在朝言朝. 鄭玄注: 官謂版圖文
書之處也, 府謂寶藏貨賄之處也, 庫謂車馬兵甲之處也, 朝爲君

臣諫政事之處也.（『禮記·曲禮上』）

(10) 居處恭, 執事敬. 朱熹注: 恭主容, 敬主事, 恭見於外, 敬主乎中. （『論語·子路』）

(11) 不忘恭敬, 民之主也.（『左傳·宣公二年』）

(12) 饑者易爲食, 渴者易爲飮.（『孟子·公孫醜』）

(13) 伯夷叔齊餓於首陽山之下, 民到於今稱之.（『論語·季氏』）

(14) 夏禮, 吾能言之.（『論語·八佾』）

(15) 孔子下, 欲與之言, 趨而避之, 不得與之言.（『論語·微子』）

(8)과 (9)의 예에서 알 수 있듯 '부(府)'와 '고(庫)'는 "문서나 재물을 저장하는 공간"과 "병기나 전차를 저장하는 공간"으로 구분되며, (10)과 (11)에서 '공(恭)'과 '경(敬)'은 "존중하는 모양새"와 "존중하는 마음"으로 구분할 수 있다.

(12)와 (13)에서 '기(饑)'와 '아(餓)'는 정도를 나타내어 "아직 충분히 배불리 먹지 못하였다"는 의미와 "며칠 동안 굶어 죽을 지경에 이름"을 의미하고 있다. (14)와 (15)의 경우에도 '능(能)'은 "주관적으로 능력이 닿을 수 있음"을 말하지만 '득(得)'은 "객관적 조건 아래에서의 허용"을 말하고 있다. 결국 비슷한 의미와 용법이라고 할 수 있다.

그러나 실제 한자의 사용은 매우 구체적으로 구분되고 있음을 알 수 있다. 그럼에도 우리말로 특정 어휘에만 귀속시키는 것은 우리만의 독특한 번역 현상이라고 할 수 있다. 물론 이러한 어려움의 이면에는 또 다른 이유가 존재한다. 불가번역어 혹은 출발언어와 다른 목적언어의 부족 현상과 이를 해결하기 위한 시도의 부족도 이유가 된다. 아주 간단하지만 아래의 예는 이러한 현상이 왜 문제가 되는지를 우리에게 알려주고 있다.

(16) 心不在焉, 視而不見, 聽而不聞, 食而不知其味.

여기서 '시(視)'와 '견(見)'은 우리말 대응어로 "보다"이며, '청(聽)'과 '문(聞)'은 "듣다"로 대응된다. 따라서 이 문장을 우리가 흔히 아는 대표의 만으로 해석해보면 "보아도 보이지 않고, 들어도 들리지 않으며"로 밖에는 다른 방법이 없다. 그러나 실제 '시(視)'와 '견(見)', '청(聽)'과 '문(聞)'은 서로 다른 시그니피앙을 가진 자형이다. 원래는 각기 다른 '기의(記意)'를 가진 두 개의 어휘를 대응 한국어로 "보다", 혹은 "듣다"로만 귀결시켜 대응시킴으로써 풀이뿐 아니라 해석과 이해에도 어려움을 초래하고 있다. 이때 한자학 지식은 이 문제에 맞닥뜨린 풀이자에게 해결의 실마리를 제공해준다. '시(視)'라는 자형은 '시(示)'와 '견(見)'으로 구성되어 "제단 위의 제물을 응시하며 무엇인가를 빈다"는 의미로 파악하면 단순히 '보다'를 나타내는 '견(見)'과 구분됨을 알 수 있다.

결국 우리말 대응어 현상은 크게 세 가지로 구분하여 말할 수 있다. 이는 곧 대응 고유어가 있는 경우의 일대일(一對一) 대응, 대응 고유어가 없지만 대체적인 의미 소통이 가능할 일대다(一對多) 대응, 그리고 대응 고유어가 없는 경우 한자음의 반복 표기 표현 등이다. 따라서 한자의 자원을 이해하는 것 또한 고전문언 해석의 중요한 기초이다.

한편 고전적 해석의 또 다른 어려움은 독특한 문화적 배경 아래 형성된 습관들이다. 그 중 대표적인 것으로 피휘(避諱)를 말할 수 있다. 진시황의 이름에 '政'이 포함되어 있자 '정(政)' 안에 포함된 '정(正)'까지 쓰지 못하게 하여 이때부터 진(秦)나라에서는 '정월(正月)'을 '단월(端月)'로 사용하였다. 이렇듯 피휘를 하게 되면 해당 글자와 음이 비슷한 자를 골라서 사용하는 경우, 아예 획의 일부를 빠뜨려 이체자를 생성하는 경우, 새로운 자형을 생성하거나 소멸시키는 경우 등이 있는데 이 모두가 동아시아 봉건 사회에 존재했던 독특한 문화적 현상에서 비롯된 것이다.

하지만 한자학 연구의 필요성과 효용이 전술하였던 올바른 고전적 이해와 풀이에만 국한되는 것은 아니다. 사회언어학적 시각에서 볼 때 한자는 결국 사회 구성원의 의식과 인식, 사고, 세계관 등을 투영하는 동시에 그 사용의 편이성을 추구하기 때문에 한자의 생성과 발전 단계에서 끊임없이 이러한 인간과 사회의 특성이 투입되게 된다. 대개의 경우 문화와 연결하여 '한자문화학(漢字文化學)'이라고 칭하기도 한다. 곧 한자의 자형의 형성 과정에는 당대의 문화가 개입되어 있으므로 한자 자형을 통해 당대의 관념이나 사상 등 모든 문화를 살펴볼 수 있다는 점이다.

다음의 몇 가지 예를 통해 우리는 기원전 3,000여 년 경의 사람들이 살았던 모습을 확인할 수 있다.[10]

---

10) 각 자형은 국학대사의 자전을 참고하였다(国学大师_国学网, 2018.8.24 검색. http://www.guoxuedashi.com/).

다음 갑골문은 '인(人), 대(大), 석(石), 화(火), 일(日), 월(月), 운(雲), 우(雨), 산(山), 토(土), 천(川), 수(水)'로 당시 은허 지역의 자연환경을 말해주고 있다.

이들의 주변에는 나무와 풀 등이 있었다. 주변에는 소와 양, 개, 돼지, 코끼리, 말, 호랑이, 사슴, 작은 새와 큰 새, 물고기, 거북이, 조개 등이 존재했다.

또한 그들은 이미 생활 도구로 활과 화살, 그물, 실과 같은 종류, 수레, 배와 우물 등의 도구를 사용하고 있었다.

그리고 복(卜), 무(巫), 축(祝), 사(史) 등을 통해 당시에 이미 신에 대한 신앙이 존재했다는 사실과 이를 전문적으로 기록하던 사람, 즉 계층의 분화가 이루어짐을 확인할 수 있다.

한편 '성(姓)'이라는 글자의 자형 변화를 통해 당시 사람들의 의
식 변화 과정도 살펴볼 수 있다. 갑골문 시기에는 '생(生)'이 낳음을
뜻하였으나, 이후에 여기에 '인(人)'을 더하여 사람이 낳음이라는
의미로 제한하였고, 다시 '사람[人]'이 아니라 '여성[女]'으로 바꾸어
여성이 낳음이라는 의미로 정확히 표현하였으며, 이를 다시 '성'이
라는 특수한 문화적 용어로 사용하였다. 사회적 구분을 나타내는
글자가 남성이 아닌 여성이 포함되었다는 것은 당시가 모계 중심
사회였음을 추정할 수 있는 하나의 예로 볼 수 있다.

그러나 어머니에 대한 우호적인 인식이 여성에 대한 인식까지
보편화되지는 않았음을 우리는 많은 '여(女)'가 포함된 한자들, 예를
들면 '간(姦)[간사할 간·간음할 간], 간(奸)[간사할 간·간통할 간], 망(妄)
[허망할 망], 방(妨)[방해할 방], 요(妖)[요망할 요]'에서 찾을 수 있다.
이와 같은 글자들에서 여성은 모두가 부정적 이미지를 가지고 있다.
한자 지식이 필요한 또 하나의 이유는 한자의 자형이나 자체가
너무나 다양하여 고전적을 독해하는 데 있어 전문적 지식이 반드
시 필요하기 때문이다. 일반적으로 한자는 자형의 종류가 너무 많
아질 뿐 아니라 서사의 습관이나 형식에 따라 이형동음동의자가

대량 생산되었다는 점도 현재의 우리에게는 정보 지식 접근의 어려움으로 다가오고 있다.

중국의 『오체자전(五體字典)』에서 '망(亡)'자를 검색해보면 다음과 같이 모두 11종류의 각기 다른 자형을 말해준다.[11]

이러한 경우는 우리나라도 다르지 않다. 한국고전번역원의 '이체자정보 사이트'[12]에서 '亡'이라는 글자를 검색해 본 결과이다. 아래 그림과 같이 큰 분류로는 2종류, 작은 분류로는 5종류의 각기

---

11) 駱恆光·余巨力, 『五體字典』, 山東美術出版社, 2000.
12) 이체자정보, 2018.8.24 검색. http://db.itkc.or.kr/dch/

다른 모양으로 사용되고 있음을 알 수 있다.

이처럼 비교적 간단한 자형이어서 변화가 크지 않을 것이라는 예상과 달리 매우 다양한 자형으로 사용되고 있다. 이러한 다기한 현상이 정보 지식 접근의 어려움이 될 것이라는 것을 쉽게 알 수 있다. 이런 이유로 이형동음동의자를 정리하는 것은 정보 지식 접근의 경로를 일원화하여 심화된 지식으로의 접근 가능성을 확대하는 것이라고 할 수 있다. 물론 각각의 자형이 갖는 사회문화적 의미도 있기 때문에 이 또한 개별적 목적과 의도에 따라 다른 각도로 연구의 대상이 될 수 있다. 이러한 것들은 대부분 이체자 연구가 가지고 있는 중요한 의미인 것이다.

한자의 발달에는 편이성과 효율성 극대화를 위한 여러 과정이 있음을 알 수 있다. 자형의 정리는 편이성을 말한다. 편이성이란 사용에 실질적인 도움을 주는가의 문제로, 문제는 이 편이성을 어떻게 보는가에 따라 그 표현 방식이 달라질 수 있다는 점이다. 문자는 정확하게 의미를 드러내야 하며 분별돼야 하는 동시에 '서사(書寫)'가 용이해야 한다는 모순을 가지고 있다. 분별이 강조될수록

방형 문자인 한자는 그 구조가 더욱 복잡해져야 하며, 복잡한 자형은 '서사'를 더욱 어렵게 만들게 된다.

반면 '서사(書寫)' 구조가 간단할수록 동형자가 많이 생성되고 동형자에서 의미 구분을 위해서는 음가의 변화를 추구해야 하기 때문에 여기서도 어려움이 발생하게 된다. 실제 한자의 자형이 많아진 것은 첫 번째 이유이며, 예변을 통해 한자의 자형이 정리되거나 간화방안을 통해 정리한 것 등은 두 번째 어려움을 초래하였다. 특히 성조의 구분이 사라진 한국의 경우 동음자를 구분하는 것은 어휘 단위로 생성되거나 문장 속에서만 가능하게 되는 것도 여기에 이유가 있다.

이렇듯 한자학은 한자를 연구대상으로 하는 하나의 학문으로, 한자의 구조와 성장을 비롯해 이의 생성과 발전과정 및 발전규칙을 연구할 뿐 아니라 중국을 비롯한 동아시아의 고전적을 정확히 읽어내며, 현재 사용되는 한자어휘들의 생성과정을 올바르게 이해하는 틀을 마련해 줄 뿐 아니라, 이러한 어휘를 생성하고 사용했던 당시 지식인들의 문화와 사유체계를 이해하는 길라잡이의 역할을 수행하게 된다.

3. 한자학 연구와 동아시아 지식 연구의 관련성과 그 가치

일반적으로 한자학은 협의의 한자학과 광의의 한자학으로 구분힌다. 협의의 한자학은 갑골문, 금문, 전서, 예서, 해서 등 한자의 각 자형의 연변(演變) 및 자의(字義) 탐구를 주 연구 목적으로 한다. 광의의 한자학은 협의의 한자학을 포함하여 음운(音韻), 훈고(訓詁), 어법(語法), 사휘(辭彙) 등을 포함하고 학자에 따라 이를 '어언문자학(語言文字學)'이라고 총칭하기도 한다. 여기서 '어(語)'란 자의를, '언(言)'은 자음을, '문자(文字)'란 자형을 말하는 것으로 자형과 자음, 자의 연구가 삼위일체적으로 이루어져야 함을 말한다. 한자학을 토대로 하는 연구 분야는 중문학(中文學), 고고학(考古學), 언어학(言語學), 한문학(漢文學)뿐 아니라 지역적으로도 한국학, 일본학, 중국학 등 한자를 사용했거나 사용하는 모든 동아시아 지역을 망라한다.

따라서 한자학 연구는 동아시아라는 지역 공간 위에서 수행되는 모든 학문 분야의 기초 학문적 성격을 지니고 있으며, 한자학 연구의 바탕 위에서 일반한자학과 특수한자학으로 새롭게 분류할 수 있다. 일반한자학이라고 지칭한 것은 이제 한자가 사용되는 지역이 동아시아라는 공간에만 머물지 않기 때문이다. 한국과 중국, 일본, 베트남 등 종래의 한자문화권뿐 아니라 이제는 말레이시아, 싱가포르를 넘어 세계 각국의 여러 거주 지역이 모두 한자문화권이라고 본다면 이들 각 지역에서 사용되는 한자에 관한 연구는 일반화된 연구대상과 방법 및 내용을 가지고 있다.

곧 한자의 사용에 있어, 동일 자형을 사용하고 있거나 동일 자의를 사용하는 보편적 현상 등이 여기에 속한다. 동일 자형이란 어떤 자형을 표준자형으로 규정하는가의 문제가 아니라 동형동음동의자뿐 아니라 이형동음동의자까지 펼쳐지는 모든 자형의 사용이 역사적으로 일반화되는 현상을 발견할 수 있다는 의미이다. 또한

자의의 사용에 있어서도 이러한 현상은 일반적이었기 때문에 이 언어 언중 사이에서 한자를 통해 의사소통이 가능했다는 점도 여기에 속한다.

물론 한국이나 일본, 베트남 등의 고유한자의 경우에도 조자 원리적 측면에서 보면 한자시스템을 따르고 있다면 이는 일반한자학의 원리에 속한다고 할 수 있다. 예를 들어, 우리나라의 '답(畓)'이나 '대(垈)'와 같은 글자의 경우 회의나 형성의 원리를 그대로 사용하여 고유한자를 생산해 내었고, '지(凧)[바람 그칠지]'와 '입(込)[담을 입]'의 경우, 베트남의 '죠[하늘, 天+上]'과 '吧[셋, 巴(소리)+三]' 등도 그러한 예에 속한다고 할 수 있다.

곧 일반한자학이란 중국의 한자학을 중심에 놓고 있는 협의나 광의 혹은 이민족 한자학 등의 용어가 지닌 일국 중심의 시각이 아닌, 역사적으로 오랜 기간 한자를 사용하면서 발전시켰던 언중을 가진 민족과 국가에서 사용된 보편화된 일반적 원리와 실현을 국가나 민족 중심의 개념적 접근에서 벗어나 특성에 따라 구분한 것이다. 그 분류는 예변을 기준으로 하는 고문자학과 금문자학, 근대 개화기 이후 문자 정책의 변화에 따른 현대한자학으로 연구 분야를 구분하는 것도 가능하다.

특수한자학이란 개별 언중이나 민족, 국가 만의 독특한 한자 사용의 규칙과 방법을 말한다.

첫째, 동일한 자형을 사용하지만 별도의 의미를 표현하기 위해 새로운 의미항을 부여하는 것을 발견할 수 있다.[13]

踏: 밟다(천)/살피다/발로 장단 맞추다/신을 신다/유상하다/뒤를 밟다/발 걸음을 내딛다/발판/신/조사하다/**누르다**[國]

輾(구를 전) 구르다/돌아눕다/웃는 모양/성씨, 빻다, **연자방아/타작하다** [國]

辭(말 사) 진술하다/말/성구/명제/해설하다/고하다/하소연하다/꾸짖다/ 사양하다/헤어지다/문체이름/청하다/보내다/제사지내다/물러나다/ 성씨/환관[國]

　위의 예에서 보는 현상은 현재에도 사용되고 있다. 주석에 '[국 (國)]'이라고 표현한 자의는 한국만의 독특한 자의로 다른 나라 문헌에서는 찾아보기 어렵다. '면(面)'이나 '동(洞)'을 행정단위로 사용하는 등은 우리나라만의 독특한 사용 방법이다. 특히 조선 후기에는 단위에서 이러한 경우가 많았는데 '동(同)'을 필묵이나 붓, 묵, 풀이나 나무, 물고기 등을 세는 단위로 사용되기도 하였다.

　둘째, 이형동음동의 현상이나 통가자 등의 현상은 보편적이지만 한국이나 일본, 베트남 만의 고전적에서만 발견되는 독특한 자형이나 현상 등이 존재한다. 물론 이 현상에 있어 일대일의 관계가 아닌 일대다의 관계도 존재하기 때문에 매우 조심스러운 접근이 필요하다. 또한 인명이나 지명 등 용도에 따라 특별히 사용되는 자형의 변형이나 쓰임이 있다. 곧 개별 언중의 특성에 따라 달라지기 때문에 이 또한 조심스럽게 접근할 필요가 있다.

---

13) 다음의 세 가지는 예는 한국한자어사전에서 인용한 것이다(NAVER Hanja Dictionary, 2018.8.24 검색. https://hanja.dict.naver.com/).

셋째, 각 민족과 국가의 문화 환경에 따라 필요로 하는 새로운 한자를 생산해 내었다. 특히 한국의 경우 '특(격, 꺽)', '틀(걸)', '쫑(놀)', '론(둔)', '꽝(둥)'와 같이 한글의 자음과 한자를 결합하여 새로운 표음한자로 발전시킨 예들이 여기에 속한다.

현재 IRG[14]에 보고된 각국에서만 사용되는 한자의 통계를 보면 이러한 사실을 좀 더 명확히 파악할 수 있다. 현재 유니코드에 등록된 모든 한자는 81,390자이며 이 중 2개 이상의 국가가 제출한 한자 자형을 뺀 32,198자를 국가별로 보면 다음과 같다.[15]

GSource (중국, 싱가폴)	HSource (홍콩)	JSource (일본)	KPSource e(북한)	KSource (한국)	MSource (마카오)	TSource (대만)	USource (미국)	VSource (베트남)
13,375	822	1,089	105	919	51	10,202	280	5,355

---

14) 전 세계에 존재하는 모든 문자를 동일한 컴퓨터 코드로 정리하는 위원회는 ISO(국제표준화기구, International Organization for Standardization)와 IEC(국제전기기술위원회, International Electro technical Commission)가 공동으로 JTC(합동기술위원회, Joint Technical Committee)를 구성하고, 이 위원회 산하에 SC2/WG2(Standard Character/ working group)라는 위원회를 둔다. 이 위원회 산하에 한자만을 특별히 다루는 민간전문위원회를 IRG(ideographic Rapporteur Group – 한자를 ideographic라고 표기)라고 한다. 이 한자전문가위원회는 한자를 사용하는 각 국의 민간 전문가가 각 국에서 2~3년에 한번 자신들의 국가에서 전산 입력을 필요로 하는 자형을 수집하여 제출하고 수집, 검토한 후 최종적으로 unicode에 제안하게 된다. 여기에 참여하는 국가별 전문가 위원회가 있으며, 한국에는 한국어로는 '한국 한자특별전문위원회'라고 부른다. 또한 각 국에서 제출한 한자를 국가별로 태그를 붙여 Ksource, Gsource, Jsource 등(K 한국, G 중국, J 일본)으로 구분한다. 이렇게 각 국에서 제출한 한자를 모아 놓고 1년에 두 차례 전체 회의를 거쳐 새로운 한자코드에 포함될 자형이 결정되고, 이를 SC2/WG2 위원회에서 검토한 후 ISO에 제출하여 코드를 부여받게 되면, 그 자형과 코드는 전 세계민간표준이 된다.

15) 본 자료는 유니코드에서 제공하는 unihan DB를 정리한 것이다(Unihan Database, 2018. 8.24 검색. https://www.unicode.org/charts/unihan.html).

물론 한 국가에서 제출하고 나면 다른 국가에서 다시 제출하지 않으므로 중복되지 않는다고 할 수 있으나, 이는 각 국가에서 사용되는 내부 코드의 문제로 설사 다른 국가에서 제출하였다 하더라도 각 국가에서 필요시 코드를 등록하기 때문에 위에서 제시된 한자의 자수는 개별 국가에서만 찾아낸 자형이라고 할 수 있다. 다만 이 자형들이 이형동음동의 관계의 자형인지 독립된 자의와 자음을 가진 자형인지에 대한 분별은 한자학 연구자들의 몫이다.

넷째, 각 민족과 국가의 언어 사용에 부합하도록 한자를 이용, 혹은 변용하려는 시도는 한자문화권 전반에 걸쳐 나타나지만 그 사용의 방법은 달랐다. 대표적으로 이두문은 고려 시대부터 시작되었으나 조선 시대에는 매우 활발하게 사용되기도 하였는데, 이두문에서는 한자의 음과 훈을 이용하여 규칙적 문형을 제작하여 사용하였다. 특히 『대명률』을 이두로 번역한 『대명률직해』는 한자를 중국과 어떻게 다르게 사용하였는가를 보여주는 좋은 예이다.

> 대명률: 凡以妻爲妾者杖一百.
> 대명률직해: 凡嫡妻乙 爲妾爲在乙良 杖一百齊
> 번역: 무릇 본부인을 첩으로 삼거들랑 장 백 대를 친다. (『대명률직해』)

위의 예처럼 한문 문장을 이두문으로 변경하면서, 이를 한글이 아닌 한자를 이용하여 표기하고 있다. 이때 한자를 이용하는 방식은 음독, 훈독, 음차, 훈차의 네 가지 방식을 혼용한다. 주로 사용되던 이두의 몇 가지 예를 제시하면 다음과 같다.

去等	거든	-거든 /-는데
敎事是去乙	이산일이거늘	-이신 일이거늘
敎是遣	이시고	이시고
同亦	가티	같이
斗落	마지기	마지기
尺	치	양인 신분의 전문 기술직에 종사자

용도에 있어서는 한문을 읽기 위한 보조수단이었으나, 문자 발전의 측면에서 보면 구결이라는 새로운 표음문자로의 발전 가능성을 열기도 하였다. 구결은 아래 표에서 보이듯 한자의 일부 획만을 이용하여 대표음가를 부여함으로써 한자를 표음문자화하려는 노력의 하나였음을 확인할 수 있다. 이처럼 한자의 일부 요소 혹은 획을 활용하여 표음문자로 발전시킨 구결이나 일본의 가나문자 등은 중국이나 베트남에서 찾아보기 어려운 변용적 특징이다.

′′	爲	하(할 위)	阝	隱	은,는,ㄴ	乙	乙	을,를,ㄹ	厓	厂	에,애
ホ	等	드(등급 등)	ヵ	刀	도	面	ㄷ	면	屎	尸	히
㇏	是	이(이 시)	ㅑ	牙	아	也	ㄱ	야	旀	ㅊ	며
月	月	다(달 월)	ロ	古	고	尼	ヒ	니	羅	ㅅ	라
ㄴ	飛	나(날 비)	寸	時	시	多	ㄅ	다	小	小	소
ヵ	加	더(더할 가)	㗂	那	나	代	ㄴ	대	乎	ㅎ	호

기호로 이용한 경우도 있는데, 한국의 경우 한자의 일부를 이용하여 악보 기호로 사용하였다. 이는 문자를 기호화시킨 『악학궤범』에서 확인할 수 있다.

합(合)	厶	사(四)	マ	일(一)	ヽ	상(上)	幺	구(句)	レ	척(尺)	人	공(工)	ㄱ	범(凡)	リ

이와 같은 표음기호화 또한 일부 한자 사용이나 변용 과정에서 보이는 현상이다.

이상과 같이 한자는 동아시아의 지역 환경 속에서 5천년이 넘는 시간 동안 거주민과 함께 발전하고 성장하고 변화한 문자 시스템이었다. 사용에 있어 보편성을 보이기도 하지만 개별 언중과 민족, 국가마다 각기 다른 특징을 보이기도 한다.

한자란 곧 언어인 동시에 시각적 부호 언어이다. 또한 한자는 개별 글자가 하나의 의미요소를 지닌 독특한 시스템이기에 한자의 증가는 어휘의 증가를 말하며, 어휘의 증가는 문명의 발달을 말하게 된다. 이와 다르게 어휘는 해당 언중의 문화적 요인을 배경으로 하여 탄생하며, 언중은 어휘를 통해 의사소통에 머물지 않고 인류가 구축한 정보와 지식을 기록하고 이를 전수하는 사회적 교류의 도구 역할을 하게 된다. 그러나 오랜 시간 동안 발전한 한자의 사용은 현재의 우리 입장에서 매우 난감한 여러 문제를 안겨 주고 있다.

이러한 문제가 발생하는 이유는 다양하게 존재한다. 이는 한자 자형의 변화가 본의를 지키지 못하고 있으며, 자의 또한 본의 보다는 파생된 의미가 더욱 대표적인 의미로 굳어지고, 출발언어와 목표언어의 불일치성으로 인한 자의 구분의 어려움을 초래하기 때문이다. 또한 사용자들의 자의적인 자형 사용으로 인해 기하급수적으로 늘어난 이형동음동의자가 존재하고 있으며, 개별 언중이나 민족, 국가마다 새로운 방식의 자형을 생산하거나 새로운 자의를 부여하여 사용하는 등 지식 전수자들에게는 매우 어려운 조건을 생산한 것도 하나의 이유라고 할 수 있다.

그렇기 때문에 한자학 연구의 필요성이 존재한다. 한자학 연구는 한자의 자형과 자원 연구, 구형 연구, 문화 연구, 자체 연구 등을 포함하여 검색법의 개발과 전산화 방안과 교육 방안 등을 종합적으로 탐구하는 학문이다. 또한 성운학, 훈고학 등의 전통 학문뿐 아니라 언어, 번역, 역사, 철학, 문학 등을 모두 포함한 한국학, 일본학, 중국학, 베트남학 등 개별 민족과 국가의 거의 모든 학문과 결합되어 융합적으로 연구되는 종합 학문적 성격을 지니고 있다. 결국 동아시아 한자문화권에서 유사 이래 구축된 지식의 기반적 성격을 지니고 있는 동시에, 문자로서의 독립적 지식 체계의 특징을 지니고 있기도 하다.

따라서 한자학 연구는 곧 동아시아 지식 연구의 기초인 동시에 가장 중요한 기반이며, 지식의 흐름과 유통과 변화를 볼 수 있는 지식 연구 과제이기도 하다.

4. 결론

후한(後漢) 시절부터 등장한 '소학(小學)'이란 용어는 "어린 아이들의 배움"이거나 "그들의 학문", 혹은 "작은 것"이란 의미에만 국한되지 않는다. 최소한 동양학에서의 '소학'의 의미는 "가장 기초적이면서 토대가 되는 배움"을 의미하고 있다. 근대 이후 분과화된 학문 단위에서 한자학은 일부 전문가들의 연구 분야이거나, 한자학을 자원학(字源學)으로만 보려는 태도가 없지 않았다. 실제로 한국 대부분의 대학에서 동양학을 전문으로 하는 중문과나 한문학, 일본학 관련 전공에서 한자학을 기초 학문으로 보지 않으려는 태도는 한자학을 우리가 어떻게 바라보는가를 극명하게 보여준다.

하지만 한자학은 한자를 관련하고 있는 모든 학문분야와 연관된 기초 학문이다. 또한 한자의 생성과 발전, 분화와 소멸, 사용자들에 의한 취사선택이나 선호의 정도 등은 모두가 사회적 성격을 지니고 있다. 한편 한자의 접촉은 문화의 접촉이며 이 속에서 수용되는 여러 현상은 각 민족이나 국가마다 각기 다른 특성을 지니고 있다. 필요에 따라 제작되는 자형의 구성에 있어서도 인간의 사유 방식이 깃들어 있으며, 자음이나 자의의 변용도 각기 다른 문화적 특성을 보이고 있다. 따라서 한자 자체에 관한 연구뿐 아니라 "사회와의 관계 속에서의 언어 연구"와 "실제 화자들이 사용할 때의 사회적 문맥 및 상황적 문맥 속에서의 언어에 대한 연구" 모두가 한자학 연구에서 중요한 의미를 지닌다. 곧 한자학을 시각적인 부호 체계로 인식하는 한계에서 벗어나 의미적 부호체계 곧 언어로서의 기능성에 더욱 집중할 때 한자학 연구를 새로운 시각으로 접근할 수 있다.

이런 의미에서 한자학은 모든 동양학 연구의 기초학문이며, 한자학 연구의 성과는 모든 동양학의 발전과 긴밀한 연관성을 맺고 있고, 이는 곧 동양인문학의 특성인 동시에 인문학연구의 발전에도 큰 영향을 끼치는 토대 학문임을 깊이 인지해야 할 것이다.

참고문헌

駱恆光, 「余巨力」, 『五體字典』, 山東美術出版社, 2000.

"Unihan Database". 2018.08.24 검색.

       https://www.unicode.org/charts/unihan.html

"이체자정보". 2018.8.24 검색.

       http://db.itkc.or.kr/dch/

"네이버 한자사전(NAVER Hanja Dictionary)". 2018.8.24 검색.

       https://hanja.dict.naver.com/

"国学大师_国学网". 2018.8.24 검색.

       http://www.guoxuedashi.com/

5강

한자문화의 층위성漢字文化的層級性

왕찌엔시(王建喜)

1. 서론

한자는 세계에서 가장 오래되었을 뿐 아니라 가장 많은 인류가 사용하고 있는 문자이다. 한자는 중국 문화 통일에서도 중요한 작용을 하고 있어, "중국의 문화는 곧 한자의 문화이다"라고 말할 수 있을 정도이다.[1]

---

* 본고는 2019년 2월 19일 단국대학교 일본연구소 HK+ 사업단에서 주최하는 제8회 해외 석학 초청 강연 원고를 번역 수록한 것임. [번역: 김지영(이화여대)]

1) 何九盈, 『中國的文化, 就是漢字的文化』, 『民俗典籍文字研究』 第八輯(北京商務印書館, 2011), 『民俗典籍文字研究』 第九輯(北京商務印書館, 2012).

한자문화는 한자의 문화적 함의를 가리킨다. 한자는 만사와 만물뿐 아니라 모든 방면에까지 이르고 있기 때문에 한자문화는 자연스럽게 만사와 만물뿐 아니라 모든 방면을 포함하게 된다. '자리건곤(字裏乾坤)'이 있다는 표현은 한자의 이러한 특성을 가장 타당하게 표현한 것이다.[2)]

한자문화 연구는 다양한 각도와 다양한 층위적 특징을 보이고 있다. 한자문화 연구 성과 중 허지우잉(何九盈)은 『한자문화학(漢字文化學)』에서 한자문화의 성질에 기초하여 처음으로 '본체론(本體論)'과 '관계론(關系論)'의 두 각도에서 한자문화의 시스템성을 상세히 설명하였다. 예페이성(葉蜚聲), 쉬통챵(徐通鏘) 공저 『어언학강요(語言學綱要)』의 제2장 '언어는 부호체계이다[語言是符號系統]'[3)]에서 논의되었던 여러 주장을 참고해 볼 때, 한자문화는 이미 시스템적 특성을 지니고 있으며, 이러한 한자문화의 계통성은 대략 다음과 같이 설명할 수 있다. 한자문화는 층위를 가지고 있는 시스템으로, 중국 문화를 기록하는 한자로서의 저층과 세 개 등급으로 구분되는 상층의 한자문화로 구분할 수 있다. 상층의 첫 번째 등급은 『설문해자(說文解字)』와 그것들이 기록하고 있는 한자문화로, 중국 문화의 기초이다. 두 번째 등급은 『설문해자(說文解字)』를 운용하는 언어교육으로 이는 중국 문화 전승의 주요 경로이며, 세 번째 등급은 사회생활 속의 한자문화이다.

---

2) 何九盈, 『漢字文化學』, 商務印書館, 2016, 39쪽.
3) 葉蜚聲, 徐通鏘, 『語言學綱要』, 北京大學出版社, 1997, 31~32쪽.

본고에서는 '생활 속 한자문화는 곧 오색찬란한 색을 지닌 꽃봉우리', '중국문화 전승으로서의 어문교육에서의『설문해자(說文解字)』운용', '중국문화전승의 기초로서의『설문해자』', '한자문화는 곧 중국의 문화이다'라는 주제로 논의를 진행하고자 한다.

2. 생활 속 한자문화는 곧 오색찬란한 색을 지닌 꽃봉우리

중국어의 속담, 숙어, 성어에는 한자문화의 지식이 빈번하게 사용되고 있다. 예를 들어, 교통 표지판이나 점포의 명칭, 서예 작품, 대련(對聯), 전지(剪紙)작품, 관광 표지 등에서 쉽게 한자를 발견할 있을 뿐 아니라, 학습과 일 그리고 핸드폰에서도 여전히 한자를 사용하고 있다.

2.1. 일상 교제 중 상용하는 한자의 형체 구조와 독음, 자의 등의 특징

2.1.1. 형체 구조와 연관된 것

자기를 소개하면서 성(姓)이 장(Zhāng)일 경우:
　　　"궁(弓)과 장(長)"의 '장(張)'입니다.
　　　"립(立)과 조(早)"의 '장(章)'입니다.
조사de: "백(白)과 작(勺)"의 '적(的)de'
　　　"토(土)와 야(也)"의 '지(地)de'

"두 사람이 서 있는(雙立人)" '득(得)de'。

속어에서 동체회의자(同體會意字) 사용:

"홀로 선 나무는 숲을 이루지 못한다[獨木不成林]."

"세는 둘로 나뉠 수 없다[勢不兩立]."

"사석(四石)", "사우(四牛)", "사금(四金)", "사목(四木)", "오목
(五木)"[이름]

"又雙叒叕"[인터넷]

〈그림 1〉

금년의 '올해의 한자'는 "궁추토(窮醜土)이다"(〈그림 1〉)도 위와
같은 경우라고 할 수 있다. 인터넷 상의 '궁추토(窮醜土)'는 qiǒu/qiǔ
로 읽는데, 간단히 말하면 고대 반절음 혹은 현대 방언의 음을 합친
방식으로, '궁(窮)'의 윗부분으로 삼아 qi를 따오고, '추(醜)'를 아랫부
분으로 삼아 ǒu음을 따오거나 혹은 '토(土)'를 아랫부분으로 삼아
ǔ음을 따온 후, 상하자를 합쳐 qiǒu 혹은 qiǔ를 독음으로 삼는 것이
다. 「한어병음방안(漢語拼音方案)」의 발음 방식을 따르면 qiǔ가 된다.

한자와 일반 생활의 관계는 이처럼 밀접하여, 한자에 일종의 특

별한 의미를 부여하기도 한다.

한나라 헌제 초년 낙양 지방에 동요 중 "千裏草, 何青青. 十日葍, 不得生"와 원나라 잡극(전통극 중 하나)『금운당암정련환계(錦雲堂暗定連環計)·제2절(第二折)』의 "千裏草青青, 卜日十長生"은 같은 형식을 지니고 있다. 물론 이 두 문장은 각기 다른 의미를 내포하고 있으나, 모두 동탁을 가리킨다는 공통성을 지니고 있다. "천리초(千裏草)"는 '동(董)'자이며, "십일복(十日卜)" 혹은 "복왈십(卜曰十)"은 바로 '탁(卓)'자이다.

북송(北宋) 소옹(邵雍)의 『몽림현해(夢林玄解)·몽점(夢占)·한오의대길(汗汗衣大吉)』에는 "占曰, '體膚汗出, 熱病消除.'"에 대한 다음과 같은 고사가 기록되어 있다.

이세민과 배모 씨가 함께 장막 안에 있었다. 이세민이 말하기를 "꿈이 불길한데 어찌해야겠습니까? 내가 두 사람이 함께 강을 건너는데 갑자기 강이 말라 배를 버리고 빨리 도망가는데 땀이 흘러 겉옷을 적시는 꿈을 꾸었습니다." 하자, 배씨가 풀이하여 말하기를 "뜻하시는 바를 이루실 것입니다. '두 사람(二人)'이란 '천(天)'이라는 글자이며, '하(河)'에 물이 없으니 '가(可)'자가 됩니다. 곧 '천가한(天可汗)'은 왕의 이름이니 뜻하시는 바를 반드시 이루실 것입니다."

2.1.2. 자음과 관련된 것

숙어 중에는 동음이나 비슷한 음을 이용하여 뜻을 표현하곤 하는데, 이는 종종 시대나 지역, 직업 등의 특징을 생동감 있고 강하게 표현할 수 있게 된다.

"孔夫子搬家——都是書(輸)": '서(書)'와 '수(輸)'는 동음이다.

"餃子用水煮——不用蒸(爭·真)": '증(蒸)'과 '쟁(爭)'은 동음이다.

"老虎拉車——誰趕(敢)": '간거(趕車)'의 '간(趕)'의 실제 의미는 '감어(敢於)'의 '감(敢)'이다.

"嘴上抹石灰——白說": '백(白)'자는 석회의 백색으로 실질적 의미는 '백백지(白白地)' 혹은 '도연지(徒然地)'의 의미이다.

2.1.3. 자의와 연관된 것

음력 첫 달인 '정월(正月)'을 '단월(端月)'로 부르는 것은 진시황이름이었던 '영정(嬴政)'을 피휘한 것이며, '항아(姮娥)'를 '항아(嫦娥)'로 고친 것은 한(漢)나라 문제(文帝)인 '유항(劉恒)'을 피휘한 것으로, 이러한 피휘는 동음을 피하여 동의의 글자로 대체한 것이다.

'사망(死亡)'은 사람들이 꺼리는 것으로 종종 다른 음을 가진 동의의 단어 예를 들어, '서세(逝世)', '이세(離世)', '거세(去世)' 등을 문어에 사용하여 죽은 사람에 대한 존중을 표현한다. 구어에서는 '노(老)'나 '거(去)'자를 사용한다. '사(死)'는 중립적 성격을 지니고 있으며, '사도(死掉)'나 '완단(完蛋)'은 일반적으로 망자를 증오하는 경우에 사용한다.

2.2. 시각화된 한자문화

2.2.1. 표지판이 한자로 된 경우

자(字)

관착항자(寬窄巷子)

청성산(靑城山)

2.2.2. 로고 속의 한자

북경대(北大)

북경사범대(北京師大)

남경대학(南京大學)

복단대(複旦)

2.2.3. 비석, 각석 중의 한자

태산(泰山) 마애석각(摩崖刻石)인 '충이(虫二)'(〈그림 2〉)는 유명한 한자 표지이다.

〈그림 2〉

'풍월(風月)'의 두 글자에서 변방을 제거하면 "虫二"가 되므로, 석각의 의미는 "바람과 달에는 끝이 없다[風月無邊]"는 의미가 된다.

2.2.4. 건축에 사용된 한자(漢字)

중국 건축물에는 바람[望]을 표시하기 위하여 '자(字)' 또는 해당 글자의 해음부호가 사용되는 경우가 종종 있다.

천장지구(天長地久) (오른쪽부터)

홍희(紅囍)

길상여의(吉祥如意)

오복임문(五蝠(福)臨門)

2.2.5. 주요 활동의 로고

2002 베이징올림픽

2010 상하이 엑스포 중국관

2010 상하이 엑스포

2.2.6. 차량 마크

'일기(一汽)'(위의 그림 중 두 번째 줄 오른쪽)는 '기(汽)'자의 '수(氵)'
와 '기(氣)' 두 자의 사이에 '1'을 넣었다.

2.2.7. 연화(年畫: 설날에 붙이는 그림), 전지(剪紙: 종이를 오
려 여러 가지 형상이나 모양을 만드는 종이 공예)

새해 '행복(幸福)'이나 '대길(大吉)'을 바라거나, '재물을 부르고
보물이 들어오기[招財進寶]'나 '날마다 많은 돈이 들어오기[日進鬥
金]'를 바라는 소망을 담는 경우가 그러하다.

복(福)

대길(大吉)

초재진보(招財進寶)

일진투금(日進鬥金)

2.2.8. 방언문화자

중국어의 방언은 복잡하여 '산시(陝西)'의 biangbiang面(〈그림 3〉)처럼 개별 방언마다 각기 다른 한자를 만들기도 한다.

〈그림 3〉

2.2.9. 상품 명칭, 점포 명칭 등(내용 생략)

GOOD

찜닭(땀 흘리는 닭)

2.2.10. 기타 문자를 한자 시스템에 끌어들인 경우

한자와 기타 문자의 결합은 매우 흥미로운 문자 현상을 만들어 내었다.

HSK는 '한어수평고사(漢語水平考試)'의 중국어 발음인 Hànyǔ Shuǐpíng Kǎoshì의 첫 글자를 따 조합한 표현인데, 지구상의 대부분의 사람들은 영어 알파벳의 발음으로 읽고 있다. 「한어병음자모명칭독음대조표(漢語拼音字母名稱讀音對照表)」(1982)의 규정에 따르면 HSK의 정확한 발음은 [xa ɛs k'ɛ(하에스케)]이다.

이렇듯 한자는 우리들의 일반 생활 속에서 다양한 형식으로 존재하며, 그 기능 또한 복잡다단하여 우리들의 문화생활에 매우 큰 영향을 끼치고 있음을 확인할 수 있다.

3. 중국문화 전승으로서 어문교육에서의 『설문해자』 운용

3.1. 어문교육의 특성

어문이란 곧 언어문자를 가리키는 말이다.

　언어문자는 인류의 가장 중요한 교제 도구이자 정보의 매개체로, 인류 문화의 중요한 구성 성분이다. 언어문자의 운용은 생활과 일, 학습 중의 듣기, 말하기, 읽기, 쓰기의 활동과 문화 활동 모두를 포함하여 인류 사회의 각 영역에도 존재하고 있다.[4]

언어와 문자가 지니고 있는 도구적 역할과 인문학적 역할은 분리될 수 없으며, 우리나라의 언어문자의 학습과 응용은 곧 어문교육의 기본적 특징이라고 할 수 있다.

---

4) 『義務教育語文課程標准·前言』 2011年版, 『普通高中語文課程標准·課程性質與基本理念·課程性質』 2017年版.

3.2. 어문 도구의 핵심으로서의 『설문해자』

만일 한자 하나하나를 학습하려고 하면 고대 한어를 학습해야 하며, 개별 한자의 본의와 인신의, 상용의와 단어의 의미 관계 등에 대한 명확한 이해가 필요한데, 그 기초가 『설문해자』이다.

근대 학자인 옌푸(嚴複)는 『천연론(天演論)』에서 외국어 번역의 '신(信)'과 '달(達)', '아(雅)' 세 가지 원칙을 제시한 바 있다.

> 번역의 세 가지 어려움: 信과 達, 雅이다. 그 언어를 정확하게 아는 것 자체가 이미 어려운 일이며, 정확하게 하면서 유려하지 못함은 비록 번역하였으나 번역하지 않음과 같으니 곧 유려함을 추구하여야 한다.[5]

현재 고대 중국어를 현대 중국어로 번역할 때도 이 세 원칙은 여전히 중요한 기준이기 때문에, 어문 교사에게 있어서 언어와 한자에 대한 지식은 가장 기본적인 조건이라고 할 수 있다.

3.2.1. 신(信): 언어에 충실

고문에서 신(信)은 한 글자 혹은 한 단어를 주석할 때 반드시 정확하여 믿을 만하여야 한다는 뜻으로 사용된다.

아래의 "지금의 것으로 옛 것을 탐색함[以今律古]"과 "번역을 통

---

5) 『天演論·譯例言』(商務本)(『嚴複全集·卷一』, 福建教育出版社, 2014, 6262쪽).

해 단어의 의미를 정함"이라는 두 가지 다른 방식에 따른 서로 다른 '신(信)'의 유형을 살펴보고자 한다.

1) 지금의 것으로 옛 것을 탐색하다[以今律古]

① 붕(朋)

學而時習之, 不亦說乎? 有朋自遠方來, 不亦樂乎? 人不知而不慍, 不亦君子乎?

(배우고 때때로 그것을 익히면 또한 즐겁지 아니한가? 친구가 먼 곳에서 찾아와주면, 또한 즐겁지 아니한가? 다른 사람이 알아봐주지 않는데도 성내지 않으면 또한 군자가 아니겠는가?)

—『논어(論語)·학이(學而)』

교재 중에 "有朋自遠方來, 不亦樂乎"의 문장에 대해 주석이 없는 경우, 대부분의 교사들은 '붕(朋)'을 붕우로 '낙(樂)lè'를 yuè로 잘못 읽게 된다.

당대(唐代) 공영달(孔穎達)은 소(疏)에서 "동문을 '붕(朋)'이라 하고, 동지를 '우(友)'라 한다."고 하였다. 따라서 '붕(朋)'은 같은 스승 아래 공부한 사람들끼리 서로 부르는 칭호로, 지금으로 말하자면 동문(同門), 동학(同學)이라고 할 수 있다. 만일 공자가 자신과 같이 공부한 사람들을 칭한다면 당연히 '제자(弟子)' 혹은 '학생(學生)'이라고 하였을 것이다. 따라서 "有朋自遠方來"는 "제자가 먼 지역에서 찾아와 나에게 배움을 청하다"라는 의미로 파악해야 한다.

② 세(世)와 대(代)

自云先世避秦時亂, 率妻子邑人來此絶境, 不復出焉. 遂與外人間隔, 問今是何世, 乃不知有漢, 無論魏晉.

(스스로를 말하길 선조들이 진나라 때의 난리를 피해, 아내와 자식, 마을 사람들을 데리고 세상과 떨어진 이곳에 오게 되었고, 다시는 나가지 않았네. 마침내 바깥사람들과 왕래가 끊어졌다고 하였다. 지금이 무슨 세상이냐고 물었는데, 한나라가 있었음을 알지 못하고 있었는데, 위나라와 진나라를 말할 것도 없었다.)

―도연명(陶淵明), 「도화원기(桃花源記)」

『설문해자·삽부(卅部)』에 "세(世)는 삼십년(三十年)을 일세(一世)로 한다"고 하였으니, '세(世)'의 본의는 삼십년(三十年)이며, 확장되어 '부자가 이음'이라는 뜻을 지니게 되었다. '선세(先世)'는 곧 선조이며, '후세(後世)'는 곧 후세대를 말한다.

그런데 "問今是何世"의 '세(世)'에 대해서는 대부분 주석이 없어 '조대(朝代)'라는 의미로 해석하고 있는데, 이는 잘못이다.

『설문해자·인부(人部)』에 "대(代)는 바뀜(更)이다"고 하였다.

단옥재(段玉裁)는 주석하기를 "경(更)이란 고침(改)이다. 「사상례(士喪禮)」와 「산대기(喪大記)」의 주석과 같다. 대저 이로써 저것을 바꿈을 일러 대(代)라 하고, 다음 순서로 서로 바꿈을 체대(遞代)라

한다. 일반적으로 다른 언어로 서로 바꾸는 것을 대어(代語)라고
한다. '대(代)'를 '세(世)'로 하는 것은, 당대의 피휘에서 비롯되었다.
'세(世)'와 '대(代)'는 뜻이 서로 다르다. 당나라 피휘 중 세(世)를 말한
것은 곧 대종(代宗)이 있어서이다. 명대에 이미 세종(世宗)이 있었고,
대종(代宗)이 있어 그 의미를 잃은 것이다."6)라고 하였다.

따라서 도화원의 사람들이 어부에게 "지금은 (진제국)의 몇 세대
입니까?[今是(秦帝國)多少世]"라고 물은 것은 한(漢)이 이미 진(秦)을
대체하고, 위진(魏晉)이 한(漢)을 대체한 사실을 몰랐기 때문이다.

도연명은 분명 '세(世)'를 '조대(朝代)'로 인식하지 않았을 것이므로,
교과 시간에 상세한 설명이나 이해가 없다면 현재의 것으로 옛 것을 추측하
여 옛 문헌을 오독하게 될 것이다. 도화원(桃花源)은 아름다우니, 아름다
움은 '세(世)'라는 글자를 정확히 이해할 때에 가능할 것이다.7)

③ 박(剝)

茅簷低小, 溪上青青草. 醉裏吳音相媚好, 白髮誰家翁媼? 大兒鋤
豆溪東, 中兒正織雞籠. 最喜小兒亡賴, 溪頭臥剝蓮蓬.

(초가집 처마는 낮고 자그마하고, 시내에는 푸르디푸른 풀들. 취중에

---

6) "更者, 改也. 士喪禮, 喪大記注同. 凡以此易彼謂之代, 次第相易謂之遞代. 凡以異語相
易謂之代語. 假代字爲世字, 起於唐人避諱. 世與代義不同也. 唐諱言世, 故有代宗, 明
旣有世宗, 又有代宗, 斯失之矣."

7) 王建喜,『微課中文·漢字文化·說"世"』.

오 땅 사투리로 주고받는 소리 아름다운데, 백발한 이들은 어느 집 노부부이신가? 큰 아이는 시냇가 동쪽에서 콩을 메고, 둘째는 닭장을 만들고 있네. 가장 기뻐하는 것은 말썽쟁이 막내인데, 시냇가에 누워 연밥 벗기고 있네.)

—송대(宋代)·신기질(辛棄疾), 「청평락(清平樂)·촌거(村居)」

1985년 출판이든 2016년 수정 출판된 「보통화문백이독사심음표(普通話文白異讀詞審音表)」이든 입성자(入聲字) '박(剝)'의 백화발음을 bāo라고, 문언발음을 bō라고 하고 있다. 따라서 많은 교사들이 '박(剝)'자의 발음을 bāo로 잘못 읽고 있다.

고대 한시 중에는 입성자(入聲字)가 존재한다. 특히 원나라 이전의 것들은 「보통화문독사심음표(普通話文白異讀詞審音表)」 중의 문언발음을 따르고 있기 때문에 문언 발음을 이용하지 않고 백화발음으로 낭송하는 것은 잘못이다.

2) 번역을 통해 단어의 의미를 정함

① 간(間)

肉食者謀之, 又何間焉?

(고기 먹는 자들이 도모하였는데, 또한 어찌 상관하는가?)

—『좌전(左傳)·장공10년(莊公十年)』

교재에서는 '간(間)'을 '참여(參與)' 혹은 '참가(參加)'라고 주석하고 있으나, 허지우잉(何九盈)과 지앙사오위(蔣紹愚)는 "置身其間(그 사이 몸을 두다)"이라고 해석하였는데,[8] 두 사람의 해석은 정확하다고 할 수 있다.

『설문해자』에는 '한(閒)'은 있으나 '간(間)'은 없다. 한(閒)과 간(間)은 고금자(古今字) 관계이다.

『설문해자·문부(門部)』에서 "한(閒)은 틈이다. 문(門)에서 따고 월(月)에서 땄다[閒, 隙也. 從門從月]."라고 하였다.

단옥재(段玉裁)가 문장을 고쳐 "한(閒)은 틈이다. 문(門)과 월(月)에서 따왔다[閒, 隙也. 從門月]."라고 하였다.

단옥재는 또한 주석에서 "극(隙)이란 벽의 틈이다. 확장되어 두 변이 만나는 가운데를 모두 극(隙)이라고 말하고, 극(隙)을 한(閒)이라 한다. 한(閒)이란 문이 열리는 중간이라 하고, 틈이 메인 것도 한(閒)이라 한다."[9] 하였다.

단옥재는 '종문월(從門月)'이라 하고, "종문월(從門月)은 회의(會意)이다. 문이 열리고 달빛이 들어오니, 문에 틈이 있으면 달빛이 가히 들어올 수 있으니, 그러한 의미이다."[10]고 하였다.

따라서 '한(閒)'과 '간(間)'의 본의는 틈, 틈의 사이로 명사이다. "肉食者謀之, 又何間焉"에서는 동사로 사용되어, 틈으로 가서 사이

---

8) 何九盈·蔣紹愚, 『古漢語詞彙講話』, 中華書局, 2010, 2쪽.

9) "隙者, 壁際也. 引申之, 凡有兩邊有中者皆謂之隙. 隙謂之閒. 閒者, 門開則中爲際. 凡罅縫皆曰閒."

10) "從門月, 會意也. 門開而月入, 門有縫而月光可入, 皆其意也."

에 붙음으니 해석을 '참여(參與)'라고 한 것은 문장 중의 자의와 상당한 거리가 있다.

② 臨

　東臨碣石, 以觀滄海. 水何澹澹, 山島竦峙. 樹木叢生, 百草豐茂.
(동쪽으로 갈석산을 굽어보며, 푸른 바다를 살피네. 물은 어찌도 출렁이는가, 산과 같은 섬 우뚝 솟아 있네. 나무들은 무리지어 자라나고, 온갖 풀들 무성하구나.)

—조조(曹操), 「푸른 바다 살펴보다(觀滄海)」

이 한시에서 가장 중요한 글자는 '임(臨)'과 '관(觀)'이다. 많은 독해교재에서 '임(臨)'을 '도달(到達)' 혹은 '등상(登上)'으로 해석하고 있는데, 이 두 해석 모두 정확하지 않아 전체 시를 감상하는데 부정적 영향을 미치고 있다.

『설문해자·와부(臥部)』에서는 "임(臨)은 내려다 봄에 임한다이다 [臨, 監臨也]."라고 하였고, 단옥재는 주석에서 "임(臨)은 내려다 봄이다"고 하면서 '임(臨)'자를 삭제하기도 하였다.

『설문해자·명부(皿部)』에서는 "감(監)은 아래로 임함이다[監, 臨下也]."고 하였는데, 이를 근거로『왕력고한어자전(王力古漢語字典)』에서는 "위에 거하면서 아래를 살핀다[居上視下]"라 하였고, 『한어대자전(漢語大字典)』에서는 "잘 살펴보다. 위에 거하면서 아래를 살핀다[察視, 居上視下]"라고 풀이하였다. 곧 이 시에서 '임(臨)'은 '높은 곳에 거처하면서 아래의 것을 굽어 살핀다'는 의미이다.

관(觀)은 『설문해자·견부(見部)』에서 "관(觀)은 자세히 살핀다[觀, 諦視也]."이며, 『설문해자·언부(言部)』에서 "체(諦)는 따짐이다[諦, 審也]."라고 하였고, 『설문해자·면부(宀部)』에서 "심(宷)은 자세히이다. 살핌을 안다는 것이다[宷, 悉也. 知宷諦也]."라 하였으니, '심(宷)'과 '심(審)'은 같다고 할 수 있다.

이런 이유로 『왕력고한어자전(王力古漢語字典)』에서도 '관(觀)'을 "자세히 살피다, 관찰하다, 목적이 있어 바라보다"로, 『한어대자전(漢語大字典)』에서는 "자세히 살피다, 살펴본다"로 풀이한 것이다.

「관창해(觀滄海)」의 제1구 "東臨碣石, 以觀滄海"에서는 위치와 목적을 서로 바꾸었고, 제2구 "水何澹澹, 山島竦峙"에서는 높은 위치에 올라 망망대해와 해상의 섬들을 바라보고 있으며, 제3구 "樹木叢生, 百草豐茂"는 높은 곳에서 바다 곳의 암석에서 나와 산속과 땅위의 나무와 풀, 꽃 등의 시야 속에 들어오는 모든 사물의 멈과 가까움, 움직임과 고요함, 바다와 육지의 대비 등을 모두 살펴볼 수 있음을 말하는 것이다.

③ 릉(淩) – 임(臨)

會當淩絶頂, 一覽衆山小.
(언제가 꼭대기에 올라, 뭇 산들이 작음을 한 번 둘러보리라.)

—두보(杜甫), 「태산을 바라보며(望嶽)」

이 한시는 『중국기본고적고(中國基本古籍庫)』에서 모두 56번 출현하며, 그 중 '릉(淩)'은 52회, '임(臨)'은 4회 등장한다.

『설문해자·육부(夊部)』에서 "朕은 뛰어남이다. 夊을 따르고 朕 소리이다. 『시경(詩經)』에 "納於朕陰."이라 하였으니, 릉(淩)은 朕 혹은 릉(夌)을 따른 것이다."[11] 하였다.

『설문해자』와 그 이후의 문헌에서 '릉(淩)'에는 '높은 곳에 오르다'라는 의미가 없다.

『한어대자전』 327쪽 '릉(淩)'의 의미항을 보면 "③ 攀登; 升"이라 하여, 인용한 2개 예문은 『관자(管子)·병법(兵法)』의 "淩山阬, 不待鉤梯; 曆水谷, 不須舟楫(산 언덕을 넘는데, 갈고리와 사다리를 기다리지 않고, 골짜기를 지나는 데 배와 노가 필요치 않다)"와 두보(杜甫)의 『망악(望嶽)』 중 "會當淩絕頂, 一覽衆山小."이다.

『관자(管子)·병법(兵法)』 중의 '릉(淩)'의 의미는 '월(越)'로, '력(曆)'이라는 글자와 대구를 만든 것으로, 그 의미는 지나감이다. 예로 든 두보의 시 또한 증거가 되지 못한다.

'릉(淩)'과 '임(臨)'의 발음에서 볼 때, 두 글자의 차이는 매우 크다. '임(臨)'의 폐구(閉口)운은 -m이며, '릉(淩)'은 -ng이다. 2글자의 음과 의의 관계를 따져본다면 다음 구인 "一覽衆山小"에 따라 '릉(淩)'이 '임(臨)'을 잘못 쓴 것임을 알 수 있다.

---

11) "朕, 夊出也. 從夊, 朕聲. 詩曰, 納于朕陰. 淩, 朕或從夌."

3.2.2. 달(達): 통달(通達), 창달(暢達), 통창(通暢)

'달(達)'은 '정확한 의미 전달'이라는 기초 위에서 어휘의 의미를 정확하게 해석하고 어휘의 용법을 정확하게 결합시켜, 해당 어휘를 짧은 문장 중에 임시로 사용하는 것으로, 문맥에 따라 어휘의 의미를 풀이하는 것을 말한다.

『좌전(左傳)·장공10년(莊公十年)·장균지전(長勺之戰)』 중 3번 출현한 '고(鼓)'를 예로 들 수 있다.

> 公與之乘, 戰於長勺. 公將鼓之.
> (공이 그와 더불어 수레에 타고, 장작에서 전쟁하니, 공이 북을 치려 하였다.)

'고(鼓)'의 각주에는 "북을 치며 군사가 나아간다. 고대에는 전쟁을 할 때, 북을 치며 군대가 앞으로 나아가게 명령한다. 아래에 '삼고(三鼓)'라고 한 것은 세 번 북을 치면 군대에게 출격한 것을 명령한 것이다"라고 하였다.

허지우잉(何九盈) 선생은 북은 고대 전쟁 중에서 군대가 진공할 때 지휘하는 도구이며, "북을 치는 사람은 전쟁 중 가장 높은 지휘자"라고 하였다. 따라서 "公將鼓之" 속의 '고(鼓)'는 동사이며, "爲 ……擊鼓" 중 '지(之)'는 '노군(魯軍)'이다.[12] 곧 이 문장의 의미는

---

12) 何九盈, 『古漢語叢稿·詞義雜辨·鼓之』, 商務印書館, 2016, 360~365쪽.

노장공(魯莊公)이 노나라 군대를 위하여 북을 침(진공의 신호를 내림)이다.

그런데 "齊人三鼓"의 '고(鼓)'의 어휘 의미와 용법은 위의 예와 달리 대명사 '之'를 말한다. 전체 구의 의미는 제후(齊侯)가 3차례(제나라 군대를 위하여)북을 치다(發出진공의 신호를 내림)이다.

마지막으로 "夫戰, 勇氣也. 一鼓作氣, 再而衰, 三而竭(무릇 전쟁이란 용기에 달려 있으니, 한 번 북을 울리면 사기가 진작되고, 재차 울리면 쇠하고, 세 번 울리면 다한다.)"라는 예문을 들 수 있다. 고대한어교육 중 동빈구조의 단문 중 서술어 중심의 의미를 교육한다는 것은 빈어가 무엇으로 변화하였으며, 빈어로 하여금 무엇을 어떻게 얻었는가 혹은 빈어로 하여금 서술어의 중심 동사로 어떻게 작용하게 하였는가를 알려주는 것이다. 이와 같은 품사 활용 현상은 일반적으로 사동용법이라고 부르며, '작(作)', '쇠(衰)', '갈(竭)' 등이 모두 사동 용법에 사용되는 한자이다.

우리는 어휘의 종류, 어휘 의미, 어휘의 용범 등에 따라 "一鼓作氣, 再而衰, 三而竭"라는 문장을 아래 표와 같이 분석할 수 있다.

"一鼓作氣"에서 '고(鼓)' 앞에 생략한 빈어 '지(之)'를 잇고 있기 때문에, 다음과 같은 작은 괄호로 표시할 수 있다.

사류(詞類)	수사(數詞)	동사(動詞)	생략	동사(動詞)	명사(名詞)
사서(詞序)	一	鼓	(之)	作	氣
사의(詞義)	第一次	擊鼓	(指代齊軍)	興起·起來	士氣
단어의(短語義)		爲齊軍擊鼓		使士氣起來	
번역(翻譯)	第一次	(爲齊軍)擊鼓	(會)	振作士氣	

'작(作)'의 본의는 사람이 일어서는 것, 몸을 일으킴이다. 『설문해자(說文解字)·인부(人部)』에서 "작(作)은 일어남이다." 하였고, 『설문해자(說文解字)·주부(走部)』에 "기(起)는 능히 섬이다."라고 하였다. 여기서 확장되어 일어남의 의미가 되었다. 동사로 사용되지 않은 '작(作)'의 경우 사동 용법으로 사용되어, '~로 하여금 일어나게 하다'의 의미가 된다. 즉 '작기(作氣)'의 의미는 사기가 일어나게 한다이다. 그러므로 현대 한어로 번역할 때 "使士氣起來"는 매끄럽지 않으니 "振作士氣"라고 해야 한다.

"一鼓作氣"의 번역은 '신(信)'이라는 조건에는 부합하지만, 매 단어는 대응하는 고문이 있으며, 또한 "使士氣起來"은 "振作士氣"의 대응관계이다. 현대 한어의 표현 방법에 따라 번역어를 선택하여 '달(達)'의 요구에 맞도록 하였다.

"再而衰"라는 구는 "一鼓作氣"에서 생략한 '고(鼓)', '기(氣)'를 잇고 있다.

사류(詞類)	수사(數詞)	동사(動詞)	생략	연결(連詞)	동사(動詞)	명사(名詞)
사서(詞序)	再	(鼓)	(之)	而	衰	(氣)
사의(詞義)	第二次	(擊鼓)	(指代齊軍)	就	衰退	(士氣)
단어의 (短語義)		(爲齊軍擊鼓)		就	使(士氣)衰退	
번역(翻譯)	第二次	(爲齊軍擊鼓)		就	降低(士氣)	

'衰(氣)'는 "使(士氣)衰退"로 번역하여 '신(信)'의 원칙에 부합하면서 '통달(通達)'하였고, 번역된 "降低(士氣)" 의미 또한 원문과 다르

지 않다.

"三而竭"은 앞에서 생략한 '고(鼓)'와 '기(氣)'를 잇고 있다.

사류(詞類)	수사(數詞)	동사(動詞)	생략	연사(連詞)	동사(動詞)	명사(名詞)
사서(詞序)	三	(鼓)	(之)	而	竭	(氣)
사의(詞義)	第三次	(擊鼓)	(指代齊軍)	就	盡, 窮; 窮盡	(士氣)
단어의 (短語義)		(爲齊軍擊鼓)		就	使(士氣)窮盡	
번역(翻譯)	第三次	(爲齊軍擊鼓)		就	耗盡(士氣)	

'竭(氣)'를 "使(士氣)窮盡"라고 번역한 것은 '신(信)'에는 적합하면서 '통달(通達)'하였고, "耗盡(士氣)"이라고 번역한 것은 의미에 있어 또한 원문과 다르지 않다.

"一鼓作氣, 再而衰, 三而竭"이라는 작은 세 개의 구를 가진 문장 번역에 있어 매 한 글자나 단어의 번역은 고문에 충실하여 '신(信)' 을 지켰으며, 매 구마다의 번역 또한 매끄럽다고 할 수 있다.

그러나 세 개의 구가 각기 하나의 숫자를 사용하여 구분하였으 므로, 표현할 때에는 제나라 군대의 사기가 북을 치기 시작하면서 다할 때까지 계속하여 변화가 있었음에도 주의해야 한다. 이렇듯 전체 맥락을 고려하여 번역할 때 고문의 본의에 적합하고, '달(達)' 이란 표준에도 적합하게 된다.

성어인 "一鼓作氣", "再衰三竭"은 이 말에서 나온 것이다. 따라서 공구서에서의 풀이 또한 '신(信)'과 '달(達)'의 원칙을 지켜야 한다.

【一鼓作氣】左傳莊十年："夫戰，勇氣也。一鼓作氣，再而衰，三而竭。"古代作戰，擊鼓進軍。擂第一通鼓時，士氣最盛。後比喩趁銳氣旺盛的時候，一舉成事。舊唐書一九五迴紇傳："奮其智謀，討彼凶逆，一鼓作氣，萬里摧鋒。"

【再衰三竭】形容士氣越來越低落，不能再振作。左傳莊十年："夫戰，勇氣也；一鼓作氣，再而衰，三而竭。"藝文類聚七四晉蔡洪圍碁賦："再衰三竭，銳氣已朽；登軾望軼，其亂可取也。"

위의 그림은 『사원(辭源)』(2016)의 해석이다.

【一鼓作气】yīgǔ-zuòqì 《左传·庄公十年》："夫战，勇气也。一鼓作气，再而衰，三而竭。"意思是打仗靠勇气，擂一通鼓，勇气振作起来了，两通鼓，勇气就衰退了，三通鼓，勇气就没有了。后来用"一鼓作气"指趁劲头大的时候抓紧做，一下子把事情完成。

年》："一鼓作气，再而衰，三而竭。"形容士气逐渐低落，不能再振作。

위의 그림은 『현대한어사전(現代漢語詞典)』(第6版, 2012)의 해석이다.

3.2.3. 아(雅): 전아(典雅), 아치(雅致), 우아(優美)

고문 번역 중 '아(雅)'는 최고의 경지로 고문 해석에 충실하고 어법의 특성을 잘 갖추었을 뿐 아니라 함의와 어구의 특성과 맛 그리고 그 미학성까지 모두 갖춘 것을 말한다.

秋水時至, 百川灌河. 涇流之大, 兩涘渚崖之間不辯牛馬.

(가을비가 제때에 내리니, 온갖 냇물이 황하로 흘러든다. 물줄기가 커져, 양쪽 언덕과 모래톱 사이 말과 소를 구분할 수 없다.)

—『장자(莊子)·외편(外篇)·추수(秋水)』

위 문장의 핵심어는 추(秋), 수(水), 시(時), 지(至), 천(川), 관(灌), 하(河), 사(涘), 저(渚), 애(崖), 변(辯)이다. 이를 제대로 해석하기 위해서는 '신(信)'의 기초가 있어야 한다.

'추(秋)'는 가을 절기를 말한다. 『설문해자·화부(禾部)』에서 "추(秋)는 벼와 곡식이 익음이다[秋, 禾穀孰也]"고 하였고, 단옥재(段玉裁) 주석에는 "그때에는 만물이 모두 늙는데, 벼와 곡식만큼 귀한 것이 없으니, 그러므로 화(禾)를 따랐다. 벼를 얘기하며 다시 곡(穀)을 얘기한 것은 모든 곡식을 갖추어 말하기 위함이다. 『예기(禮記)』에 '서쪽은 가을이다'라고 하였다."는 기록이 있다.[13]

여기서 '수(水)'의 의미는 매우 모호하여 일반적인 독해서는 풀이하지 못한다. '추수(秋水)'를 가을의 홍수라고 번역하는데 이는 잘못이다.

『설문해자·수부(水部)』 중 "수(水)는 고르다이다. 북쪽 지방으로

---

13) "其時萬物皆老, 而莫貴于禾穀, 故從禾. 言禾復言穀者, 晐百穀也. 禮記曰, 西方者秋."

흐름은, 모든 물이 함께 흐름과 같으니, 가운데에 작은 해의 기운이 있다."14)고 하였다.

곧 "추수(秋水)"는 실질적으로 가을에 불어오는 기운으로, 이러한 기운은 하늘 위에서 응결되어 물로 떨어지고, 낙하하여 비가 되고, 땅에 떨어져 모여 물로 흐름이 되며, 작은 물의 흐름이 모여 큰 물의 흐름이 되고, 가장 큰 물의 흐름이 북쪽 지방으로 흘러가 하(河)가 되고, 남방으로 흘러 강(江)이 된다. '추수(秋水)'란 가을에 내리는 비를 말하니 곧 하늘의 기운이며, 떨어지는 중에 빗물이 되고 땅에 흘러들어 계(溪)와 수(水), 천(川), 하(河)가 되는 것을 통칭한 것이다.

『설문해자』와 단옥재(段玉裁)『설문해자주(說文解字注)』의 내용을 종합하면, 각 단어의 의미는 아래와 같다.

時: 계절; 계절에 따름.
至: 아래로 내리다; 내려오다, 오다.
　　명사 '水'는 현대 한어의 水汽나 雨, 雪, 水流, 河水, 洪水로 대응할 수 있고, '秋'의 '水'는 계절에 따라 '흘러내림'이 되어 기운이 응결된 빗물이 된다.
川: 작은 줄기; 큰 물이 흐름.
灌: 하류의 명칭; 관주(灌注).
涇: 하류의 명칭; 통하다, 크다.

---

14) "水, 準也. 北方之行. 象衆水并流, 中有微陽之氣也."

涘: 물기슭, 강가의 높은 언덕.

兩涘: 여기서는 황하 양쪽의 높은 언덕(둑)을 말함.

渚: 하류의 명칭;『이아(爾雅)·석수(釋水)』에서는 "渚는 小洲이다".『설문해자·천부(川部)』의 단옥재(段玉裁) 주에는 "물 가운데 있을 만한 곳을 주(州)라고 한다. …… 세간에서는 주(洲)라고 한다[水中可尻者 曰州. …… 俗作洲]."라고 하였다.

崖: 높은 측면.

辯: '辨'과 같다. 辯은 통가자(通假字)이며, 辨은 본자(本字)이다. 본자 '辨'의 음과 의미에 따라 '辯'를 풀이해야 한다.

아래 문장은 다음과 같이 번역할 수 있다.

(1) 秋水時至, 百川灌河. 秋季的雨水按照季節來到, 百條大水流灌 注黃河,

(2) 涇流之大, 兩涘渚崖之間不辯牛馬.

번역문1: 大水流的寬大, (黃河)兩邊、渚的兩邊到兩邊的高崖之間不 能辨別牛、馬。

큰 물줄기의 넓이, (황하) 양변, 저의 양쪽에서 양쪽의 높은 절벽 사이로 소, 말을 구별할 수 없다.

번역문2: 大水流寬大, (黃河)兩岸之間不能辨別牛、馬。

큰 물줄기가 넓어 (황하) 양쪽 언덕 사이에 소, 말을 구별할 수 없다.

'양사(兩涘)'와 '저애(渚崖)'의 두 단어는 각기 다른 각도에서 황화의 양쪽 언덕을 지칭한 것으로, 이러한 표현법은 고문의 수사법 중 동의어휘를 연용하여 표현에 변화를 주거나 느낌을 강조 혹은 증가시키는 역할을 하는 것이다.

'번역문 1'은 '신(信)'과 '달(達)'에 따라 직역한 것으로 옛날과 지금의 어휘 의미를 정확하게 파악하고, 용법의 차이를 인식하게 해주나, 현대 중국어의 습관과는 일치하지 않는다. 반면 번역문 2는 번역문 1에 비해 현대 중국어의 표현에 가까우나, 고문의 동의어휘 연용현상을 표현하지 못한다.

故人西辭黃鶴樓,　옛 벗 서쪽 황학루에서 하직하고는

煙花三月下揚州.　아지랑이 꽃 피는 봄날 삼월 양주로 내려가네.

孤帆遠影碧空盡,　외로운 배 먼 그림자 푸른 하늘 끝에서 사라지니,

唯見長江天際流.　오직 저 하늘까지 흐르는 장강만이 보일 뿐.

　—이백(李白), 「황학루에서 광릉으로 가는 맹호연을 전공하며[黃鶴樓送孟浩然之廣陵]」

이 시구는 맹호연(孟浩然)이 이백(李白)에게 이별을 고하는 장면으로, 시간은 계춘(季春) 3월이며, 장소는 양자강 황학루(黃鶴樓) 곁을 지나는 배 위에서이며, 목적지는 양자강 하류의 광릉(지금의 양저우)이다.

중국의 지세(땅 모양)는 서쪽이 높고 동쪽이 낮아, 강은 높은 쪽인 서로부터 낮은 쪽인 동으로 흐르니, 양자강 황학루에서 출발한 배가 양주로 가는 것은 당연히 '下揚州'이다.

다음 구에서 이백은 맹호연에게 이별을 고하면서 친구가 멀리 떠나감을 주시하고, 친구가 보이지 않자 돛대가 사라짐을 보고서는, 친구의 배가 하늘 끝으로 사라져 보이지 않음을 표현하였다. 마지막으로 하늘 끝으로 강물이 흘러 들어감을 볼 수 있을 뿐이었다. 이백 또한 맹호연과 헤어질 수 없었던 것이다.

渭城朝雨浥輕塵,　위성의 아침 비에 가벼운 먼지 덜어지고,
客舍青青柳色新.　객사의 푸르고 푸른 버드나무 빛 새롭네.
勸君更盡一杯酒,　다시 술 한 잔 비우라 그대에게 권하노니,
西出陽關無故人.　서쪽으로 양관을 나서면 친구 없을 테니.
　―왕유(王維), 「위성의 노래(渭城曲) 안서로 사신가는 원씨를 전송하며[送元二使安西]」

'조(朝)', '읍(浥)', '경(輕)' 세 글자는 왕유(王維)와 원씨의 깊은 정을 표현해 준다.

『설문해자·주부(舟部)』에서 "조(朝)는 아침이다."고 하였는데, '단(旦)'은 태양이 땅 위에서 막 올라오는 모양을 본 뜻 것이다. '조우(朝雨)'의 의미는 바로 새벽 아침에 내리는 비이며, '읍(浥)'의 의미는 촉촉하게 젖어 있음이며, '경진(輕塵)'은 티끌과 흙이 적음이다.

"渭城朝雨浥輕塵"의 글자 그대로의 의미는 아침 일찍 내린 비가 길 위의 적은 티끌과 흙을 적셨다의 의미이지만, 함의는 작가가 친구를 송별하는 새벽에 길 위에 다니는 사람들과 말이 적었기 때문에 바람이 적게 일어나 흙과 먼지가 적었다라는 의미이다.

4. 결론

우리의 일상생활과 일에서 중국어, 한자를 떠날 수 없다. 어문교육에서 또한 중국어와 한자를 떠날 수 없으며, 중국 고대와 관련된 연구와 학습 모두 중국어와 한자, 그리고 『설문해자』를 떠날 수 없다.

고전과 역사, 고문화를 연구하기 위해서 문자에 정통해야 한다. 『설문해자』는 문자학의 고전일 뿐 아니라 모든 고전의 공구서이자 길이다.[15]

위의 언급에서뿐만 아니라 허지우잉(何九盈) 선생 역시 『중국의 문화는 곧 한자의 문화이다[中國的文化, 就是漢字的文化]』를 통해 한자 문화는 비단 문자의 영역을 넘어 중국의 문화임을 설파한 바 있는데, 관련한 내용은 해당 문헌을 참고하기를 바란다. 마지막으로 지금까지 논의한 한자문화의 층위에 대한 연구는 다음의 표로 정리할 수 있을 것이다.

층(層)	급(級)	내용(內容)	작용(作用)
상층(上層)	제3급	생활 속 한자 문화[生活中的漢字文化]	꽃봉우리
	제2급	어문교육에서의 『설문해자(說文解字)』 활용	교량
	제1급	『설문해자(說文解字)』	기초
저층(底層)		중국의 문화는 곧 한자문화	뿌리

15) 『朱自清古典文學論文集·經典常談·說文解字第一』, 上海古籍出版社, 1981, 602쪽.

『생사장生死場』에 나타난
차유법의 한국어 번역전략 연구*

양레이(楊磊), 장하오난(張浩楠)

1. 서론

비유법은 독자가 잘 알지 못하는 것을 보다 쉽게 이해시키거나, 작가의 감정이나 기분을 독자에게 그대로 전달하기 위해 어떤 사물을 다른 사물에 빗대어 표현하는 기법이다. 문학 작품에는 빠질 수 없는 수사법이라고 할 수도 있다. 『생사장(生死場)』은 1930년대 하얼빈 근교 소작농들이 모여 사는 작은 마을의 사람들이 항일투쟁

* 본 논문은 단국대학교 일본연구소 HK+ 연구팀의 국제학술대회(2018년 10월 27일)에서 발표한 양레이(楊磊) 「박완서 소설의 중국어 번역 중 '자국화전략' 연구」와 함께 자국화와 이국화의 관점에서 문학 작품의 번역 양상을 고찰한 일련의 연구 성과이기에 본 총서에 수록함을 밝힌다.
양레이(楊磊): 북경제2외국어대학교 한국어학과 부교수.
장하오난(張浩楠): 북경제2외국어대학교 한국어학과 한중 통역전공 대학원생.

을 벌이기 전후의 상황을 그린 단편소설이다. 소설에는 비유법이 자주 사용되고 있음을 살펴볼 수 있는데 이렇게 많은 비유법을 사용하면 소설의 인물이 더욱 생동해지고 분위기도 살릴 수 있으며 독자의 이해에도 도움이 된다는 다양한 장점들이 있다. 본고에서는 이런 비유법들이 한국어 역본에서 어떻게 번역되었는지, 그리고 역자가 어떤 번역 방법을 통해 위의 효과를 제대로 살렸는지를 살펴보고자 한다. 『생사장』은 지금껏 한국에서 두 명의 역자에 의해 번역이 이루어졌으며, 총 4판의 역본이 출간되었다. 다만, 역자의 주체성과 역자가 처한 역사적 한계로 인한 번역의 다양성을 확인할 수 있는바, 본고에서는 이에 대한 연구를 함께 진행하고자 한다.

2. 샤오훙의 『생사장』과 4종의 역본

본 장에서는 두 부분으로 나누어 『생사장』의 작가인 샤오훙(蕭紅)과 그녀의 작품들에 대한 연구 성과를 정리하고, 모두 2명의 번역자에 의해 이루어진 네 가지 번역 판본에 대해 소개하고자 한다.

2.1. 샤오훙과 『생사장』

1911년 헤이룽장성 하얼빈(哈爾濱)시 후란(呼蘭)현에서 태어난 샤오훙은 1927년 고향에 있는 학교에서 수학하였고, 5·4운동의 영향이 남아 있던 속에서 중국의 문학 작품과 타국의 문학 작품을 익혔다. 1933년부터 본격적으로 문학가로서의 삶을 시작하였고, 이 무렵에 중화민국의 소설가이자, 개화 사상가인 루쉰을 만나 그에게 큰 영향을 받았다. 1936년에 일본 도쿄로 유학하였다가, 중국 산시성 시안시에 정착하였다. 1940년에 동료 소설가인 돤무훙량과 결혼하면서, 당시에는 영국령이었던 홍콩에 정착하였다. 그러나 이내 중일전쟁의 여파가 홍콩까지 미쳤고, 결국 1942년에 전쟁의 혼란 속에서 홍콩의 세인트스티븐스 여자 중학교에서 사망하였다.

『생사장』은 삶에 대한 굳고 강한 의지와 죽음에 대한 몸부림을 담은 샤오훙의 단편소설이다. 이 책은 1930년대 하얼빈 근교 소작농들이 모여 사는 작은 마을의 사람들이 항일투쟁을 벌이기 전후의 상황을 그린 단편소설이다. 샤오훙의 성공작이자 대표작인 『생사장』은 루쉰 선생님의 극찬도 받았다.

한국 국회도서관, 국립중앙도서관, 서울대학교 도서관, 고려대학교 도서관, 연세대학교 도서관 등 데이터베이스에서 '샤오훙', '샤오훙', '소홍', '샤오훵' 등 키워드를 입력하고 검색하면 지금까지 한국에서 이미 출판된 샤오훙 작품의 역본을 확인할 수 있는데, 이는 아래의 〈표 1〉과 같다.

〈표 1〉 한국에서 출판된 샤오훙 작품 역본

연도	책 이름	역자	원작	출판사
1989	팔월의 향촌/ 샤오쥔 저; 서의영 옮김. 삶과 죽음의 자리	원종례	삶과 죽음의 자리	中央日報社
2000	중국현대산문론: 1949~1996	김혜준	정신적 세계의 동경, 아름다운 인생의 추구	범우사

연도	책 이름	역자	원작	출판사
2006	호란하 이야기	원종례	호란하 이야기	글누림
2006	생사의 마당	원종례	생사의 마당	글누림
2007	중국현대 여성작가 작품선	김은희 최은정	다리 손	어문학사
2007	후란강 이야기	박종숙	후란강 이야기	신성출판사
2011	생사의 장	이현정	생사의 장	시공사
2014	호란하 이야기	원종례	호란하 이야기	글누림
2014	생사의 마당	원종례	생사의 마당	글누림
2016	시간에 무감각한 두 남자: 중국대표단편문학선	조성환	손	써네스트
2016	1930년대 중국여성소설 명작선 2	김은희 최은정	왕씨 아주머니의 죽음 우마차에서 다리 손	어문학사
2017	현대 동아시아 문학의 이해	김재용 신민영	작은 도시의 3월 루쉰 선생님을 그리며	글누림

〈표 1〉을 살펴보면 샤오훙의 작품이 1989년부터 한국에서 번역되었다는 것을 알 수 있다. 그리고 지금까지 약 30년 동안 샤오훙의 작품 9편이 이미 번역되고 출판되었다. 작품 9편이 출판된 횟수는 아래와 같다.

〈표 2〉 샤오훙의 작품 출판 횟수

원작	번역작	횟수
生死场	삶과 죽음의 자리/생사의 마당/생사의 장	4
呼兰河传	호란하 이야/후란강 이야기	3
手	손	3
桥	다리	2
王阿嫂的死	왕씨 아주머니의 죽음	1
牛车上	우마차에서	1

원작	번역작	횟수
小城三月	작은 도시의 3월	1
回忆鲁迅先生	루쉰 선생님을 그리며	1
永久的憧憬和追求	정신적 세계의 동경, 아름다운 인생의 추구	1

『생사장』은 샤오훙의 작품 중 한국에서 번역된 최초의 작품이다. 『생사장』은 국내에 모두 4종의 번역서가 존재하는데, 이를 통해 『생사장』을 비롯한 샤오훙의 모든 작품들은 한국 독자들은 물론이고 많은 연구자들에게도 관심의 대상이 되었음을 짐작할 수 있다.

2.2. 『생사장』과 4종의 역본

앞서 샤오훙과 그녀의 작품 『생사장』에 대해 간략하게 언급하였는바, 본 절에서는 한국에서 이루어진 『생사장』에 대한 역본들에 대해 소개하고자 한다.

『생사장』 모든 역본의 정보를 정리하면, 아래의 〈표 3〉과 같다.

〈표 3〉 『生死場』의 각 역본

역자	역본 제목	발행 연도
원종례	삶과 죽음의 자리	1989
	생사의 마당	2006
	생사의 마당	2014
이현정	생사의 장	2011

2.2.1. 원종례의 3종의 역본

역자 원종례는 1953년 전라북도 진안에서 출생하였고, 서울대학교 중어중문과 학사, 한국방송통신대학 국어국문과 학사, 국립대만중문연구소 석사, 서울대학교 대학원 중어중문과 박사 등 학위를 취득하였다. 현재 가톨릭대학교 중어중문학과 명예교수로 재직하고 있다. 그리고 한국-중국문학이론학회 회장, 한국중어중문학회 부회장·한국 중국문학이론학회 부회장을 역임하였다. 원종례 교수는 다수의 중국 문학 작품에 대한 번역을 진행하였는데, 중국 고대의 시가인 『양만리시선(楊萬裏詩選)』은 물론이고, 특히 샤오훙의 소설 『호란하 이야기[呼蘭河傳]』, 『생사의 마당[生死場]』을 번역하였으며, 이후 해당 소설들에 대한 번역을 수정하여 재출판하기도 하였다.

원종례 교수의 『생사장』 번역은 1989년 『삶과 죽음의 자리』라는 제목으로 초판되었고, 2006년 『생사의 마당』이라는 제목의 수정판이 출간되었으며,[1] 2014년 같은 제목으로 재판되었다.

이 3종의 번역서를 비교해 보면, 2006년 판과 2014년 판은 내용상 거의 일치하는데, 1989년에 비해서는 수정된 내용들이 많다. 특히 인명이나 지명 물론이고 역문에 나타난 어휘, 문법도 달라졌음을 확인할 수 있다. 그래서 이 3종의 역문을 통해 보면 15년 동안 문학 번역의 변화 과정 등을 엿볼 수 있다. 다만, 본고에서는 차유

---

1) 원종례, 『생사의 마당』, 글누림, 2006.

법을 활용한 번역 양상만을 연구의 대상으로 삼고 있기 때문에 번역의 양상이 유사한 2006년본과 2014년본의 비교 분석은 진행하지 않기로 한다.

2.2.2. 이현정의 역본

역자 이현정은 서울대학교 중어중문학과를 졸업하고, 동 대학원에서 문학 석사를, 시카고 대학교에서 박사 학위를 받았다. 시카고 대학교 및 서울대학교에서 강사로 활동했으며, 「만주에서 민족을 다시 상상하기: 만보산 사건(1931)에 관한 중국과 한국의 담론에서의 농민 집단의 형상화」, 「샤오훙의 『생사의 장』에 묘사된 농민의 항일투쟁에 대한 재검토」 등 다수의 논문을 발표했다. 현재 서울시립대학교 중국어문화학과 교수로 재직하고 있다. 이현정 교수의 이력을 살펴보면 중국의 문학뿐만 아니라 역사학 관련 연구도 진행한 바 있는데, 이는 샤오훙 소설의 번역에 큰 도움이 되었을 것이라 사료된다.

이현정 교수는 시카고대학교에서 박사 학위를 취득한 때문인지. 『생사장』 번역 시, 영어판(『The Field of Life and Death』, Howard Goldblatt 번역, Cheng&Tsui 발행)을 참고하였음을 밝히고 있다.[2] 이는 역본에서도 그대로 드러나는데, 이에 대해서는 다음 장에서 구체적으로 논의하고자 한다.

---

2) 이현정, 『생사의 장』, 시공사, 2011.

3. 차유법의 번역 양상 고찰과 번역전략 선택 원인 분석

천왕다오(陳望道) 선생[3]의 『수사학발범(修辭學發凡)』에 따르면 비유법은 직유(明喩), 암유(暗喩)와 차유(借喩) 3가지로 나눌 수 있다. 차유법은 비유하고자 하는 본체와 비유어는 존재하지 않고 비유의 대상만이 드러나 있는 수사법의 일종으로, 추상적인 관념을 표현할 때 사용할 뿐만 아니라 예술성을 갖추고 있기 때문에 차원이 높은 문학 수사 방법의 하나로 꼽힌다. 이러한 고급스러운 표현을 통해 샤오훙이 도대체 어떤 사상을 전달하려 했는지, 그리고 이 의도가 역본에서 어떻게 번역되었는지 역시 주목해야 할 점이라고 생각한다. 이에 본 장에서는 역자가 이런 의도를 한국 독자들로 하여금 쉽게 이해하고 받아들이기 위해 어떤 노력을 했는지, 나아가 어떤 번역전략을 선택했는지도 구체적으로 살펴볼 것이다.

3.1. 차유법의 번역 양상

앞서 언급하였듯 『생사장』의 번역은 두 명의 역자에 의해서 이루어졌는데, 원종례의 경우 2종의 수정본을 출판하였기 때문에, 이를 통해 번역 과정에서 이루어진 역자의 주체성은 물론이고 시대의 흐름에 따른 번역의 변화 양상을 고찰할 수 있을 것이라 판단된다. 이에 본 연구에서는 자국화와 이국화 이론의 관점에서 중국

---

3) 陳望道(1891.01.18~1977.10.29): 중국의 유명한 교육자, 언어학자.

문학 작품의 차유법 관련 번역 전략을 고찰하고자 하는데, 이는 나아가 문학 작품의 번역 시 차유법 관련 최적의 번역 전략을 모색하는데 기여할 수 있다는 점에서 유의미하다고 할 것이다.

다음으로 구체적인 예문을 통해 차유법의 번역 양상을 살펴볼 것이다.

예문 2.1

원문: 闪光相连起来, **能言的幽灵默默坐在闪光中**。(『生死场』, 7쪽)

역문: 계속해서 몇 줄기 번갯불이 번뜩였다. **말하는 유령 같은 왕씨 아주머니는 묵묵히 번갯불 속에 앉아 있었다.** (『삶과 죽음의 자리』, 1989, 182쪽)

역문: 번갯불이 계속해서 번쩍인다. **왕씨 아주머니는 말하는 유령처럼 묵묵히 번갯불 속에 앉아 있다.** (『생사의 마당』, 2014, 26쪽)

역문: 번갯불이 연달아 번쩍이자, **입담 좋은 유령은 묵묵히 섬광 속에 앉아 있었다.** (『생사의 장』, 2011, 25쪽)

예문 2.2

원문: **母熊带着草类进洞**。(『生死场』, 3쪽)

역문: **밀짚을 한 아름 안고 걷는 그녀의 모습은 암콤이 풀을 안고 동굴 속으로 들어가는 것 같았다.** (『삶과 죽음의 자리』, 1989, 177쪽)

역문: **밀짚을 한 아름 안고 걷는 그녀의 모습은 암곰이 풀을 안고 동굴 속으로 들어가는 것 같다.** (『생사의 마당』, 2014, 15쪽)

역문: **어미 곰이 짚을 안고 굴속으로 들어간다.** (『생사의 장』, 2011, 17쪽)

예문 2.1과 2.2에서는 같은 유형의 첨역법을 사용하였다. 차유는 비유 본체와 비유어가 없기 때문에 역문에서 추가된 상황이 보다 많은 편이다.

『생사장』에 나타난 비유법을 통해 다층의 여성의식[多重女性觀]은 충분히 표현되었다.4) 샤오훙은 당시 중국의 대표적인 여성주의 작가로서 여성들의 생명과 생존에 관심을 두었다. 『생사장』에 나타난 비유법의 대부분은 시골에서 사는 가난한 여성들에 집중되었다. 샤오훙은 비유법이라는 수사법을 통해 중국의 비극적인 여성에 대한 배려와 분노를 비롯한 다양한 감정을 표현하고자 하였다. 이 두 예문은 바로 왕씨 아주머니가 자신의 비참한 경험을 말하는 장면을 묘사한 것이다. 원문에는 '왕씨 아주머니'가 나타나지 않지만 원종례의 역문에는 모두 추가되었다. 반면에 이현정은 모두 직역법을 사용하였다. 사실 독자들은 이 문장을 읽을 때 '유령'과 '암곰/어미 곰'이 왕씨 아주머니를 묘사하는 것을 충분히 알 수 있다. 그래서 원문대로 '왕씨 아주머니'/'그녀의 모습'이라는 주어를 생략해도 충분히 이해할 수 있을 뿐만 아니라 문구의 형식도 훨씬 간결해진다.

예문 2.3

원문: 全个田间, 一个大火球在那里滚转。(『生死场』, 51쪽)

역문: 온 들녘에 카다란 불덩이가 구르고 있는 듯한 더워졌다. (『삶과 죽음

---

4) 李文贤, 「个性与悲情的咏叹调: 萧红≪生死场≫中的比喻艺术」, 『沈阳大学学报』, 2018年 第8期.

의 자리』, 1989, 234쪽)

역문: 온 들녘에 카다란 불덩이가 구르고 있는 듯 덥다. (『생사의 마당』,
2014, 121쪽)

이현정의 역문: 온 들에 거대한 불덩이가 굴러다니는 것 같았다. (『생사의
장』, 2011, 111쪽)

이 예문을 살펴보면 비유 본체는 물론이고 비유어와 형용사 역
시 추가되었음을 확인할 수 있다. 형용사가 추가된 것은 논의의
여지가 있다. 이 예문은 전형적인 환경 묘사다. 독자들은 앞문장과
뒷문장의 맥락을 통해서는 물론 '불덩이'라는 단어를 통해 날씨가
매우 더운 상황임을 쉬이 인지할 수 있다. 중국인들은 전통적으로
여백의 미를 중시하는데, 해당 예문은 이러한 여백의 미가 발휘된
것으로 독자들로 하여금 스스로 더운 날씨임을 짐작하도록 함으로
써 독자의 역할을 강조하고 있는 셈이다. 굳이 노골적인 표현을
사용하는 것은 그러한 독특하고 추상적인 미를 오히려 파괴할 수
도 있다. 따라서 이현정의 역문처럼 비유어를 추가한 것은 사실상
불필요하기 때문에 해당 예문에서는 직역법을 사용하는 것이 보다
적절하다고 할 수 있다.

예문 2.4

원문: 金枝枕了包袱, 在都市里的臭虫堆中开始睡觉。
(『生死场』, 71쪽)

역문: 금지는 보따리를 베고 도시의 냄새나는 벌레무더기 속에서 잠들었다.

(『삶과 죽음의 자리』, 1989, 259쪽)

역문: 찐즈는 보따리를 베고 도시의 **냄새나는 벌레 무더기** 속에서 잠든다.

(『생사의 마당』, 2014, 172쪽)

역문: 진즈는 보따리를 베고서 도시의 **빈대 무더기** 속에서 잠을 청했다.

(『생사의 장』, 2011, 157쪽)

'臭虫堆'는 진짜 빈대 무더기가 아니라 당시 하얼빈에서 생계를 도모하는 가난한 여자들이 모인 곳을 일컫는 말이다. 원문을 읽어보면 가난한 여자들이 열악한 환경에서 일하는 것을 알 수 있다. '臭虫堆'라는 비유 대상을 통해 샤오홍은 열악한 환경을 묘사할 뿐만 아니라 당시 사회를 풍자하고 비판하기도 했다. 원종례 1989년 역문뿐만 아니라 각 역본들은 모두 직역법을 선택하였다. 이렇듯 특별한 의미를 담고 있는 경우 직역법이 보다 적절할 수 있는데, 만약 이에 의역법을 사용한다면 독자들의 상상력을 해칠 수 있기 때문이다.

예문 2.5

원문: 于是一切声响从**两个贪婪着的怪物身**上创造出来。(『生死场』, 12쪽)

역문: 삭제 (『삶과 죽음의 자리』, 1989)

역문: 그리고 **두 마리 탐욕스러운 동물**로부터 온갖 소리가 흘러나왔다.

(『생사의 마당』, 2014, 37쪽)

역문: 온갖 소리가 욕망에 사로잡힌 이 **두 괴물**의 몸에서 만들어졌다. (『생

사의 장』, 2011, 157쪽)

예문 2.6

원문: 五分钟过后, 姑娘仍和小鸡一般, 被野兽压在那里。(『生死场』, 12쪽)

역문: 삭제 (『삶과 죽음의 자리』, 1989)

역문: 5분이 지난 다음 소녀는 여전히 병아리처럼 야수에게 짓눌렸다. (『생사의 마당』, 2014, 37쪽)

역문: 5분 뒤, 처녀는 병아리처럼 그 자리에서 야수에게 눌려 있었다. (『생사의 장』, 2011, 157쪽)

1989년 당시에는 성에 대한 소설이 많지 않았다. 한국은 자본주의 사회이지만 오랫동안 유교 사상에 젖어 왔던 관계로 성에 대한 관념은 보수적이었으며, 이러한 인식으로 인해 소설 번역에 있어서 성에 대한 장면은 모두 삭제되었다. 그런데 2006년 이후, 한국 사회는 성에 대한 관념의 변화가 일어났고, 이로 인해 번역서에서도 이와 관련된 내용들이 복구되었다.

예문 2.6을 살펴보면 앞부분은 직유법을, 뒷부분은 차유법을 활용했음을 알 수 있다. 야수는 소설에 나타난 어떤 총각을 가리킨 말로 비유 본체와 비유어가 모두 나타나지 않았다. 이현정의 역문과 원종례 2014년 역문에서 역시 직역법을 사용하였다. 그런데 여기서 다른 점이 하나 있다. 바로 '压'의 번역이다. 원종례는 이를 '짓눌리다'라고 번역하였는데 이현정은 그냥 '눌리다'라고 번역하였다. '짓'은 '마구', '함부로', '몹시'의 뜻을 더하는 접두사이자 '심한'의 뜻을 더하는 접두사이다. 해당 예문에서는 '야수'로 표현된 총각의 동작을 묘사한 것이기 때문에 동작의 거친 정도를 더할 수 있는 '짓'이라는 접두사를 활용한다면, 보다 적절한 번역이 될 수 있을 것이다.

예문 2.7

원문: 他想要从笼子里跳出来, <u>但, 很快那些人, 那些魔鬼去了!</u> (『生死场』, 77쪽)

역문: 그는 똥통 속에서 뛰어나올까 생각하였다. <u>그러나 순식간에 그 마귀들은 가버렸다.</u> (『삶과 죽음의 자리』, 1989, 268쪽)

역문: 그는 똥통 속에서 뛰어나올까 생각하였다. <u>그러나 순식간에 그 마귀들이 가버렸다.</u> (『생사의 마당』, 2014, 187쪽)

역본: 그는 통에서 뛰어나가려 했다. <u>그런데 곧 그들이, 그 마귀들이 가버렸다.</u> (『생사의 장』, 2011, 171쪽)

예문 2.5와 2.6은 시대적 상황으로 인해 혹은 역자의 주관적인 의도에 의해 원문이 삭제된 경우라면, 위의 예문들은 다른 이유에서 원문에 대한 번역이 삭제되어 있는 경우라고 하겠다.

예문 2.7은 남자 주인공이 일본군에게 쫓겨 도망치는 장면을 묘사하는 것이다. 상황의 긴박함과 두려워하고 있는 남자 주인공의 모습을 묘사하기 위해 샤오훙은 짧은 문구들을 사용하였다. "但, 很快那些人, 那些魔鬼去了"를 그대로 직역하면 한국 독자는 원문을 읽는 독자처럼 원문의 긴박감을 느낄 수 있는데, 원종례는 "很快那些人"에 해당하는 번역을 생략한 반면, 이현정은 원문 그대로 직역하였다. 사실 이는 긴박한 분위기를 조성하기 위해 샤오홍이 의도적으로 중복한 것인데, 이를 삭제한다면 원문에 담긴 분위기와 의도를 훼손하게 되는 것이다.

예문 2.8

원문: 王婆被蚊虫所食，满脸起着云片，皮肤肿起来。

　　　(『生死场』, 52쪽)

역문: 왕씨 아주머니는 모기에게 뜯겨 얼굴에 온통 상처투성이고 피부가
　　　빨갛게 부어올랐다. (『삶과 죽음의 자리』, 1989, 234쪽)

역문: 왕씨 아주머니는 모기에게 뜯겨 얼굴이 온통 상처투성이고 피부가
　　　부어올랐다. (『생사의 마당』, 2014, 123쪽)

역문: 왕씨 아주머니는 모기떼에 뜯겨 얼굴 전체가 불긋불긋하게 부어올라
　　　있었다. (『생사의 장』, 2011, 113쪽)

'云片'은 중국어에서 구름을 가리킨 말이다. 여기서는 모기에게 물려 생긴 뾰루지를 비유하는 말로 사용되었다. 물론 당시에는 이러한 비유가 유행했는지는 알지 못하겠지만, 현재에는 쓰이고 있지 않기 때문에 원문을 그대로 옮겨 '구름처럼' 또는 '구름과 같다'로 번역하면 의미가 통하지 않게 된다. 이에 이현정과 원종례는 모두 의역법을 사용하였는바, '상처투성이'는 온통 상처가 난 상태를 말하고 '불긋불긋'은 군데군데 불그스름한 모양을 가리킨다.5)

의역된 단어를 살펴보면 '상처투성이'는 조금 과장된 표현이나 '불긋불긋'은 원문의 의미를 제대로 전달하고 있어 매우 적절하다고 생각한다. 이렇듯 의역의 경우에도 원문의 의미를 정확하게 숙지하고 있어야만 적절한 번역이 이루어질 수 있음을 확인할 수 있다.

예문 2.9

원문: 你干的吗? 糊涂虫! 错非你…… (『生死场』, 16쪽)

역문: 당신이 그랬나? 벌레같으니라구. 너밖에는……

　　　(『삶과 죽음의 자리』, 1989, 193쪽)

역문: 당신이 그랬지? 멍청한 벌레 같으니라구. 당신밖에는……

　　　(『생사의 마당』, 2014, 46쪽)

역문: 네가 그랬어? 멍텅구리! 네가 아고서야……

　　　(『생사의 장』, 2011, 42쪽)

'糊涂虫'은 사리를 모르고 어리석은 사람을 일컫는 말이다. 이는 사람을 지적할 때나 혼낼 때 자주 쓰이는 말이다. 원종례의 역문을 살펴보면 '멍청한 벌레', '벌레'로 번역하였다. 그런데 한국어에는 이와 비슷한 표현이 존재하지 않거니와 벌레라는 단어 속에도 이러한 의미가 담겨져 있지 않기 때문에 한국 독자들은 이해할 수 없는 생경한 표현일 수밖에 없다. 반면 이현정은 '멍텅구리'라고 의역하였다. 멍텅구리는 아둔하고 어리석은 사람을 놀림조로 이르

---

5) 네이버 국어사전(Standard Korean Dict).

는 말이고 '멍청이'와 매우 비슷한 의미를 가지고 있기 때문에 '糊涂虫'에 대한 번역어로 적절할 수 있겠다. 이런 경우 원문의 의미를 보다 효과적으로 전달할 수 있다는 점에서 직역보다는 의역이 효과적임을 보여준다.

『생사장』에 나타난 차유법 예문 및 역문을 정리하면 〈표 4〉와 같은 데이터베이스를 만들 수 있다.

〈표 4〉『生死場』에 나타난 차유법 예문 및 역문 대조표

	원문	원역본(1989)	원역본(2006)	원역본(2014)	이역본(2011)
1	母熊带着草类进洞。	밀짚을 한 아름 안고 걷는 그녀의 모습은 암콤이 풀을 안고 동굴 속으로 들어가는 것 같았다. (첨역법)	밀짚을 한 아름 안고 걷는 그녀의 모습은 암콤이 풀을 안고 동굴 속으로 들어가는 것 같다. (첨역법)	밀짚을 한 아름 안고 걷는 그녀의 모습은 암콤이 풀을 안고 동굴 속으로 들어가는 것 같다. (첨역법)	어미 곰이 짚을 안고 굴속으로 들어간다. (직역법)
2	闪光相连起来, 能言的幽灵默默坐在闪光中。	계속해서 몇 줄기 번갯불이 번뜩였다. 말하는 유령 같은 왕씨 아주머니는 묵묵히 번갯불 속에 앉아 있었다. (첨역법)	번갯불이 계속해서 번쩍인다. 왕씨 아주머니는 말하는 유령처럼 묵묵히 번갯불 속에 앉아 있다. (첨역법)	번갯불이 계속해서 번쩍인다. 왕씨 아주머니는 말하는 유령처럼 묵묵히 번갯불 속에 앉아 있다. (첨역법)	번갯불이 연달아 번쩍이자, 입담 좋은 유령은 묵묵히 섬광 속에 앉아 있었다. (직역법)
3	灰色的老幽灵暴怒了。	회색의 늙은 마귀할멈은 무섭게 화를 냈다. (직역법)	회색 머리의 늙은 유령이 무섭게 화를 낸다. (직역법)	회색 머리의 늙은 유령이 무섭게 화를 낸다. (직역법)	회색의 늙은 유령이 화를 참다못해 폭발했다. (첨역법)
4	五分钟过后, 姑娘仍和小鸡一般, 被野兽压在那里。	(삭제법)	5분이 지난 다음 소녀는 여전히 병아리처럼 야수에게 짓눌렸다. (직역법)	5분이 지난 다음 소녀는 여전히 병아리처럼 야수에게 짓눌렸다. (직역법)	5분 뒤, 처녀는 병아리처럼 그자리에서 야수에게 눌려 있었다. (직역법)
5	于是一切声响从两个贪婪着的怪物身上创造出来。	(삭제법)	그리고 두 마리 탐욕스러운 동물로부터 온갖 소리가 흘러나왔다. (순서 조정)	그리고 두 마리 탐욕스러운 동물로부터 온갖 소리가 흘러나왔다. (순서 조정)	온갖 소리가 욕망에 사로잡힌 이 두 괴물의 몸에서 만들어졌다. (직역법)

	원문	원역본(1989)	원역본(2006)	원역본(2014)	이역본(2011)
6	老鼠一般地整夜好像睡在猫的尾巴下。	고양이 꼬리 아래에서 밤새도록 잠자야 하는 쥐 같았다. (순서 조정)	고양이 꼬리 아래에서 밤새도록 잠을 자야 하는 쥐 같다. (순서 조정)	고양이 꼬리 아래에서 밤새도록 잠을 자야 하는 쥐 같다. (순서 조정)	마치 밤새 고양이 꼬리 아래에서 잠을 자는 생쥐 같았다. (순서 조정)
7	你干的吗? 糊涂虫! 错非你……	당신이 그랬나? 벌레같으니라구. 너밖에는…… (첨역법, 의역법)	당신이 그랬지? 멍청한 벌레 같으니라구. 당신밖에는…… (첨역법, 의역법)	당신이 그랬지? 멍청한 벌레 같으니라구. 당신밖에는…… (첨역법, 의역법)	네가 그랬어? 멍청구리! 네가 아고서야…… (의역법)
8	她流着大汗坐在幔帐中, 忽然哪个红脸鬼, 又撞进来, 什么也不讲, 只见他怕人的大手举起大水盆向着帐子抛来。	그녀는 땀을 뻘뻘 흘리며 커튼을 친 방 속에 앉아 있었다. 갑자기 그 빨간 얼굴의 귀신 같은 사나이가 또다시 뛰쳐 들어와 아무 말도 하지 않고, 그 무서운 손으로 커다란 물대야를 들어 커튼을 향해 던졌다. (직역법)	그녀는 땀을 뻘뻘 흘리며 커튼을 친 방 속에 앉아 있다. 갑자기 그 빨간 얼굴의 귀신 같은 사나이가 또다시 뛰어 들어와 아무 말도 하지 않고, 그 무서운 손으로 커다란 물 대야를 들어 커튼을 향해 내던진다. (직역법)	그녀는 땀을 뻘뻘 흘리며 커튼을 친 방 속에 앉아 있다. 갑자기 그 빨간 얼굴의 귀신 같은 사나이가 또다시 뛰어 들어와 아무 말도 하지 않고, 그 무서운 손으로 커다란 물 대야를 들어 커튼을 향해 내던진다. (직역법)	그녀는 비 오듯 땀을 흘리며 휘장 안에 앉아 있었다. 그런데 갑자기 그 붉은 얼굴의 귀신이 또 들이닥쳐서는 아무 말도 없이 무서운 손으로 물이 담긴 대야를 들어 휘장을 향해 내던졌다. (직역법)
9	全个田间, 一个大火球在那里滚转。	온 들녘에 커다란 불덩이가 구르고 있는 듯한 더워졌다. (첨역법)	온 들녘에 커다란 불덩이가 구르고 있는 듯 덥다. (첨역법)	온 들녘에 커다란 불덩이가 구르고 있는 듯 덥다. (첨역법)	온 들에 거대한 불덩이가 굴러다니는 것 같았다. (첨역법)
10	王婆被蚊虫所食, 满脸起着云片, 皮肤肿起来。	왕씨 아주머니는 모기에게 뜯겨 얼굴에 온통 상처투성이고 피부가 빨갛게 부어올랐다. (의역법)	왕씨 아주머니는 모기에게 뜯겨 얼굴이 온통 상처투성이고 피부가 부어올랐다. (의역법)	왕씨 아주머니는 모기에게 뜯겨 얼굴이 온통 상처투성이고 피부가 부어올랐다. (의역법)	왕씨 아주머니는 모기떼에 뜯겨 얼굴 전체가 불긋불긋하게 부어올라 있었다. (의역법)
11	金枝枕了包袱, 在都市里的臭虫堆中开始睡觉。	금지는 보따리를 베고 도시의 냄새나는 벌레무더기 속에서 잠들었다. (직역법)	찐즈는 보따리를 베고 도시의 냄새나는 벌레 무더기 속에서 잠든다. (직역법)	찐즈는 보따리를 베고 도시의 냄새나는 벌레 무더기 속에서 잠든다. (직역법)	진즈는 보따리를 베고서 도시의 빈대 무더기 속에서 잠을 청했다. (직역법)
12	他想要从笼子里跳出来, 但, 很快那些人, 那些魔鬼去了!	그는 똥통 속에서 뛰어나올까 생각하였다. 그러나 순식간에 그 마귀들은 가버렸다. (생략법)	그는 똥통 속에서 뛰어나올까 생각하였다. 그러나 순식간에 그 마귀들이 가버렸다. (생략법)	그는 똥통 속에서 뛰어나올까 생각하였다. 그러나 순식간에 그 마귀들이 가버렸다. (생략법)	그는 통에서 뛰어나가려 했다. 그런데 곧 그들이, 그 마귀들이 가버렸다. (직역법)
13	显然可以看见正房里, 凄凉的小泥佛在坐着。	어린 비구니가 몸채에 처량하게 앉아 있는 것이 눈에 띄었다. (순서 조정)	어린 비구니 하나가 몸채에 처량하게 앉아 있는 게 보인다. (순서 조정)	어린 비구니 하나가 몸채에 처량하게 앉아 있는 게 보인다. (순서 조정)	분당 안에는 흙으로 만든 작은 불상이 처량하게 앉아 있는 것이 똑똑히 보였다. (직역법)

원문에서 사용된 총 13개의 차유법 예에 대한 번역 상황을 정리하면 〈표 5〉와 같다.

〈표 5〉 3종 역본 차유법의 번역전략 정리

역본	자국화	이국화	합계
삶과 죽음의 자리	10	3	13
생사의 마당	9	4	13
생사의 장	5	8	13

이를 통해 원종례는 자국화 번역전략을 위주로 사용하였고 이현정은 이국화 번역전략을 위주로 사용하였다고 볼 수 있다. 왜 그런 양상이 나타났는지 3.2에서 분석하도록 하겠다.

3.2. 서로 다른 번역전략을 선택한 원인 분석

앞서 설명한 바와 같이, 비유법은 직유, 암유, 차유 3가지로 나눌 수 있다. 원종례와 이현정은 직유법을 번역했을 때 모두 이국화 번역전략을 위주로 사용하였다. 암유법 사용의 문장 번역 방법도 매우 다르다. 차유법 같은 경우에도 서로 다른 번역전략을 취하고 있는데, 그 구체적인 이유는 무엇일까?

앞서 설명하였듯 원종례는 서울대학교 중어중문학과 및 한국방송통신대학교 국어국문학과에서 수학하였는데, 이러한 학력에서 나타나는 중국 역사, 문학에 대한 관심은 샤오홍의 작품에 담긴 사상을 충분히 이해할 수 있는 기회를 마련하였을 것이다. 이에

1989년『생사장』에 대한 번역과 수정 재출판은 물론이고 샤오훙의 장편소설『호란하전(呼蘭河傳)』의 번역과 2회에 걸친 개정 출판을 이루어내었고, 이러한 수정 재출판의 노력은 한국 독자들을 염두해 둔 번역, 즉 자국화 번역 전략의 채택으로 이어졌다고 할 수 있을 것이다.

이와 동시에 원종례의 역자 주체성은 시대적 배경과 역시 관련이 있다. 앞글에서 살펴봤듯이 1989년 역문에는 성에 관련된 문구를 모두 번역하지 않고 삭제하였다. 그런데 2006년과 2014년 역문에서는 이를 빠짐없이 번역하였다. 한국은 자본주의 국가이지만 오랫동안 유교 문화의 영향을 받아서 성관념에 있어 역시 매우 보수적인 태도를 취했다. 그런데 2008년 중앙일보의 보도에 따르면 한국인의 혼전 섹스와 성문화에 대한 의식에 나타나는 보수적인 태도가 점점 약해지고 있다고 언급한 바 있듯 최근 한국 젊은이들의 성에 대한 관념은 점차 개방적으로 변화되었다고 할 수 있는데, 이러한 시대적 상황의 변화가 원종례의 1판과 2판, 3판의 역본에 그대로 반영된 것이다.

이현정은 중국과 한국의 역사 및 문학을 전공하였으며, 그 중에서도 1930년대 중한 양국 농민들의 항일 투쟁에 대한 연구를 진행하고 있다. 대표적 연구 성과로「만주에서 민족을 다시 상상하기: 만보산 사건(1931)에 관한 중국과 한국의 담론에서의 농민 집단의 형상화」,「샤오훙의『생사의 장』에 묘사된 농민의 항일투쟁에 대한 재검토」,「在偽滿洲國的中韓文壇建設」등을 들 수 있을 것이다. 이렇듯 이현정은『생사장』에 담겨져 있는 계몽 사상과 항일투쟁에 대한 이해로 말미암아 번역의 과정에서 이국화 번역전략을 취한 것으로 보인다. 앞서 지적하였듯 이현정은 『생사장』 번역 시 영어판 『The Field of Life and Death』(Howard Goldblatt 번역, Cheng & Tsui 발행)을 참고하였다. 주지하듯이 Howard Goldblatt는 미국의 저명한 중국어 번역가로, 그의 중국어 이름은 거하오원(葛浩文)이다. 거하오원은 2012년 노벨 문학상을 수상한 중국 작가 모옌(莫言)의 작품을 영어로 번역하기도 하였을 뿐만 아니라 샤오훙 작품의 번역과 함께 『소훙전(蕭紅傳)』과 같은 샤오훙에 대한 연구도 진행한 바 있다. 이현정이 이국화 전략을 취했던 근저에는 이렇듯 거하오원의 번역을 참고했다는 사실도 작용했을 것이라 추정해 볼 수 있다.

똑같은 원문을 번역했을 때 원종례는 모두 자국화 번역전략을 사용한 반면 이현정은 이국화 번역전략을 사용하였다. 앞서 살펴본 바와 같이 원종례는 비유 본체와 비유어를 추가하는 방식을 취했지만 이현정은 원문의 의미를 그대로 살리고자 하는 직역의 방법을 채택하고 있다. 물론 이현정의 번역 가운데에는 자국화 번역전략에서 비롯된 번역들도 보이는데, 이 역시 원문의 의미를 재생시키고자 하는 의도에서 말미암은 것이라고 할 수 있다.

4. 결론

본 연구는 자국화와 이국화 이론으로 『생사장』에 나타난 차유법에 대해 3종 역본의 번역전략을 살펴보았다. 원문에 나타난 모든 비유법을 수집 및 정리하고 나서 구체적인 예문을 통해 비교하고 분석한 후, 원종례는 자국화 번역전략을 위주로, 이현정은 이국화 번역전략을 위주로 사용했다는 것을 밝혔다. 번역전략을 선택하는 것은 역시 연구 대상, 그리고 역자의 주체성과 관련이 있다.

직유법에 대해서는 원종례, 이현정 모두 이국화 번역전략을 위주로 사용하였다. 이현정은 암유법을 번역했을 때 자국화 번역전략을 위주로 사용하였다. 다만 이현정은 암유법이 사용된 문장의 번역에 있어서는 자국화 번역 전략을 취하고 있는데, 직유법의 경우에는 비유본체, 비유어, 비유 대상 등이 포함되어 있기 때문에 이국화 번역 전략이 보다 적절할 수 있겠다. 이에 반해 차유법은 비유 본체와 비유어가 존재하지 않기 때문에 번역 시 이를 추가할 필요성이 제기된다. 이러한 차유가 사용된 문장이 지니고 있는 특징은 곧 원종례와 이현정이 각기 다른 번역 전략을 취한 원인으로 작동한 셈이다.

이렇듯 번역 전략의 선택은 역자의 주체성과 밀접한 관련을 맺는다. 원종례는 샤오훙의 작품을 이미 번역한 바 있고, 샤오훙 작품이 지닌 문학적 특징에 대한 이해로부터 이국화 번역 전략을 취했다고 할 수 있다. 이에 반해 이현정은 중국의 역사와 문학에 대한 연구 성과는 물론이고 『생사장』 영어판을 참고했다는 점에서 자국화 번역 전략에 입각한 번역이 이루어졌음을 고찰할 수 있었다. 이렇듯 역자 각자가 지니고 있는 시대적 상황과 번역 주체성은 동일한 작품에 대한 상이한 번역의 양상으로 나타났다고 할 수 있겠다.

그러나 무엇보다 중요한 것은 이국화 번역 전략과 자국화 번역 전략의 적절한 분배가 필요하다는 점이다. 이국화 번역만으로, 또는 자국화 번역만으로는 결코 훌륭한 번역이 될 수 없음은 주지의 사실일 테다. 번역은 번역의 대상물과 시대적 상황에 제약을 받을 수밖에 없다. 이에 따라 적절한 번역 전략을 취하는 것이야말로 훌륭한 번역의 지표가 될 수 있을 것이며, 이에 따른 수정과 보완이 뒤따라야 하는 것은 제언할 필요가 없을 것이다.

참고문헌

1. 기초자료

원종례, 『삶과 죽음의 자리』, 中央日報社, 1989.

원종례, 『생사의 마당』, 글누림, 2006.

원종례, 『생사의 마당』, 글누림, 2014.

이현정, 『생사의 장』, 시공사, 2011.

萧　红, 『生死场』, 中国文联出版社, 2017.

2. 중국어 논저

车家媛, 「功能对等视角下『北京折叠』译本比喻修辞的翻译」, 『观察』, 2017年 第6卷 第2期.

陈文婷, 「『围城』译本中比喻手法的归化与异化翻译研究」, 长江大学硕士论文, 2013.

陈　旭, 「比喻修辞方法在萧红『呼兰河传』的应用研究」, 『山西农经』, 2017年 第6期.

高梦雯, 「从归化异化视角看英语比喻的翻译」, 『读与写杂志』, 2014年 第16卷 第6期.

郭小华, 「生态翻译视域下隐喻翻译研究——以『围城』英译本为例」, 『陕西学前师范学院学报』, 2016年 第32卷 第3期.

贺璐倩, 「基于『生死场』韩译本的译者主体性研究」, 大连外国语大学硕士论文, 2015.

季红真, 「萧红经典·萧红中长篇小说: 生死场」, 『现代出版社』, 2012年 9

月.

金昌鎬,「萧红研究在韩国」,『呼兰师专学报』, 2003年 第19卷 第4期.

金京姬,「呼兰河传的朝(韩)语译介研究」, 延边大学硕士论文, 2010.

李文贤,「个性与悲情的咏叹调——萧红『生死场』中的比喻艺术」,『沈阳
    大学学报』, 2018年 第8期.

李政文,「翻译中比喻说法的归化与异化」, 西北师范大学硕士论文, 2003.

刘本臣,「比喻及其分类问题研究」,『锦州师范学院学报』, 1999年 第21
    卷 第3期.

鲁　迅,「『生死场』序言」,『萧红全集: 上册』, 哈尔滨: 哈尔滨出版社,
    1991.

杨　磊,『朴婉绪小说汉译研究』, 北京大学出版社, 2018.

3. 한국어 논저

교　우,「강경애와 샤오홍 소설의 비교연구:『인간문제』와『생사의
    마당』을 중심으로」, 건국대학교 석사논문, 2014.

금지아,「문체론적 측면에서 본 한국 소설의 중국어 번역 연구」,『번
    역학연구』제13권 5호, 2012.

김학철,「20세기 한국문학 중역사 연구: 이데올로기와 문학번역의
    관계를 중심으로」, 서울대학교 박사논문, 2009.

오우동,「강경애의『인간문제』샤오홍(蕭紅)의『생사의 마당』비교
    연구」, 전남대학교 석사논문, 2014.

이혜승,「자국화와 이국화의 틈새와 한계」, 한국노어노문학회학술대
    회 학술논문, 2017.

이정순, 「자국화와 이국화 번역의 경계를 찾아서: 한-중 번역을 중심으로」, 『통번역교육연구』 제10권 1호, 2012.

왕염려, 「중국의 한국 현대 문학 번역 및 수용 양태 연구」, 인하대학교 박사논문, 2014.

최은정, 「미학적 측면에서 본 우리말 소설의 중국어 번역 고찰」, 『중국어문학』 제54집, 2009.

최은정, 「우리말 소설의 중국어 번역에서 나타나는 미적 요소의 재현 문제」, 『중국어문학』 제57집, 2011.

제**3**부 전통 시대 한·중·일 지식 사상 담론

왕권과 신불을 통해 본 일본사상사*

스에키 후미히코(末木文美士)

1. 들어가며

일본에서는 이상하게도 일본사상사, 일본철학사 연구가 충분히
이뤄지고 있지 않고 있다. 국립대학 중 일본사상사 전공이 있는
곳은 도호쿠대학(東北大学)뿐이고, 그 밖에 최근에 교토대학(京都大
学)에 일본철학 전공이 개설되었다. 일본사상사학회의 활동이 최
근 활발해졌지만, 아직 연구방법이 제대로 확립되어 있지 않은 실
정이다. 중세에 관해서는 불교사를 중심으로 한 종교사상사, 근세
에 관해서는 유교나 국학을 중심으로 한 정치사 연구가 이뤄지고

---

* 본고는 2018년 4월 19일 단국대학교 일본연구소 HK+사업단에서 주최한 제1회 해외 석학
초청 강연 원고를 번역 수록한 것임. [번역: 김미진(한국외대)]

있으며, 양자의 연구는 접점 없이 이뤄져 왔다. 즉 통시적으로 일본 사상사를 보는 시점이 확립되어 있지 않다. 이제까지 쓴 통사적인 일본사상사에 관한 논문은 많은 부분이 중세 불교와 근세 유교·국학에 나타난 여러 가지 조류를 병렬적으로 서술한 것으로 거기에는 사상 전개의 전체상이 나타나 있지 않다.

나는 지금까지 일본 중세 불교사를 중심으로 연구해 왔으며 『일본종교사』(이와나미신쇼, 2006)를 통해 사상사적인 면을 중심으로 일본 종교사의 통사를 정리했다. 현재 그 책과 세트가 될 『일본사상사』를 집필하려고 생각중인데, 그것을 위해서는 우선 사상사를 전체적으로 볼 수 있는 방법론에 대해 생각해 볼 필요가 있다. 그것은 종교사와 정치사로 나누어져 있는 일본사상사를 어떻게 통합적으로 보고 통사적으로 통용할 기본적인 틀을 만들 수 있을지 라는 문제와 직결된다.

본고에서는 그 하나의 시도로 일본사상사를 왕권과 신불을 양극에 두고 그 긴장관계 안에 여러 가지 사상이 전개된다는 가설적인 구도를 제시하고 싶다. 전반부에서는 그에 기반을 둔 전체적인 사상사의 흐름을 살펴보고, 후반부에서는 중세시대에 관해서 조금 자세히 검토하여 그 구도의 유효성을 검토하겠다.[1]

---

1) 이하, 阿部泰郎 감수 『日本中世の宗教世界』(2019년 간행 예정)에 수록 예정인 스에키 후미히코, 「日本思想史のなかの中世: 王権と神仏」을 바탕으로 수정한 것이다.

2. 왕권과 신불을 통해 본 일본사상사의 구조

2.1. 일본사상사의 구조 시론

통시적인 사상사의 구조
를 다음 도식과 같이 생각
하고 싶다. 이것은 간단히
이야기하자면 신불과 왕권
을 강력한 요인으로 양극에
두고 그 긴장 관계 안에 일
반 세속 영역의 사상이 전

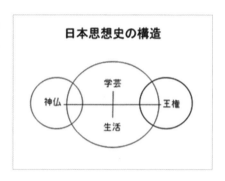

개된다고 보는 것이다. 일본사상사는 통시적으로 이와 같은 구조
로 전개해 온 것이 아닐까라는 것이 나의 견해이다.

신불의 영역은 종교적인 영역이라고 말할 수 있겠지만 현세적인
것을 넘어선 세계와 관련 있다는 점이 특징이다. 중세에는 불교를
중심으로 전개되면서 신불의 관계 문제가 뒤얽혀 결국 신도 이론
이 형성된다. 일견 근세에는 이와 같은 종교적인 요소가 축소되는
것처럼 보이지만, 반드시 그렇다고 말할 수 없다. 기독교의 전래가
큰 계기가 되어 불교와의 논쟁이 이루어진다. 기독교의 금교(禁敎)
는 일본을 신불의 국가로 기정시하였고, 도쇼구(東照宮)의 창건이
나 사단(寺檀)제도의 형성 등의 신불의 요인은 근세에 있어서 매우
큰 역할을 하고 있다. 결국 복고신도(復古神道)가 활발해지고 민중
들 사이에서 새로운 종교가 탄생하게 된다. 그 때문에 근세시대에

들어가도 신불의 영역은 결코 작아지지 않는다. 이처럼 신불의 영역은 일원적인 것이 아닌 복합적인 구조를 가지고 있다.

왕권의 영역은 세속 권력의 영역이지만, 일본의 경우 천황권력이 계속 유지되고 있는 점에 특징이 있으며 그 정통성은 신의 자손이라는 점에 의해 합리화된다. 즉, 신과의 직접적인 관계에 권력의 근거기 있다. 이 점이 왕권신수설(王權神授說)을 주장하는 서구와 그것에 가까운 천명론(天命論)을 주장하는 중국과 다르다. 그 때문에 일본의 천황은 신불의 영역과 상대적이면서 실제로 왕권은 신의 세계와 긴밀하게 연결돼 있다.

하나 더 중요한 특징은 권력이 반드시 일원적(一元的)인 것이 아니라 중층적(重層的)인 구조를 갖고 있는 것이다. 특히 중세, 근세시대에는 기본적으로 천황불친정(天皇不親政)의 입장을 취하며 실제로 정치권력은 인(院)이나 막부가 쥐고 천황은 예의적인 존재가 되는 일이 많았다. 이와 같이 왕권의 영역도 일원적인 것이 아닌 복합적인 구조를 갖고 있다.

이처럼 왕권과 신불이 양극에 있으며 시대의 사상을 규정하는 구조는 근대가 되어도 변하지 않는다. 근대 천황제는 천황과 신불의 관계를 밀접하게 만들게 되고 신의 자손＝현인신(現人神)으로 천황의 권위를 확립한다. 그 점에서 근대도 또한 왕권과 신불을 양극에 둔 구조 속에 사상이 형성된다고 할 수 있다. 이러한 점은 전후(戰後) 상징적 천황제에도 통용된다.

세속의 생활은 그 양극의 중간에서 성립된다고 여겨지고 있다. 그때 사상이라는 틀로 생각하기 쉬운 것은 위 도식의 '학예(學藝)'

영역이다. 이것은 소위 교양의 세계라고도 말할 수 있는 영역으로 한적(漢籍), 일본고전, 와카(和歌) 등의 문학, 음악 등의 전통적인 학문이나 기예(技藝)이며, 이러한 것에 관한 훈련을 받는 것이 지식인의 조건이 된다. 세속적인 사상은 기본적으로 이 영역의 문제가 된다. 유학은 이 분야에 소속되지만, 실제로는 왕권의 정치논리와 밀접한 관계를 갖게 된다. 따라서 근세에 크게 발전된다.

이러한 교양의 영역은 반드시 일상생활에 직접 영향을 끼치는 것은 아니다. 오히려 일상에서 벗어난 부분에 교양으로써 의미가 있다. 그에 반해 일상에 직접 도움을 주는 생활적인 사상의 영역을 생각할 수 있다. 즉 실학적인 영역이다. 벼농사 기술은 일찍이 발전하였고, 역학이나 의학은 대륙의 교양과 연관되어 발전하였으며, 여러 주술의 체계도 형성되었다. 단 이와 같은 실학적인 영역이 반드시 사상으로 확립되어 있는 것은 아니다. 실제로 기술적으로 발전한 경우, 사상적으로는 명확해지지 않는다. 그 때문에 교양으로서의 사상에 종속되거나 혹은 신불의 영역의 문제에 종속되는 형태로 나타나는 경우가 적지 않다. 그러나 거기에는 지배자나 지식인 쪽의 사상이 아닌, 실생활의 현장에서 민중의 사상을 읽어낼 수 있는 경우가 있기 때문에 주의할 필요가 있다.

이러한 양극의 신불과 왕권은 그 내부의 구조가 변해도 양극을 이룬다는 기본적인 구조는 모든 시대를 통틀어 변하지 않으며 그

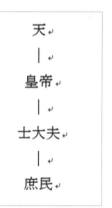

天
|
皇帝
|
士大夫
|
庶民

양자의 중간에 세속의 생활이 성립되어 있다는 구조를 이루고 있다 이것을 중국의 경우와 비교해 보면, 중국에서는 아마도 다음의 도식과 같이 수직적인 히에라르키(Hierarchie)로 사상의 구조를 생각할 수 있을 것이다. 중국의 경우, 황제의 정통성은 하늘의 명에 의한 것이고 하늘과의 사이에는 연속성이 없다고 여긴다. 이것은 왕권신수설에 가까운 것이다. 그 때문에 악정(惡政)이 계속되면 하늘로부터 버림을 받으며 혁명이 일어나며 새로운 왕조가 세워지게 된다. 역성혁명(易姓革命)인 것이다. 일본의 경우, 천황의 왕권은 신에 의해 지속적으로 유지되지만, 실제 정치권력을 쥔 쇼군(將軍) 집안은 교대가 가능하다. 중국의 정치구조에서 중요한 것은 과거(科擧)가 성립되는 것으로 '관료=사대부층'에 의한 지식인층이 형성되는 것이다. 그것은 집안으로 고정화되는 것이 아니다. 그 지식인층 아래에 일반 서민이 있다는 종형(縱型)의 구성이 된다. 직접 하늘과 관계를 맺으려는 자는 황제이지만, 다른 한편으로 송학(宋學)에서는 '천(天)+리(理)'가 성(性)으로써 인간의 본질을 형성하는 것으로 거기에는 윤리적인 원칙이 성립되게 된다. 이와 같이 기본적으로 유교가 정치구조를 관통하게 된다. 실제 생활에서는 불교·도교 등이 기능하지만, 그것은 표현상 나타나지 않는 뒷면의 영역 문제가 된다. 또한 이와 같은 원칙은 기본적으로 한민족 왕권에 적용되기 때문에 송대(宋代)에 확립된다. 이민족 지배의 경우는 보다 복잡한 구조를 이룬다.

조선의 경우도 이조(李朝)시대가 되면 유교가 우세하게 되며 한민족의 중국과 가까운 구조를 갖게 된다. 단, 관료를 배출하는 양반이 계층으로 고정화되는 특징이 있다.

그것과 비교할 때 일본사상사의 구조는 왕권과 신불이 긴장관계를 갖게 되어 조금 복잡해진다. 이처럼 일본의 사상사는 왕권과 신불을 양극에 두고 그 중간에 세속적인 영역이 펼쳐지는 구조를 갖고 있으며 이것은 모든 시대에서 확인 가능하다.

이상과 같이 생각한다면, 이와 같은 구조에 관해서 사상사는 반드시 변화 혹은 진보라는 시점으로 볼 수 없으며 거기에서 통역사적(通歷史的)인 구조를 살펴보는 것이 충분히 가능하다. 단, 물론 무언가의 변화 없이 정체되는 것은 아니다. 기본적인 틀 속에 변화가 있으며 그 변화 가운데 다분히 불가역적이라 생각되는 경향도 인정된다. 그 방향성으로 세속화라는 것을 하나의 징표로 봐도 좋을 것이다. 세속화는 단순히 종교가 부정되는 것이 아니지만, 상기 도식의 중간에 세속영역이 펼쳐지고 다양화된다. 이는 중세에서 근세로의 전환은 이 점에서 볼 수 있다.

2.2. 시대구분

그러면 구체적으로 사상을 어떠한 흐름으로 이해하면 좋을까? 먼저 시대구분의 문제를 생각해 볼 필요가 있다. 통상 고대·중세·근세·근대라는 4개의 시대구분법이 사용되지만, 헤이안(平安)시대 말까지(12세기 후반)를 고대, 가마쿠라(鎌倉)시대부터 전국(戰国)시대 말까지(12세기 후반~16세기 후반)를 중세, 아즈치모모야마(安土桃山)시대부터 에도(江戸)시대 말까지(16세기 후반~19세기 후반)를 근세, 메이지(明治) 이후를 근대라고 한다. 그러나 본고에서는 사상의 연속과 단절이라는 점을 고려하여 약간 특수한 시대구분을 제창하고 싶다. 그것은 헤이안시대 초기(9세기)까지를 고대, 헤이안시대 중기부터 무로마치 시대(15세기)까지를 중세, 전국시대부터 막부 말(19세기 중반)까지를 근세, 막부 말·메이지유신 이후를 근대라고 칭하고자 하는 것이다

고대는 사상형성기라고도 부를 수 있는 시기로 왕권이 확립되고 그것과 동시에 신불의 질서도 형성된다. 중세는 사상구조의 확립기라고 이야기할 수 있는 시기로 왕권과 신불의 내부구조가 각각 확립되고 양자의 긴장관계 가운데 사상이 형성되는 즉 그 다음 시대의 기본적인 사상구조가 확립된 시기라고 생각된다. 근세는 다양화와 논쟁의 시기라고 말할 수 있다. 기독교의 전래에 의해 종래의 신불구조가 크게 흔들리게 되고 그 후 재구축이 시도되지만 결국 신도(神道) 측의 공세에 의해 근대로 발전되어 간다. 왕권도 조정이 약체화되고 형식화되는 것에 반해, 막부의 실질적인 권력화가 진행되지만 결국은 그것이 역전되어 황실로의 일원화 사상이 발전되어 근대로 향한다. 근대에는 서구 문화의 유입에 의해 사상의 기본구조 그 자체가 변하지는 않지만, 큰 혁명을 일으키지 않을 수 없게 된다. 그러한 혁명기라고 생각할 수 있다.

2.3. 각 시대의 사상전개 개관

2.3.1. 고대

고대가 언제부터 사상사의 대상이 되었는지 정확히 한정지을 수 없지만, 『위지왜인전(魏志倭人伝)』을 통해 야마토(邪馬台)국의 존재가 전해진 3세기경에는 조금 씩 국가가 형성되기 시작했다고 볼 수 있다. 그 후 야마토(大和) 조정에 의해서 통일 국가가 형성되고 대륙문화가 유입되게 된다. 이것은 일다 7~8세기에 완성기를 맞이한다. 왕권은 이 시기에 신화·역사와 율령에 의해 그 지배체제를 확립한다. 그 외의 대륙으로부터 대규모로 유입된 불교가 사원 조직을 확장해 큰 발전을 이룬다. 왕권과 불교의 관계는 기본적으로 불교는 호국의 역할이 기대되지만, '산보노 얏코(三宝の奴: 불법승 삼보에 귀의하기 위해 몸을 포기하고 그것의 노예가 되는 것—역자 주)'를 표명한 쇼무(聖武) 천황과 같이 불교국가를 목표로 하는 움직임도 보인다. 이러한 가운데 중앙의 호족을 중심으로 지식인층이 형성되고 중국에서 유래한 한시나 그것에 대항하는 와카(和歌) 등의 문예가 발전되었고, 대학이라는 새로운 학문의 장이 형성되었다.

이러한 고대적인 체제는 헤이안시대 초기인 9세기경까지 지속된다고 볼 수 있다. 헤이안시대 초기에는 이완된 율령체제를 재정립함과 동시에 구카이(空海)·사이초(最澄) 등의 입당(入唐) 스님에 의해 새로운 불교가 도입되지만 그것이 정착되어 가는 시점에 중세가 열리게 된다.

2.3.2. 중세

　중세의 개시를 헤이안 중기로 한 것은 헤이안 초기와 중기 사이에 문화적 단절이 있고 중기의 문화가 그대로 그 이후로 계승되기 때문이다. 따라서 중세는 10세기부터 15세기까지에 해당된다. 매우 긴 시기이지만 대략적으로 10~11세기를 초기, 12~13세기를 중기, 14~15세기를 후기라 볼 수 있다. 이 모든 시기에 나타난 중세의 큰 특징은 의례주의(儀礼主義)라 할 수 있다.

　우선, 왕권에 대해서 생각해 보겠다. 초기는 셋칸기(摂関期: 후지와라 씨가 섭정과 관백을 세습하여 정치를 주도하던 시기로 10세기 후반~11세기 후반—역자 주)부터 인세이기(院政期, 11세기 후반~12세기 후반—역자 주)까지로 천황불친정(天皇不親政: 천황이 직접 정치를 하지 않는 체제)의 방향이 정해진다. 그 중에는 친정(親政)을 목표로 한 천황도 있었지만, 기본적으로는 불친정(不親政)이 기본적인 원칙이 된다. 본래 무라카미 천황(村上天皇, 946~967) 이후, 원칙적으로 천황이라는 호 자체가 쓰이지 않게 된다. 그 가운데 궁정의례가 정비되고 유직고실(有職故実: 선례를 바탕으로 한 의례나 습속)이 확립된다.

　가마쿠라 막부가 열리자(1180년) 왕권은 천황과 막부로 이원화(二元化)되게 된다. 헤이케(平家)가 멸망을 할 때 보검(宝剣)이 안토쿠 천황(安徳帝)와 함께 수몰된 일(1185년)에 의해 왕권의 위기의식이 생겨나고, 또한 몽골의 습격(1274년, 1281년)에 의해 민족의식이 높아짐에 따라 13세기 초에 기타바타케 지카후사(北畠親房)나 지헨(慈

遍)의 천황론이 생기지만 그것은 즉시 계승되지는 않았다. 또한 왕권은 신불과 밀접한 관계를 갖고 즉위관정(卽位灌頂)과 같은 의례를 발전시켰다.

왕권의 의례 시스템의 발전은 불교에 있어서 밀교의례(密敎儀礼)의 정비와 상관있다. 헤이안 초기부터 중기까지의 불교계가 전환기를 맞이한 시기에 활약한 사상가 안넨(安然, 841~915?)에 의해 밀교의례의 정비가 시작되고, 그 후 헤이안 중기의 불교계의 부흥을 거쳐 11~12세기에는 의례체계가 고도로 발전하며 체계화된다. 중세를 연 중요인물은 중세적인 불교 세계관을 확립한 겐신(源信, 942~1017)과 밀교의 이론화를 달성한 가쿠반(覚鑁, 1095~1143)이다. 가쿠반에 의해 총합된 불교가 분화되어 가는 시기에 가마쿠라 시대의 새로운 불교가 탄생한다. 이에 대해서는 뒤에 기술하겠다.

이러한 왕권과 불교의 양극 사이에 지식인의 사상이 발전한다. 와카·역사·한적·음양도 등에 능통한 지식인 귀족인 정치 분야를 포함해 활동을 한다. 왕조 문화는 후대의 이상(理想)으로 여겨 『고킨슈(古今集)』, 『겐지 이야기(源氏物語)』 등은 많은 주석 작업이 이뤄지고 그것을 바탕으로 중세문화가 전개되게 된다.

2.3.3. 근세

근세를 전국시대(15세기)부터 그 후의 시기로 본다면, 이 시기의 특징은 다이묘(大名)의 영국(領国)지배가 심화되고 왕권이 확산되었다는 것이다. 천황(제[帝])은 보다 한정되고 의례화된다. 아즈치

모모야마시대(安土桃山, 16세기 후반)를 거쳐 도쿠가와(德川) 막부의 시대가 되면, 조정이 의례를 담당하며 막부가 정치를 행하는 왕권의 이중성이 안정된 형태로 정착된다. 막부가 실질적인 정치권력을 갖게 되지만, 그 권력의 정통성은 천황에 유래한다는 점에 약점을 갖는다. 그 때문에 에도시대 중기 이후 천황정통론(天皇正統論)의 의논이 활발히 이루어지며, 이는 도막(倒幕)운동으로 직결되게 된다.

신불은 어떻게 전개되었을까. 기독교의 전래(1549년)는 종래의 종교구조를 크게 바꾸게 하였고 그 과정에서 논쟁이 일어났다. 결국 기독교는 금지 되는데 그때 들고 나온 것이 일본을 '신불의 나라'로 기정한 것이었다. 에도시대가 되면 세속적·합리적인 입장을 취한 유교와 신불의 관계에 의문을 갖게 된다. 세속화가 진전되고 종교의 영역이 좁아지는 것처럼 보이지만 실제로는 그렇지 않다. 에도시대 중기까지 불교는 큰 권력을 계속해서 유지했다. 그 후 불교의 사상적인 영향력이 약해지지만 점차 신도가 이론적으로 정비되고, 막부 말(19세기 전반)이 되면 복고신도(復古神道)가 크게 전개된다. 복고신도는 내셔널리즘 동향이라는 점뿐만 아니라 유교적인 합리주의에 의해서 부정된 비합리적 종교성을 부활했다는 점에서도 주목받았다.

에도 중기의 안정된 시기에는 '도쿠가와의 평화' 속에서 왕권도 신불도 강하게 인식되지 않고 다양한 문화가 크게 발전된다. 그 가운데 주목되는 것은 지배층으로서의 무사와 피지배층의 서민과의 사이에 커다란 의식의 상이(相違)가 있었다는 것이다. 왕권과 연관된 정치이론은 주로 무사계층에서 발전한다. 무사는 가계로 계승된다는 점에서 과거(科擧)에 의해서 '지배층=지식인 계층'이 형성된 중국이나 조선과 다르지만, 조선에서 양반이 계급으로서 성립되었다는 점은 비슷한 부분이 있다. 그에 반해 서민이나 농민 층에 있어서는 보다 생활에 밀착된 사상이 형성되었다.

2.3.4. 근대

19세기 중반에는 서구 세력이 직접적으로 일본을 공격하게 되고 1854년의 일미화친조약에 의해서 일본은 글로벌한 세계 속에 던져지게 된다. 막부의 대응에 대해서 불만을 갖고 있던 존왕양이(尊王攘夷)에 의해서 메이지 유신(明治維新)이 성공하게 된다(1868년). 왕권의 측면에서는 천황의 일원론이 확립되고 그것을 강화시키는 것으로써 국가신도가 형성된다. 이렇게 왕권과 신불의 양극이 하나로 수렴되는 구조가 만들어지고 오랫동안 지속되었던 천황불친정의 원칙이 깨지게 된다. '신성하게 여기고 침해서는 안된다'는 천황을 정점으로 둔 '국체(国体)'의 일원 구조아래 서구 근대의 과학, 사회사상, 철학 등이 한꺼번에 유입됨에 따라 강력하게 세계와 대항한 사상이 형성된다. 그것은 '만세일계(万世一系)'의 전통을 자랑스럽게 여기지만 실은 과거의 전통을 따르는 것이 아닌 전혀 다른 새로운 전통을 창출하는 것이 된다.

이는 1945년의 패전에 함께 '전후개혁' 가운데 상징적 천황제로 다시 전환되고, 그 근거는 '만세일계'가 아닌 '국민의 총의[国民の総

意]'로 전환되었다. 천황불친정(天皇不親政)이라는 점에서는 근세 이전의 전통으로 복귀하게 되지만 실제로는 전통과 단절하는 것으로 민주주의, 평화주의의 국가를 건설하려고 한 것이다. 그것이 오늘날의 여러 가지 모순을 드러내게 되고 이금 커다란 전환기를 맞이하고 있다.

3. 중세의 왕권사상과 불교사상의 일단

3.1. 중세적 왕권과 의례: 『긴피쇼(禁祕抄)』를 중심으로

3.1.1. 중세왕권과 유직고실

중세는 10세기에서 15세기까지로 매우 긴 기간을 포함하게 된다. 그 기초는 셋칸기(摂関期)부터 인세이기(院政期)에 형성되었으며 가마쿠라 시대에 전형적인 형태로 전개된다. 여기에서는 중세 체제가 확립된 11~12세기를 중심으로 왕권과 신불(본고에서는 불교에 초점을 맞춘다[2])의 사상적 전개를 검토해 보겠다. 그 어느 것도 의례라는 문제를 중심으로 전개된다는 공통점을 갖고 있다.

우선 왕권의 측면에서 생각해 보겠다. 가마쿠라 시대의 집권정

---

2) 신신앙(神信仰)에 관해서는 본고에서는 다루지 못하지만 10세기경부터 여러 가지 의례체계가 정비되고 13세기경에는 불교와 일체화된 밀교이론(密教理論)을 이용하면서 복잡한 체계를 만들게 된다.

치 확립 이후의 왕권의 구조는 도식과 같이 생각해 볼 수 있을 것이다. 조정이 '원(院) – 제(帝) – 섭관(摂関)'이라는 내부 구조를 갖고 있었던 것에 반해 막부도 '쇼군(將軍) – 집권'이라는 중층구조를 갖으며 형식상

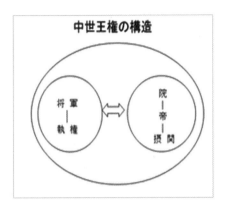

최고위에 있는 천황과 쇼군이 반드시 실권을 갖지 않는다는 복잡한 구조이다. 조정과 막부의 관계도 간단하지 않고 본래 막부 측의 체제는 조정을 모델로 만들어진 것이지만 조큐(承久)의 난(1221년) 이후, 실질적인 권력은 막부 측이 쥐게 되며 제위도 막부가 정하게 된다. 조큐의 난은 고토바 상황(後鳥羽上皇) 등 조정 측이 토막(討幕) 전쟁을 하려 했지만 패배하고, 고토바·준토쿠(順徳)·쓰치미카도 상황(土御門三上皇)이 귀양을 가게 된다. 그렇다 해도 천황의 권위가 없어진 것은 아니다. 후에 고다이고(後醍醐) 천황에 이르러 천황의 권한이 부활되고 막부를 쓰러뜨리고 친정(親政)을 실현하게 된다.

이러한 천황의 권위는 없어질 듯하지만, 없어지지 않지만 그 근거는 어디에 있을까? 지엔(慈円, 1155~1225)[3]의 역사서 『구칸쇼(愚管抄)』 권7에는 "중국의 왕조에서는 단지 안목으로 여기는 것은

---

[3] 관백을 종사한 구조 가네자네(九条兼実)의 남동생. 천태좌주(天台座主: 천태종의 총본산인 히에이잔 엔락쿠지 〈比叡山延暦寺〉의 최고승―역자 주)가 되고 종교계의 지도자로 형과 협력하여 왕권을 지지한다.

국왕이 될 자의 기량에 있고 (…중략…) 그 사람이 승리하여 국왕이 될 수 있다고 정해져 있다. 그러나 이 일본에서는 처음부터 왕의 혈통이 다른 곳으로 옮겨가는 일이 없다"(오스미 가즈오 역, 411쪽),[4] "일본국의 관례에서는 국왕의 집안에서 나오지 않은 자를 국왕으로 할 수 없다고 신대 이래 정해져 있다"(同, 386쪽)이라고 혈통의 일관성에 근거를 찾고 있다. 그 후의 만세일계설의 근원이라고도 할 수 있지만 그 정도로 강한 것이 아닌 귀한 혈통 중의 귀한 혈통이라는 것이다. 그 때문에 중국처럼 능력에 의해서 국왕이 될 수 없다. 단지 "국왕이 너무 나빠진다면 (…중략…) 국왕의 지위는 유지될 수 없다"(同, 386쪽)이라고 쓰여 있듯이 너무나 심각하면 지위를 유지할 수 없다는 것이다.

그 때문에 정치적 선정(善政)도 물론 원하는 것이지만, 그 보다 더 중요한 것은 선례를 따라서 의례를 충실히 실행하는 것이며 여기에 유직고실이 큰 의미를 갖게 된다. 의례의 중핵에는 신을 모신다는 것이 있다. 신을 모시기 때문에 거기에 엄격한 신심(身心)의 청정(清浄)과 올바른 순서가 필요하다. 즉 일본의 천황은 신의 자손이라는 것과 신의 제사자라는 이중성에 있어서 성적(聖的)인 성격을 계속해서 갖게 되며 그 의례의 전통이 일상의 곳곳에 퍼져 있다.

중국의 의례는 『예기(礼記)』라는 문자화된 원전에서 확인할 수 있지만, 일본의 경우 율령은 유지되지만 점차 형해(形骸)화되어 전

---

4) 大隅和雄訳, 『愚管抄全現代語訳』(講談社学術文庫, 2012)에 의함.

거가 되지 못하고 실제 의례는 헤이안 시대 중기에 형성되고 전승되어 축적되어 간다. 조정이 막부보다 우월한 것은 오랫동안 계속해서 지켜온 의례의 전통에 있고, 막부는 새로운 무가의 방식을 만들 때 그 선례에서 배우지 않으면 안 된다. 그 전통의 노하우를 가지고 있는 것에 있어서 조정이 절대적인 우위에 있다고 볼 수 있다. 후에 고다이고(後醍醐) 천황이 겐무(建武)의 중홍(1333~1336)에 의해서 천황 친정을 실현했을 때도 『겐무 연중행사(建武年中行事)』를 찬술하는 등 유직고실을 중시한다. 오늘날 상징적 천황제에서도 천황의 퇴위·즉위의 의례를 어떻게 하는지 등 선례를 조사하여 어떠한 의례로 행할지가 중요한 문제가 된다. 그 점에서 중세의 천황 의례는 현재까지 이어지고 있다고 할 수 있다.

유직고실은 헤이안 중기의 10세기에 후지와라노 사네요리(藤原実頼), 모로스케(師輔) 형제에 의해서 확립되고 그 후 후지와라노 긴토(藤原公任), 오오에노 마사후사(大江匡房) 등에 의해서 연구가 심화된다.[5] 본래 율령의 의례에 의해 생겼지만, 그 후 세세한 규정이 거듭되어 쌓여 복잡한 체계가 비대화되어 갔다. 거기에 그 전통을 정리하고 근본의 원리를 다시금 확인해 갈 필요성이 생긴다. 그것이 중세 왕권의 중요 과제가 되는 것이다. 불교계에서도 밀교 의례가 팽대되고 그것을 단순화하면서 실천적인 것으로 하는 것이 요청된 것과 상사(相似)하다.

---

5) 河鰭実英, 『有職故実』(塙書房, 1960), 17쪽.

3.1.2. 『긴피쇼(禁祕抄)』로 본 천황의 이상

본 절에서는 구체적으로 준토쿠(順德) 천황(1197~1242)의 『긴피쇼』에 대해서 살펴보겠다.[6] 준토쿠는 고토바(後鳥羽)의 자식으로 고토바의 의향을 받아들여 배다른 형인 쓰치미카도(土御門)의 뒤를 이어 1210년 14살에 즉위하고, 1221년에 아들인 주쿄(仲恭)에게 자리를 물려주고 고토바와 함께 조큐(承久)의 난의 중심이 되어 막부를 쓰러뜨리기 위해 노력하지만 패배하여 사도(佐渡)로 유배되었다. 『긴피쇼』는 1219년에 집필되기 시작하였으며 1221년 이후에 완성되었다.[7] 재위 시절의 저서이며 조큐의 난 이전의 막부 측과의 긴장이 고조되는 가운데 쓰여졌다. 천황 자신이 스스로 행하는 의례에 대해서 자세히 기술하였고 천황으로서의 마음가짐을 적은 책으로 매우 가치가 높다.

본 서적은 가시코도코로(賢所: 궁중에 신경(神鏡)을 모시는 건물 혹은 거기에 받들어 모시는 신경 자체)에서 시작되며 전 91항목에 걸쳐 천황의 직무나 사생활, 궁중의 건물, 기물, 임무, 행사 등을 설명하고 있다. 거기에는 천조(踐祚) 등 대 바뀜의 큰 행사가 들어 있지 않은 대신 세세한 일상의 사소한 일들 까지 다루고 있으며 마지막 부분에는 설산·새·벌레 등의 항목도 있다. 설산은 눈이 내렸을 때,

---

6) 『禁祕抄』는 상하 두 권으로, 『群書類從』 잡부(雜部) 22에 수록되어 있다. 본서에 관해서는 佐藤厚子, 「禁祕抄の研究」 1~10(『椙山女学園大学研究論集』 39~48(人文科学篇), 2008 ~2017. 이하, 『논집(論集)』)에 자세한 연구가 있다.

7) 佐藤厚子는 和田英松, 『皇室御撰之研究』(明治書院, 1933)를 바탕으로 검토하여 성립시기를 확정지었다(佐藤, 위의 논문 10, 『논집』 48).

정원에 눈 산을 만드는 것이지만 거기에도 자세한 규정이 기술되어 있다. 새는 천황이 어렸을 때 고토리 아와세(小鳥合わせ: 작은 새를 잡아 우는 소리나 날개의 빛깔 등을 겨루는 놀이—역자 주)나 투계(鬪鷄)를 하였다는 것이 기술되어 있으며 벌레는 송충(松虫)이나 방울벌레를 헌상했다는 것이다. 이러한 궁중의 세세한 일에 이르기까지 모두 그 규정과 유래를 기술하고 있다. 그 때문에 본 서적은 "헤이안 시대를 통틀어서 형성된 천황의 공간이라고 할 수 있는 세계를 모두 텍스트화하려고 시도했다"[8]고 할 수 있다. 일상의 그 어떤 세세한 일 까지 모두 범주로 두고 거기에 천황으로서의 올바른 모습과 마음가짐이 요구된다.

사토 아쓰코(佐藤厚子)가 지적한 바와 같이 거기에는 "원칙과 실제를 병기한다"[9]라는 특징이 보인다. 그것은 이 시대 천황의 바람직한 모습이 크게 변화했다는 사정에 의한다. 즉, 한 편으로는 고대적인 천황의 원칙을 유지하지 않으면 안 됨에도 불구하고 현실은 그것에서 점점 이탈해 가 단순한 복고는 성립될 수 없게 되었다. 당시 "천황의 일상생활은 동시대의 귀족의 그것과 크게 다르지 않았다"[10]고 생각된다. 시라카와(白河)부터 고토바에 이르는 12세기의 인세이(院政)의 진전은 의례왕으로서의 천황과 실질적인 집정자인 섭관이 협력할 종래의 체제를 붕괴시켰다. 퇴위한 원(院: 상황)은 천황으로서의 속박에서 벗어나 자유로운 권력을 행사하고 출가

---

8) 阿部泰郎, 「芸能王の系譜」(『天皇の歴史10天皇と芸能』(講談社, 2011), 107쪽.
9) 佐藤, 앞의 논문 2(『논집』 40), 1쪽.
10) 佐藤, 위의 논문 3(『논집』 41), 26쪽.

[7강] 왕권과 신불을 통해 본 일본사상사   225

하여 법황이 되는 것으로 신불에도 영향을 주는 강대한 힘을 획득했다. 게다가 새로운 권력의 종국을 이룩하게 되어 천황으로서의 바람직한 모습은 더욱 위기를 맞게 된다. 이와 같은 상황 가운데 준토쿠는 천황의 본래 있어야 할 모습을 추구한 것이다.

본 절의 도입부의 가시코도코로에서 "대략 궁중 안의 예법, 먼저 신사(神事), 그 후에 타사(他事). 아침저녁으로 신을 공경하는 천자(天子)로서의 마음가짐을 나태해서는 안 된다"[11]고 신사야 말로 궁중에서 가장 중요시하는 곳이라 하고 있다. 그 밖에 불법에 관해서는 "천자는 무조건 정법으로 공무를 행한다. 즉 이것은 불법의 흥륭(興隆)이다"(불사차제(佛事次第))라고 하고 있다. 불법의 흥륭도 또한 천황이 해야만 하는 일인 것이다. 즉 '아침저녁으로 염주를 가지고 염불 외는 것은 해서는 안 되는 일이다'라고 일상적으로 염불을 외는 것은 부정하고 있다.

천황으로서 해야 할 일은 '제예능사(諸芸能事)'의 항목에 적혀 있는데 "제1은 학문이다. 배우지 않으면 고도(古道)를 밝힐 수 없다. 정치를 잘 해서 태평을 이룩한 자는 존재하지 않다"(제예능사)고 쓰여 있다. 여기에서 '학문'은 『군서치요(群書治要)』와 같은 무엇보다도 정치에 관한 한적을 들 수 있다. 그러나 천황에게 요구되는 것은 좁은 의미의 학문만이 아니다. 제2는 관현, 와카가 제시되어 있다. 바로 '예능왕'[12]이라는 것이 이상으로 여겨진 것이다. "호색

---

11) 원문은 한문이지만 이하 인용문은 읽기 편한 문장으로 바꾸었다. 그 과정에서 佐藤厚子의 연구 및 関根正直, 『禁秘抄講義』 三巻(六合館, 1901初版, 国立国会図書館近代デジタルライブラリー)를 참조했다.

의 길, 유현(幽玄)의 의(儀)는 버리지 않으면 안 되는 것인가"라고 되어 있다. 준토쿠는 가론서(歌論書)를 쓴 가인으로도 유명하다. 이와 같은 '예능'은 생활과 직접적인 관련이 없는 소위 말하자면 고도 (高度)의 순수한 교양이라고 말할 수 있으며, 이상적인 천황은 그것을 완벽하게 습득하는 것이 요구된다.

천황의 마음가짐으로 주목해야 할 것은 '평범하고 미천한 사람을 멀리 해야 함'이라는 항목이다. "천자(天子)는 특히 신체의 노화를 멈춰야 한다. 이것은 필단(筆端)으로 다 기술하기 어려운 일이다"라고 하듯이 평범하고 미천한 사람을 대하는 일은 천황의 신체의 노화를 자초하는 위험한 일이었다. 예를 들어 식사를 할 때 시중을 드는 사람이나 옷을 차려입을 때 어떤 지위의 사람까지 허락되는지에 대해서 자세히 논하고 있다. 특히 문제가 되는 것은 예인(芸人)을 초대하는 일이다. "예(芸)가 있는 사람은 그것에 의해서 가까이 대하는 일이 근대에는 많다. 간표의 유계[寬平の遺誡][13]와 같은 것은 적당치 않다. 소위 사루가쿠(猿楽)와 같은 것을 뜰에 진현하는 것은 그만둬야 할 일이다"라고 그와 같은 사례가 많은 것을 지적하고 엄격히 금지하고 있다. 좀 더 구체적인 예로 "겐큐(建久) 연간 (1190~1198년—역자 주) 이후 자리를 깔고 축국(蹴鞠)을 즐기는 일이 있었다. 이것은 가장 후회되는 일이다"라고 자기반성을 하며 비판하고 있다.

---

12) 阿部, 앞의 논문.

13) 간표(寬平)는 889~898년. 우다천황(宇多天皇)의 치세. 이 전후의 시대가 중세 시대의 이상화(理想化)된다.

이처럼 신분의 혼란은 질서의 혼란이고 왕권의 근간을 흔들 수 있는 문제이다. 실제로 이 시기에 신분이 낮은 예인이 궁정에 들어와 애호(愛好) 받았다는 일이 종종 확인된다. 준토쿠 천황은 이것을 엄격하게 비판했다. 질서는 우선 신분에서부터 제대로 서지 않으면 안 된다. 이러한 점에서 생각해 볼 때 막부가 조정에 말참견을 하게 되는 일은 질서를 파괴하는 것으로 용서받을 수가 없다. 준토쿠 천황이 고토바 천황 이후에 강경하게 반막부(反幕府)의 입장을 취하였고 조큐의 난이 일어난 것도 이러한 부분에 의한 것이다.

또한 여기에서 '겐큐(建久) 이후'가 특히 문제가 된다는 것에 주의를 해야 한다. 겐큐 연간(1190~1199)은 주로 고토바 천황의 시대이다. 본고에서도 종종 '근대'가 그 이전 시대와 대비되어 비판의 대상이 되는데 이것은 '겐큐 이후'의 일이다. 겐큐 연간에는 요리토모(賴朝)의 가마쿠라 막부가 그 조직을 확립하고 조정에도 관여를 하게 된다. 또한 1196년에는 구조 가네자네(九条兼実)가 실각을 하는 등 조정 내부의 혼란이 극에 다란다. 질서를 잃고 조정의 권위가 떨어지는 위기의 상황이었다. 그 가운데 준토쿠 천황이 유직고실의 전승을 재확인 하고 평범하고 미천한 사람과 다른 천황의 공간을 재구축하려고 한 것이다. 그러나 이미 그것이 통용되는 시대가 아니었다. 그래서 조큐의 난이라는 비극이 일어난 것이다.

3.1.3. 삼종(三種)의 신기(神器)에 대해서

천황으로서의 지위의 유지에 가장 중요한 것으로 삼종의 신기 문제가 있다. 삼종의 신기는 오늘날까지 천황의 즉위 시 천황에게 건네주는 상징적인 보물로 신화에 유래한 거울, 검, 신새(神璽: 굽은 구슬) 세 가지이다. 그런데 1185년 단노우라(壇ノ浦)에서 헤이케가 멸망할 때 안토쿠(安徳) 천황이 신기를 가지고 물에 빠져 죽게 된다. 신새와 거울은 무사히 회수되었지만, 검은 수몰된 채로 발견되지 않았다. 그 때문에 황위 계승 시 신기를 건네는 일을 어떻게 해야 하는지에 관한 문제가 발생하게 되었다.14) 실은 삼종의 신기를 둘러싼 문제는 그 이전부터 있었다. 헤이케가 안토쿠 천황과 함께 신기를 교토에서 가지고 나왔을 때 고시라카와인(後白河院)은 안토쿠를 단념하고 고토바를 즉위시키려고 했는데 신기 없이 즉위를 할 수 있는지에 대해 궁중에서 의논되었고 결국 고토바는 신기 없이 즉위를 했다.15)

『긴피쇼(禁秘抄)』에서는 삼종의 신기를 논하고 있지 않다. 거울에 관해서는 권 상의 서두의 '가시코도코로(賢所)'에서 기술하고 있으며, 다음으로 '태도(太刀)·부계(符契)'의 항목이 있으며, 그 다음으로 '보검(宝剣)·신새'의 항목에 이르러 검과 옥새에 관해서 언급하고 있다. 또한 '태도·부계' 다음으로 '겐조(玄上: 비와(琵琶)의 명기(名器))', '스즈카(鈴鹿: 와고토(和琴)의 명기)'가 이어지며 이는 모두 "누대(累代)의 보물이다"라고 하고 있다. 삼종의 신기가 고대부터 황위와 함께 계승된 것은 틀림없지만,16) 보물의 관리유지에 관해

---

14) 渡邊大門, 『奪われた「三種の神器」』(講談社現代新書, 2009) 제1장 참조.
15) 위의 책.
16) 위의 책, 15쪽.

서는 반드시 일괄된 것이 아니었으며 그 밖에도 귀중한 보물이
있었다.

　이러한 보물 중에 가시코도코로에서 모시는 거울은 특별한 의미
를 갖고 있다. 거울은 "신대(神代)부터 신경으로 모시고 (이세(伊勢))
신궁처럼 받들어 모신다"고 하듯이 이세신궁에 대한 것과 동일하
게 숭배의례가 필요했다. 거울은 3번이나 화재를 겪었지만, 기적적
으로 소실을 면하게 된다. 그러나 아마도 화재로 인해 본래의 모양
을 유지할 수 없게 되었을 것이다.17) 신새는 오늘날 굽은 구슬이라
불리지만, 밀봉되어 있어 그 누구도 볼 수 없는 것으로 실은 어떠한
것인지 확인된 바가 없다. 준토쿠는 그것을 거울이라고 생각했다
고 한다.18) '보검·신새'의 항목에서는 신새에 관해서 "신대부터 우
리(=신)를 보는 것처럼 하라고 하였다. 가장 귀히 공경해야 한 것이
다"라고 쓰여 있으며 신대부터 전해져 온 것이라 알려져 있다.

　그렇다면 문제는 검이다. 검에 대해서는 "신대에 3개의 검이 있
다"고 전해진다. 제1의 검은 단노우라에서 잃어버린 검이다. 그래
서 그 후 20여 년은 세이료덴(清涼殿)에 있었던 '히루노오마시(昼御
座)의 검'을 대신 사용하였다. 그러나 그 후 이세 신궁이 꿈속에
나타난 신의 계시로 얻은 검을 진상했기 때문에 그것을 보검에
준하는 것으로 여기게 되었다고 한다. 이렇게 보검은 잃어버렸지
만 대신할 검의 출현으로 왕권 내부의 문제는 정리되게 된다.

---

17) 渡邊, 앞의 글, 150쪽.
18) 佐藤, 앞의 논문 1(『紀要』 39), 46쪽.

이렇게 삼종의 신기는 사실은 그 전래가 매우 의심스러운 것으로 그 후 왕권이 두 갈래로 나뉘어 싸운 남북조시대(1336~1392)에도 신기의 전달을 두고 어느 것이 진품인지 구분할 수 없게 되는 기묘한 일이 계속되었다. 그럼에도 불구하고 삼종의 신기는 이것에 의해 황위의 계승이 성립되는 중핵으로서의 역할을 갖게 된다.

그런데 왕권의 당사자에게 신기의 존비는 사활문제이지만 왕권을 둘러싼 외부의 언설은 반드시 무리한 신기의 계승이 없어도 상관없기 때문에 이 부분에 여러 가지 의논이 전개된다. 예를 들어 『헤이케 이야기[平家物語]』에서는 보검의 소실이 그 정도로 결정적인 것이라고 여겨지고 있지 않다. 그 당대의 설(說)에 의하면 아마테라스 오미카미(天照大神)와 이와시즈미 하치만구(石清水八幡)의 수호가 있는 이상 "말대요계(末代澆季: 사람들의 도덕, 인정의 혼란으로 세상이 끝나기 직전의 상황—역자 주)지만 천황의 운세가 극에 달하는 일은 없을 것이다"(권11·검(劍), 이와나미 문고판4, 226쪽)고 상당히 낙관적으로 기술되어 있다. 또한 어떤 유학자에 의하면 안토쿠 천황은 야마타노오로치(스사노오노미코토에 의해 죽은 큰 뱀으로 그 체내에서 보검을 꺼냈다)의 환생으로 자신을 보검으로 바꾸어 바다에 가라앉은 것이라고 한다.19) 이렇다면 천황도 뱀도 환생에 지나지 않는 것이 된다. 이렇게 하여 신검은 바다에 가라앉고 "천심(千尋)의 바다 밑바닥에서 신용(神竜)의 보물이 되었기에 다시 인간에게

---

19) 「素戔烏の尊にきり殺されたてまつりし大蛇、霊劍ををしむ心ざしふかくして、八のかしら、八の尾を表事として、人王八十代の後、八歳の帝となツて、霊劍をとりかへして、海底に沈み給ふにこそ」(『平家物語』 권11·검(劍), 岩波文庫版4, 226쪽).

돌아갈 수 없는 것도 연유가 있는 것이다"고 검은 본래 있어야 할 곳으로 돌아갔으니 그것으로 충분하다는 결론에 이르고 있다.

지엔(慈円)은 왕권에 가까운 곳에 있었던 지식인인데『구칸쇼(愚管抄)』권5에서 보검의 소실에 필연적인 이유가 있다고 언급하고 있다. "보검이 소실됐다는 이번 사건만큼 천황의 정치에 심난한 일이 있을까"(오스미 역, 300쪽)라고 하면서 "이해해야 할 도리가 분명히 담겨 있음에 틀림없다"(同, 301쪽)고 그 도리를 찾는다. 그리고 무사가 천황을 수호해주는 시대가 되었기 때문에 검은 필요 없어져 소실되었다고 하고 있다. "보검은 도움이 되지 않는다"(同, 301쪽)는 것이다. 무사의 시대가 된 이상 천황도 쇼군도 무사도 마음을 하나로 합치지 않으면 안 되는 시대가 되었다는 것이다. 이렇게 지엔의 설에 의하면 보검이 소실된 것은 무사의 세상으로의 이동을 나타낸다는 필연성이 있는 것이다. 조큐의 난에 비판적인 지엔스러운 해석이다.

이렇게 중세의 왕권은 유직고실의 예의를 바탕으로 전개되면서 13세기 전반에는 큰 전환기를 맞이하게 된다. 그에 반해 가마쿠라 막부 측은 어성패식목(御成敗式目: 가마쿠라 시대의 무가사회의 습관이나 도덕을 바탕으로 제정된 무사정권을 위한 법령—역자 주) 등의 실질적인 성문법을 제정함과 동시에 조정을 본받아 예의를 정비를 추진했다. 막부는 과거의 관례에 얽매이지 않는 자유를 갖고 있었지만, 과거의 의례의 집적이 없었다는 점이 약점이며 그것을 보완하기 위해 조정의 의례를 수용하게 된 것이다. 이러한 천황의 의례성은 현대까지 계속되고 있다. 그 때문에 천황을 정치적인 면으로

만 보는 것은 잘못된 것이며 그 예의성에 본질이 있다고 생각해야
할 것이다.

3.2. 가마쿠라 불교의 재인식

3.2.1. 가쿠반(覚鑁)의 종합적 밀교이론

이상과 같은 왕권의 움직임에 대해 신불 측은 어떠했을까. 기존
의 불교사(仏教史)는 소위 가마쿠라 신불교 중심 사관[鎌倉新仏教中
心史観]의 영향 하에 신란(親鸞)·도겐(道元) 등에 의한 '신불교'를 중
세종교의 중심이라고 보았다. 이에 반해 구로다 도시오(黒田俊雄)가
1975년에 제시한 현밀체제론(顕密体制論)[20]은 현밀불교를 중세불
교의 중핵으로 보았다. 현밀불교란 현교(顕教: 밀교 이외의 불교)와
밀교를 합친 종합불교이며, 일찍이 신불교에 대한 '구불교(旧仏教)'
로서 부정적으로 여겨졌는데, 구로다는 그 중요성, 특히 밀교의
중요성을 지적하였다. 구로다의 이론이 발표된 후 반세기 가량 지
나 드디어 문헌적·실증적인 연구의 진행으로 밀교의 중요성이 확
인되어 구로다의 지적이 올바르다는 사실이 증명되고 있다. 의례
(儀礼) 중심인 밀교가 어떻게 변화되어 가는가라고 하는 문제점을
통해 중세불교의 전개를 찾아볼 수 있다.

그렇다면 밀교를 축으로 중세불교의 형성은 어떻게 이해할 수

---

20) 黒田俊雄, 『日本中世の国家と宗教』(岩波書店, 1975).

있을까. 이 시대의 불교는 『가쿠젠쇼(覚禅抄)』, 『아사바쇼(阿娑縛抄)』 등에 집대성되는 밀교 의례의 방대한 축적을 기반으로 그것이 이론화됨과 동시에 대중화되어 가면서 가마쿠라기의 새로운 불교가 형성되는 것이라고 생각된다. 오늘날에는 일찍이 당연시되었던 '신불교'와 '구불교'의 대립이라고 하는 도식이 완전한 픽션이라는 사실이 명백해졌다. 오히려 불교계 전체가 새로운 방향으로 움직이고 있다고 생각해야 할 것이다.

밀교의 이론화라는 점에서 획기적인 것은 인세이기(院政期)의 가쿠반(覚鑁, 1095~1144)이다. 가쿠반은 『오륜구자명비밀석(五輪九字明秘密釈)』에서 오륜설(五輪説)을 완성시켰다.[21] 이는 지(地)·수(水)·화(火)·풍(風)·공(空)의 오륜을 방형(方形)·원형(円形)·삼각형(三角形)·반원형(半円形)·보주형(宝珠形)으로 나타냄과 동시에 간(肝)·폐(肺)·심(心)·신(腎)·비(脾)의 오장(五臓) 외에 다양한 오분화(五分化) 원리를 대입한 것이다. 이에 따라 신체의 오장을 터득하여 즉신성불(即身成仏)이 성립되는 것이다. 구카이(空海)는 만다라의 세계관을 전개하고 즉신성불 이론을 수립하였지만, 수행자 개인이 실천하는 방법이 확립된 것은 아니었다. 그에 반해 가쿠반은 자신의 신체를 관상(観想)하여 즉신성불을 실천할 수 있게 하였다.

이렇게 신체론에 초점이 맞추어지면 응용 범위가 더욱 넓어진다. 오륜을 자신의 외부에 석조탑 등으로 표현하면 그것은 오륜탑이 된다. 오륜탑은 가쿠반 이전으로 거슬러 올라가는데 가쿠반은

---

21) 末木文美士, 『日本思想史の射程』(敬文舎, 2016) 제5장 참조.

이를 즉신성불 이론으로 기
초를 확고하게 함으로써 오
류탑은 사자(死者)의 성불을
가능하게 하여 묘비로 보급
되게 되었다.

五輪塔

覚鑁『五輪九字秘釈』
空 kha 脾臓 中央
風 ha 腎臓 北
火 ra 心臓 南
水 va 肺臓 西
地 a 肝臓 東

世界＝身体＝五輪

　이렇게 오륜사상은 자기
신체의 관상(観想)을 핵심으
로 삼고, 생(生)과 사(死)가
얽힌 인간관을 밀교의 입장에서 성립시키게 되었다. 생의 측면에
서 보면 오장을 관상하는 오장만다라(五蔵曼荼羅)가 발전하여 남녀
합일로 태아가 성장하고 이 세상에 탄생할 때까지의 과정을 관상
하는 태내오위설(胎内五位説)이 형성되었다.[22]

　『오륜구자명비밀석(五輪九字明秘密釈)』에는 또 하나의 중요한 사
상이 담겨 있다. 그것은 정토교의 아미타불 신앙을 섭취함으로써
밀교 속 내세의 문제를 받아들일 수 있었다. '오륜구자(五輪九字)'의
'구자(九字)'는 아미타의 주문(oṃ, a, mṛ, ta, te, je, ha, ra, hūṃ)이다.
"현교에는 석존(釈尊) 외에 미타(弥陀)가 있는데, 밀교에서는 대일
(大日) 즉 미타(弥陀)이며, 극락의 교주이다."(『興教大師撰述集』, 176
쪽)[23]라고 다이니치와 미타는 동일하다고 하는데, 그렇게 때문에

---

22) 五蔵曼荼羅와 胎内五位説에 관해서는 2011년, 2014년, 2017년의 유럽일본학협회(EAJS)
대회에서 아베 야스로(阿部泰郎) 선생을 중심으로 한 패널 「종교적 신체텍스트」의 자료집에
수록되어 있다.
23) 이하, 『五輪九字明秘密釈』의 인용은 현대어로 번역하고, 『興教大師著作集』의 해당부분
을 표시하였다.

밀교를 행함이 미타의 극락왕생도 가능하게 하는 것이다. 밀교의 강점은 다양한 기근(機根), 다양한 수행을 모두 포섭할 수 있는 점이다. 즉, 기근에 의해 "첫째로 상근상지(上根上智)로 즉신성불을 기약한다. 둘째로 단신행천(但信行浅: 信뿐이고 行이 부족하다)으로 순차왕생(順次往生, 来世往生)을 기약한다. 이 행자(行者)에 대해 또한 종류가 많고, 바르게는 밀엄정토(密厳浄土: 大日如来의 정토)를 기약하고, 또 십방세계(十方世界)의 정토를 기약하는 자도 있다"(同)고 즉신성불과 내세왕생의 양쪽이 인정된다. 즉, 현세에서의 즉신성불과 내세의 극락왕생이 모두 가능해지는 것이다.

나아가 가마쿠라 불교와의 관계에 있어 중요한 것은 삼밀유가(三密瑜伽)에 대해 일밀(一密)만으로도 충분하다고 하여 일밀성불(一密成仏)을 인정하고 있다는 점이다. 삼밀유가란 구카이의 『즉신성불의(即身成仏義)』에 설파되어 있는데, 신체에서 손가락으로 인계(印契)를 맺고, 입으로는 진언(真言)을 외우고, 마음으로는 부처를 관상함으로써 중생과 부처의 삼밀(身·語·意)이 일치하여 즉신성불이 성립된다는 것이다. 이에 반해 가쿠반은 그 중 일밀만으로도 충분하다고 한다. 즉, "만약 행자가 단지 진언을 외우기만 한다거나, 단지 인계를 맺기만 한다거나 해서 마음에 지혜가 없는 경우, 설사 지혜가 있다고 하더라도 다른 이밀(二密: 신체와 말)이 결여된 수행을 하는 사람의 공덕은 어떠한가"라고 물으며 그 공덕이 크다는 점을 인정하고 있다.[24] 이는 훗날 중세불교의 발전에 커다란

---

24) "問ふ。三密相応の修行に於ては所得の功徳一向に然るべし。もし行者あつて唯、真言を誦し、唯、印を結んで智慧なく、たとひ智慧ありとも、余の二密を闕する偏修

영향을 미치게 된다.

3.2.2. 가마쿠라 불교의 단서

이와 같이 가쿠반에 의해 밀교적 인간론의 종합적인 이론이 완성되는데, 그 후에 해체되어 가는 과정에서 가마쿠라 불교의 실천론이 전개된다. 본래 밀교는 복합적인 이론인데 가쿠반은 그 중에서 일밀일행(一密一行)의 실천도 좋다고 하였다. 그에 따라 복잡한 밀교의례는 단순화되어 재가자(在家者)도 포함하여 실천이 가능하게 된다. 신체의 요소를 끄집어내는 것이 선(禅)이나 율(律), 언어의 요소를 끄집어내는 것이 염불이나 아자관(阿字観), 마음의 요소를 끄집어내는 것이 신(信) 중심의 불교이다. 더구나 현세에서 즉신성불이 실현되지 않더라도 내세 왕생의 보증을 얻는 것으로 실천은 더욱 용이해진다. 종래에 '신불교'로 여겨진 가마쿠라기의 불교는 이와 같은 이론적 전개에 의해 이해된다.

가마쿠라 시대의 새로운 불교의 단서를 나타내는 상징적인 불교자의 행위가 가모노 조메이(鴨長明)의 수필 『호조키(方丈記)』에 기록되어 있다. 『호조키』는 요와(養和) 년간(1181~1182)에 있었던 대기근의 모습을 상세히 기록하고 있으며, 이어서 닌나지(仁和寺)의 류교(隆暁) 법인(法印)의 활동이 기록되어 있다.

所得の功徳の分斉と如何んが差別ある。答ふ。偏修偏念、智なくとも信あれば所得の功徳、顕教の無量劫を経て得る所の功徳に超過せり。"(『興教大師著作集』, 210쪽)

닌나지에 류교 법인이라는 사람이 셀 수 없을 만큼 많은 사람이 죽은 것을 슬퍼하여 시신의 머리가 보일 때마다 이마에 아자(阿字: 범자의 첫 번째 문자로 만물의 근원을 상징한다)를 써서 부처와 인연을 맺도록 하였다. 사람 수를 알기 위해 4, 5월 두 달에 걸쳐 센 결과 교토 안에서 이치조(一条)보다 남쪽, 구조(九條)보다 북쪽, 교고쿠(京極)보다 서쪽, 스자쿠(朱雀)보다 동쪽의 길 가에 있는 머리는 모두 42,300여 개였다.[25]

류교(隆曉, 1135~1206)는 미나모토노 도시타카(源俊隆)의 아들로 권대승관(権大僧都)이었다. 귀족사회 출신으로 위계 있는 승려가 무수한 서민출신 사자(死者)의 공양을 위해 애썼다는 것이다. 이마에 아자(阿字)를 써서 부처와 인연을 맺게 한다는 것은 아자의 공덕을 절대시하는 일밀화(一密化)와 다름없다. 원래 시신은 더러운 것이라 하여 꺼려졌으나 그것을 아랑곳하지 않고 시신의 이마에 직접 아자를 쓸 수 있었던 것은 아자의 공덕이 더러움을 이기는 강력한 힘을 지니고 있기 때문이다. 그뿐만 아니라 사후의 성불을 위한 사자의 기연(機緣)을 만드는 것이 가능하다. 이렇게 해서 새로운 실천이 가능해진 불교는 귀족사회를 넘어 불특정다수의 서민들 속에 파고들어갈 수 있게 되었다.

때마침 겐페이(源平) 싸움의 혼란이 계속되고 1180년에는 다이

---

25) "仁和寺に隆曉法印といふ人、かくしつゝ、数も不知(しらず)死ぬることを悲しみて、その首の見ゆるごとに、額に阿字を書きて、縁を結ばしむるわざをなんせられける。人数を知らむとて、四五両月を数へたりければ、京の中、一条より南、九條より北、京極よりは西、朱雀よりは東の、路のほとりなる頭、すべて四万二千三百余りなんありける。"(『方丈記』, 岩波文庫版, 21쪽)

라노 시게히라(平重衡)의 남도(南都) 화공으로 남도의 사원은 흔적도 없이 타버렸다. 이는 불교계에 있어 충격적인 사건이었다. 그런데 이듬해인 1181년에는 재빨리 고시라카와 법황(後白河法皇)의 발원으로 부흥에 착수한다. 같은 해에 자금난을 해결하기 위해 도다이지(東大寺)의 권진직(勸進職)으로서 발탁된 것이 조겐(重源, 1121~1206)이었다. 조겐은 폭넓은 네트워크를 살려 귀천을 막론하고 기진(寄進)을 통해 부처와 인연을 맺을 수 있다고 하여 많은 기부를 받아 순조롭게 부흥을 진행시켰다.26) 이렇게 하여 조겐의 남도부흥활동은 국민적인 운동이 되어 새로운 불교 흥륭(興隆)의 기운을 북돋았다. 조겐의 네트워크 중에서 에이사이(栄西)나 호넨(法然)의 활동도 전개되었다. 조겐이야말로 운동으로서의 가마쿠라 불교의 원점을 만든 중심인물이었다고 할 수 있다.

3.2.3. 에이사이의 밀교와 가마쿠라 불교

에이사이(1141~1215)는 임제선(臨済禅)을 일본에 들여온 사람인데, 기존의 신불교 중심론이 받아들여진 시대에는 그 평가가 좋지 않았다. 그 이유는 에이사이가 밀교승으로서도 활동하여 아직 순수선(純粋禅)이 확립되기 전의 구불교적인 요소가 남은 겸수선(兼修禅)으로 보여졌기 때문이다. 그 평가가 바뀌고 있는 것은 나고야시에 있는 신푸쿠지(真福寺)에서 종래에 알려지지 않았던 에이사이의

---

26) 조겐의 활동에 대해서는 奈良文化財研究所 編, 『俊乗房重源史料集成』(吉川弘文館, 1965; 復刻, 2015)에 기본 사료(史料)가 집성되어 있다.

밀교 관련 저작물이 여럿 발견되어 그 밀교가 결코 구불교를 향한 타협과 같은 것이 아닌 독창적이고 중요한 의미를 지닌다는 것을 알게 된 사실에 의거한다. 에이사이의 재평가와 관련해서는 나도 다소 공헌하고 있다.[27)

에이사이는 1187년에 두 번째로 송으로 들어가(첫 번째는 1168년) 천태산 만년사(天台山万年寺)에서 임재종 황룡파(臨済宗黄龍派) 고안에조(虚庵懐敞)의 불법(仏法)을 이어받아 1191년에 귀국하여 1198년에 『흥선호국론(興禅護国論)』를 집필하여 선(禅)을 넓혔다고 알려져 있다. 신푸쿠지에서 발견된 에이사이의 밀교 관련 저작물은 모두 두 번째로 송에 들어가기 전에 기타큐슈(北九州)에서 활동하던 때에 쓰여진 것이다. 도읍 쪽에서는 겐페이 전투부터 남도의 화공과 부흥의 시기에 에이사이는 기타큐슈에서 새로운 밀교를 내걸고 활동하고 있었던 것이다. 이들을 검토해 보면 귀국 후의 『흥선호국론』 이전에 가마쿠라 불교로서 전개되는 새로운 사상 동향의 방향성이 이들 밀교서 안에 나타나 있다. 이를 봐도 중세불교가 밀교를 중심으로 커다란 전개를 나타낸 것이 분명하다.

에이사이 밀교의 특징은 다음의 세 가지로 요약할 수 있다.

첫째, 교주론(敎主論)의 문제이다. 새로 발견된 에이사이의 저작 『개편교주결(改偏敎主決)』, 『중수교주결(重修敎主決)』은 다자이후 덴만구(太宰府天満宮) 부근에 있었던 천태종 하라야마(原山) 무량수사

---

27) 末木文美士, 「栄西禅師と密教」(『禅文化』 232, 2014) 참조. 신출 문헌은 『真福寺善本叢刊』 第二期三(臨川書店, 2006), 『中世禅籍叢刊』 1(同, 2013), 同・12(同, 2018) 등에 수록되어 있다.

(無量寿寺, 현재는 廃寺)의 승려 손가(尊賀)와의 논쟁서인데, 여기에서의 논점은 어떤 부처가 밀교의 교설을 설파하느냐라는 교주론이다. 손가는 절대적인 부처[自性身]의 말은 인간이 이해할 수 없기 때문에 한 단계 아래의 자수용신(自受用身)이 설법한다고 주장했다. 그에 반해 에이사이는 자성신(自性身)이 설법한다고 주장하여 논쟁이 되었다. 이는 나중에 진언종 내에서도 비슷한 큰 논쟁이 발생해 후자의 입장을 취하는 라이유(頼瑜)의 흐름이 신의진언종(新義真言宗)으로서 분립하게 되었다. 일견 특수한 문제처럼 보이지만 이는 인간의 힘으로 궁극적인 진리를 이해할 수 있는가라는 커다란 철학적 문제에 관계된다. 에이사이나 그 이후에 입송(入宋)한 엔니(円爾, 1201~1280)는 선에 의해 궁극적인 경지에 이를 수 있음을 인정했다. 선과 밀교 중 어느 쪽이 우월한지는 중세불교의 큰 논제가 되었다. 에이사이와 손가의 논쟁은 그러한 중세의 논쟁들의 선구자적인 것이었다.

둘째, 가쿠반이 가지고 있던 신체론적 시점의 발전이라는 관점에서는 에이사이의 저작인 『은어집(隠語集)』이 주목받는다. 『은어집』은 금강계(金剛界)·태장계(胎蔵界)의 양부불이(両部不二)를 말하는 데, 태장계는 여성적 원리, 금강계는 남성적 원리이니까 양자합일은 남녀합일로 비유할 수 있다. 이와 같은 성적 요소를 도입하는 것은 일찍부터 다치카와 류(立川流)의 사교(邪教)로서 이단시되었지만, 당시의 밀교에는 왕성하게 받아들여져 사교시하는 것은 적절하지 못하다. 이와 같은 신체론은 남녀합일로부터 체내의 태아의 성장을 다섯 단계로 나누어 설명하는 태내오위설(胎内五位説)로 발전하는데, 에이사이한테서는 거기까지 보이지 않는다. 불교가 원칙상 생(生)을 부정하는 방향인 것에 대해 이러한 경향은 생을 긍정하는 것으로서 주목받는다. 이윽고 이러한 흐름이 불교 속에서 이단시되게 되면 신도(神道)나 수험도(修驗道) 쪽으로 옮겨가게 된다. 참고로 『깃사요조키(喫茶養生記)』(1214)는 에이사이 만년의 저작이다. 여기에서는 차(茶)로 인한 신체의 양생(養生)을 설파하고 있으며, 오장을 오행사상으로 설명하고 이는 가쿠반의 오륜사상과 아주 비슷하다. 불교의 생명 부정적인 입장에서는 양생이라고 하는 발상 자체가 나오지 않으며, 이 부분에서도 생명의 부정에서 긍정이라는 커다란 전환을 볼 수 있다.

셋째, 가쿠반의 삼밀(三密)에서 일밀(一密)까지라고 하는 흐름이 지적되었는데, 에이사이의 『결연일편집(結緣一遍集)』에서는 일밀 사상을 현저히 볼 수 있다. 여기에는 다양한 주문(진언)이 열거되어 있으며, 모두 한 번 외우는 것만으로도 매우 큰 공덕이 있다고 한다. 예를 들어, '唵波羅折羅摩尼ソハカ'라는 진언은 "한 번 외우면 이번 생의 부모와 7대가 영원히 부모 모두 성불한다"고 한다. 음주파계의 죄를 멸하는 진언이나 음욕(婬欲)의 죄를 멸하는 진언도 있다. 이들은 실로 일밀의 주문만으로 커다란 공덕이 있는 것이며, 그 또한 한 번 외우기만 하면 된다고 한다. 호넨(法然) 계통의 염불이 아미타불의 무한 공덕을 지닌다고 하는 것은 틀림없이 이와 같은 사상의 계보 속에 자리 잡을 수 있다. 호넨의 문하(門下) 중에는 한 번 염불하는 것으로 충분하다고 하는 일념의(一念義) 사상도 생겨나게 되는데, 그 원형도 이러한 식으로 인정받는다.

이상, 에이사이의 밀교 속에 그 후에 전개되는 가마쿠라 불교 사상의 다양한 요소가 포함되어 있는 것은 아닌가라고 하는 가설을 제시해 보았다. 중세 불교사상을 어떻게 볼지는 앞으로 더욱 검토가 요구되지만, 기존과 같이 구불교와 신불교를 대립시켜 보는 것은 이제는 무리이며, 불교계 전체의 문제로서 받아들여야 한다고 생각한다. 그리고 밀교가 그 중핵이라는 점은 명백하다.

이상과 같이 12세기부터 13세기에 걸쳐 왕권에서는 유직고실(有職故実)의 의례화와 그 전환을 볼 수 있고, 불교에서는 밀교에 의한 의례의 통합과 그 변질을 찾아볼 수 있다. 양자의 내실과 전환은 물론 단순한 동질이라고는 말할 수 없다. 그러나 인세이기(院政期)라는 시기는 왕권과 불법(仏法)이 법황으로 통합되어 절대적인 권력을 지니면서 크게 변질되어 가는 시기이다. 그 시기를 중심에 둠으로써 중세사상 전체의 커다란 변전(変転)의 다이너미즘(dynamism)을 살펴볼 수 있지 않을까. 그리고 왕권에 관해서도 불교에 관해서도 그 시대에 형성된 기본적인 발상이 현대에 이르기까지 계승되고 있는 것이고, 그 시대가 매우 큰 의미를 지니고 있음을 알 수 있게 될 것이다.

양명심학과 명대 정치문화

: 각민행도(覺民行道)를 중심으로

선병삼

1. 들어가는 말: 종교개혁과 각민행도

한국에서는 비교적 조용히 지나갔지만 작년(2017)이 종교개혁 500주년이었다. 이는 비텐베르크 대학의 신학교수로 재직하고 있던 루터(Martin Luther, 1483~1546)가 비텐베르크 성당에 '면죄부에 관한 95개조 논제'를 내건 때인 1517년 10월 31일을 기점으로 계산한 햇수다. 논제에서 루터는 면죄부 판매를 문제 삼으면서 당시 카톨릭교회 신앙의 오류와 성경의 바른 신앙원리를 제시했다.[1] 이 95개조 논제의 처음 조항은 다음과 같다. "우리들의 주님이시

---

1) 이하에서 개괄한 종교개혁 관련 내용은 인터넷으로 제공하는 최주훈(중앙루터교회 담임목사)의 칼럼과 백과사전, 전자도서 등을 활용하여 작성하였다.

며 선생이신 그리스도께서 회개하라고 말씀하셨는데 이는 신자들의 전 생애가 참회가 되어야 한다는 것을 의미한다." 루터는 마태복음 4:17의 "회개하라! 하늘나라가 가까웠다"를 가지고 95개 논제의 토대를 삼았다.

당시 교회에선 제롬의 라틴어 성경만이 유일한 경전이고 이 라틴어 성경에 의심을 가져서는 안 된다고 가르쳤다. 그런데 14세기 말부터 조금씩 균열이 생긴다. 문예부흥인 르네상스의 영향이다. 인문주의자들의 '원천으로 돌아가자'는 운동은 성서의 원문인 헬라어와 히브리어를 알자는 것으로도 전개되는데, 그 결실이 에라스무스의 헬라어 성경(1516)이다.

이제껏 사람들은 마태복음 4:17을 라틴어 성경에 쓰인 대로 "죗값을 치러라, 천국이 가까웠다"라고 읽어 왔다. 교회는 천국 가기 위해 죗값을 치르는 '보속'이란 개념을 만들면서 교회 권력을 유지해 왔다. 면죄부 판매도 이 맥락이다. 그런데 헬라어 성경은 '메타노이아(μετανόια)' 즉 '회개'가 원문이라는 것을 폭로하였다. 루터는 95개조 논제 제1조를 통해 이를 고발하고 개혁의 불을 댕긴 것이다. 제36조에서는 "진실한 회개가 (…중략…) 벌과 죄책으로부터의 완전한 사면(赦免)"이라고 구체적으로 밝힌다.

종교개혁은 르네상스에서 계몽사상으로 이어지는 유럽 근대화의 역사에서 징검다리 역할을 한 종교적 혁명이다. 정치, 경제, 사회, 문화적으로 격변을 가져 온 태풍의 눈이었다. 르네상스는 루터의 95개조 논제 제1조의 성경적 근거를 제공했듯이 중세 권위에 균열을 만들어냈다. 그러나 그 인문주의는 예술적이고 귀족적이어서 역사를 변혁할 힘을 갖지 못했다. 반면 종교개혁 운동은 민중의 마음을 포착하여 역사를 움직였다.

루터 종교개혁을 본 학술대회의 주제인 지식의 사회화와 관련하여 두 가지 측면에서 검토할 수 있다. 첫째는 종교개혁이 넓고 깊게 민중 속으로 파고드는 데 기여한 인쇄술이다. 이는 기술(지식)의 사회화 과정이라고 할 수 있다. 둘째는 루터가 라틴어 성경을 독일어로 번역하는 일련의 노력에서 드러나듯 종교의 평민화이다. 이는 사상(지식)의 사회화 양상이라고 할 수 있다.

종교개혁 시기 인쇄술의 기여는 지식(기술)이 사회와 문화를 변화시키고 추동시키는 모습을 여실히 보여준다. 독일인 구텐베르크가 만든 인쇄기는 1500년대 초에는 독일의 60개 도시와 유럽의 12개국에 인쇄기가 있었다고 한다. 이를 통해 사상 처음으로 대중은 관심거리들을 신속히 접할 수 있었다.

성경은 기존에 교회의 성직자들만 접근할 수 있었기에 사람들은 교리를 알기 위해 그들에게 의존할 수밖에 없었다. 이러한 정보의 비대칭 속에서 성직자들의 권력이 비정상적으로 강화되었다. 하지만 인쇄술의 발달로 성서 보급이 늘어나면서 일반 신자들의 성서 접근성이 강화되었다. 자연스레 개인 신자들 사이에서 부패한 성직자들을 비판하는 여론이 형성되기 시작했다.

루터가 교황의 권위를 공격한 『독일 귀족에게 고함』의 초판본은 4000권이 한 달도 안 되어 다 팔렸고 루터 생전에 15판 이상으로 더 인쇄하였다고 한다. 독일어 찬송가와 그림들은 낱장으로 인쇄되어 각 마을마다 퍼져나갔고 소규모 공동체 내에서 반복 재생산을 거쳤다. 이렇게 루터의 주장이 대중적 관심을 끌면서 실질적 변화로 이어졌다. 강론과 미사에 주요한 변화들이 나타났고 구교 의식의 폐지와 새로운 공식 예배순서가 마련되었다. 또 후에는 루터 신학을 기반으로 하는 루터파 교인회가 출현하기도 하였다.

아울러 루터가 독일어를 활용한 점은 종교의 평민화를 실천하는 데 매우 중요한 역할을 했다. 루터는 교리적으로 카톨릭교회에 도전할 뿐만 아니라 그 내용을 민중에겐 그대로 독일어로 풀어 설명했다. 그는 이를 통해 독일 민중의 지지를 이끌어 내면서 종교개혁을 추진했다. 이전의 다른 종교개혁가와 구별되는 루터의 탁월함으로 인쇄술의 발전에 힘입어 큰 성공을 거두었다.

애초 1517년 비텐베르크 성당 출입문에 내건 95개조 논제는 라틴어로 썼기 때문에 사실 파급효과는 거의 없었다. 그런데 그 이듬해 독일어로 이 내용을 요약하여 설교하고, 『95개조 논제 해설』을 출판하면서 종교개혁의 불길이 일기 시작했다. 또한 만인사제설(萬人司祭說)에 기반 하여 교황의 권위를 공격한 『독일 귀족에게 고함』도 독일어로 출판하여 독일 민중들에게 강렬한 반향을 일으켰다.

루터는 1521년 4월 16일 보름스 제국 의회에서 18일 동안 최종 변론을 하는데 거기서 유명한 말을 한다. "나의 양심은 하나님의 말씀에 사로 잡혔습니다. 양심을 거스르는 것은 불안하고 안전하지도 않습니다. 그 때문에 나는 나의 글과 주장을 철회하거나 거스를 수 없습니다. 주여 나를 도우소서!" 이 말을 할 때 루터는 처음엔 라틴어, 그리고 곧바로 이어서 독일어로 선언했다.

보름스 제국 회의 후 신변의 위협을 느낀 루터는 자신의 보호자인 작센 선제후 프리드리히의 바르트부르크 성으로 피신했다. 이 시기 루터는 그리스어와 라틴어로 된 에라스무스 신약성경을 독일어로 번역했다. 루터의 독일어 성경은 일반 독일 민중들이 성경과 기독교 신앙을 직접적으로 이해할 수 있는 길을 터주었다. 그리고 인쇄된 이 성경은 독일어권 전역으로 신속하게 종교개혁 사상을 날랐다.

왕양명(1472~1528)은 명대심학의 완성자이다. 중국 유학사에서 중요한 두 시기를 꼽자면 선진유학과 송명이학을 꼽는다. 선진유학은 유학의 정초를 닦은 시기이고 송명이학은 이른바 신유학으로 불리듯이 유학을 일신시켰다. 송대와 명대의 신유학은 천리(天理)와 구성지학(求聖之學)을 근간으로 삼기 때문에 송명이학이라고 하면서도 다시 송대 이학과 명대 심학으로도 구분한다. 송대 이학의 집성대자는 주자이고 명대 심학의 완성자는 왕양명이다.

송명이학의 동이는 송명이학에서 가장 중요하게 다루는 주제 중 하나로 유학사(혹은 동양철학) 전체에서도 손에 꼽히는 열띤 주제다. 일반적으로 주자의 성즉리(性卽理)와 양명의 심즉리(心卽理) 명제를 가지고 주자학과 양명학의 동이를 따지는데, 리를 중심에 두었다는 점에서 송명이학으로 통칭되지만 하나는 성, 하나는 심을 강조했다는 점이 다르다고 말한다.

성즉리와 심즉리를 가지고 송대 이학과 명대 심학의 차이를 구별 짓는 방식은 학술적, 철학적 구별이라고 할 수 있다. 그런데 유학이 현실 정치와 긴밀한 상관성을 가지면서 발전했다는 점을 고려한다면, 송대 이학과 명대 심학으로 갈리는 근거로 송나라와 명나라의 정치문화 요소를 고려할 필요가 있다. 가령 여영시(余英時)가 제시한 송대의 득군행도(得君行道)와 명대(청대)의 각민행도(覺民行道)의 구분처럼 말이다.[2]

부언하면 득군행도는 임금을 통하여 도를 행한다는 의미이고 각민행도는 백성을 깨우쳐 도를 행한다는 말이다. 송대는 사대부들이 임금과 함께 세도를 만들어 갔기 때문에 득군행도라고 한다면 명대(청대)는 전제통치 하에서 사대부들이 절대군주가 아니라 민중을 각성시켜 세도를 만들어 가려고 했다. 곧 각민행도를 실천했다.

여영시가 제시한 각민행도의 도식은 양명학을 이해하는데 상당히 유용하다. 우선 주자학이 비판하는 임정종욕(任情縱慾), 창광방자(猖狂放恣), 방기공부(放棄工夫), 엽등공부(躐等工夫) 등에 효율적으로 답변을 할 수 있다. 또한 양명학이 표방한 강회운동(講會運動), 성학간이(聖學簡易) 등의 의의를 충분히 설명할 수도 있다.

잘 알려진 것처럼 양명학이 명대 현학으로 그 시대적 사명을 발휘하는 데에는 강회운동을 통하여 당시 민중 속으로 파고들었기 때문에 가능했다. 이는 종교의 평민화를 표방한 루터 종교개혁과 유사점이 있다. 공교롭게도 루터와 양명은 동시대를 살았는데, 루터가 11년 늦게 태어났다.

---

2) 여영시, 「현대유학의 회고와 전망」, 『현대유학의 회고와 전망』, 북경: 신화서점, 2004, 132~186쪽.

2. 진리는 내 안에 있다: 용장오도龍場悟道

양명학의 3대 테제라고 하면 일반적으로 심즉리(心卽理, 37세), 지행합일(知行合一, 38세), 치양지(致良知, 50세)를 지칭한다. 이 중 양명이 37세에 심즉리를 제창했다는 설은 그가 귀주(貴州) 용장역승(龍場驛丞)으로 적거(謫居)할 때 격물치지(格物致知)의 의미를 깨달은 용장오도(龍場悟道)를 말한다.

잘 알려진 것처럼 왕양명 철학의 종지는 그의 나이 50세 무렵에 제창한 치양지 세 글자에 있다. 그런데 양명 스스로 용장오도의 심즉리가 양지라는 말에서 드러나듯이[3] 용장오도는 양명철학의 시종을 관통하는 표지석 같은 사건이다.[4]

양명이 심즉리를 제창하는 과정을 설명한 자료인「연보」37세 조에 기록된 용장오도의 내용은 다음과 같다.

(1) 선생이 비로소 격물치지의 의미를 깨달았다.

(2) 용장은 귀주 서북쪽 겹겹이 산으로 둘러싸인 곳으로 뱀들과 도깨비들이 우글거리고 독충과 풍토병이 심했다. 토착 소수민족과는 의사소통이

---

3) 『왕양명전집』권41,「刻文錄序說」, 1575쪽: "先生嘗曰: '吾良知二字, 自龍場以後, 便已不出此意. 只是點此二字不出. 於學者言, 費卻多少辭說. 今幸見出此意. 一語之下, 洞見全體, 真是痛快, 不覺手舞足蹈'."

4) 용장오도 사건은 양명 심즉리설 연구에서 역사적 연원으로 빠지지 않고 언급되고는 있지만 주로 배경으로서 다루어질 뿐 그 이상으로는 주목을 받지 못하고 있다. 이는「연보」의 기록이 용장오도가 발생하는 전후 사건을 서술하고 데에 치중하고 있어서 이론적으로 분석할 내용이 없기 때문이다. 이런 연유로 학계에서 서애문답 같은 이론적인 내용을 위주로 심즉리 논의를 전개하는 것이 일반적이다.

안 되고 중원에서 도망 온 한족들과 겨우 말이 통했다. 이들은 원래 별도로 거처를 만들지 않았는데, 양명이 땅을 다지고 그 위에 나무를 얽어 집을 짓고 사는 법을 가르쳤다.

(3) 당시 양명에 대한 유근의 분노가 여전히 풀리지 않았다. 득실이나 영욕은 이미 초탈했지만 생사에 대해서는 아직 초연하지 못했다. 이에 석곽을 만들고 천명을 기다릴 뿐이라고 맹세했다. 밤낮으로 좌정하여 마음을 정일(靜一)하게 했다. 시간이 지나면서 편안해졌다. 종복들이 모두 병들어서 직접 땔나무를 해 오고 물을 길러 밥을 지었다. 또한 종복들과 노래하면서 침울한 마음을 풀어주려고 했다. 그래도 즐거워하지 않으면 고향 월 지방 노래를 부르고 웃겨서 이역만리에서 질병과 환난의 고통을 잊게 해 주었다.

(4) 이에 "성인이 이런 상황이라면 달리 무슨 도리가 있을까?" 생각을 했는데, 한밤중에 격물치지의 뜻을 홀연히 깨달았다. 마치 비몽사몽간에 누군가 말을 하는 것 같았다. 소리를 지르고 폴짝 뛰는 소리에 종복들이 깜짝 놀랐다. 성인의 도가 내 본성 안에 자족하고 전에 사물에서 이치를 구한 것은 잘못이라는 것을 비로소 깨달았다.

(5) 기억하고 있는 『오경』의 글과 견주어보니 딱 들어맞았다. 그리하여 「오경억설」을 지었다.5)

---

5) 『왕양명전집』 권33, 「연보」 37세조: "先生始悟格物致知. 龍場在貴州西北萬山叢棘中, 蛇虺魍魎, 蠱毒瘴癘, 與居夷人鴂舌難語, 可通語者, 皆中土亡命. 舊無居, 始教之範土架木以居. 時瑾憾未已, 自計得失榮辱皆能超脫, 惟生死一念尚覺未化, 乃爲石槨自誓曰: '吾惟俟命而已!' 日夜端居澄默, 以求靜一; 久之, 胸中灑灑. 而從者皆病, 自析薪取水作糜飼之; 又恐其懷抑鬱, 則與歌詩; 又不悅, 復調越曲, 雜以詼笑, 始能忘其疾病夷狄患難也. 因念: '聖人處此, 更有何道?' 忽中夜大悟格物致知之旨, 寤寐中若有人語之者, 不覺呼躍, 從者皆驚. 始知聖人之道, 吾性自足, 向之求理於事物者誤也. 乃以默

「연보」내용에서 주변 이야기들을 제거하고 용장오도에 이르는 과정을 단도직입적으로 말하면, "성인이 이런 상황이라면 달리 무슨 도리가 있을까?"(A)를 끊임없이 되뇌던 양명이 어느 날 밤에 "성인의 도가 내 본성 안에 자족하고 전에 사물에서 이치를 구한 것은 잘못이라는 것을 비로소 깨달았다."(B)라는 내용이다. 불교식으로 말하면 A를 화두 삼아 B를 깨달은 사건이다.

그런데 「연보」의 기록만으로는 양명이 A를 화두 삼아 어떻게 B의 깨달음을 얻게 되었는지 이해하기 쉽지 않다. 이는 "성인이 이런 상황이라면 달리 무슨 도리가 있을까?"(A)라는 화두를 정확히 이해해야 풀린다.

「연보」의 이 기록을 이해하는데 도움이 되는 자료가 있다. 양명이 직접 용장오도를 밝힌 대화록이다.

사람들이 격물(格物)은 회옹(晦翁)의 설을 따라야 한다고 하는데 과연 말대로 해 보았는가? 나는 실천해 보았다. 어렸을 적에 전 씨 친구와 성인이 되기 위해서는 천하 만물을 궁격(窮格)해야겠지만 지금은 역량이 안 되니 우선 정자 앞의 대나무를 정해 놓고 시작하기로 했다. 친구는 대나무의 이치를 주야로 궁구하다 사흘째에 기진맥진해서 병이 들었고 나 또한 이레째에 마찬가지로 병이 들었다. 결국 우리는 성현이 될 팔자가 아니고 그만한 역량이 없구나 하고 탄식했다. 오랑캐 땅[龍場]에 거하는 3년 동안에 격물의 의미를 깨달았는데 바로 천하 만물은 본래 궁격(窮格)할 것이

___

記『五經』之言證之, 莫不吻合, 因著『五經臆說』."

없고 그 격물의 공부는 자신의 심신(心身)에서 하는 것을 알았다. 분명히 성인은 누구나 될 수 있고 각 개인에게 달렸다. 이 생각을 반드시 여러분들에게 알려 주려고 한다.[6]

양명이 제자들에게 공부는 자기실천이 중요함을 역설하기 위해 끄집어낸 이 일화는 격죽고사(格竹故事)로 불리며 고래로 양명학을 논하는 사람들이 호의적이든 악의적이든 즐겨 인용하는 말거리인데, 이 내용은 앞서 인용한 「연보」의 용장오도를 이해하는데 몇 가지 중요한 단서를 제공한다.

먼저 용장오도가 격물치지에 대한 양명의 지난한 모색과 탐색의 결과임을 알려준다. 따라서 「연보」 편찬자가 "선생이 비로소 격물치지의 의미를 깨달았다."라고 용장오도를 총괄한 서두는 양명의 말에 근거하고 있음을 알 수 있다.

다음으로 「연보」의 용장오도 부분에서 양명이 "성인이 이런 상황이라면 달리 무슨 도리가 있을까?"라는 화두를 통해 "성인의 도가 본성 안에 자족하고 전에 사물에서 이치를 구한 것은 잘못이다"라는 것을 깨닫게 되는 일련의 과정은 "성인은 누구나 될 수 있고 각 개인에게 달렸다."라는 양명의 말에서 의미가 분명해진다.

---

6) 『전습록』 하권, 318조목: "先生曰: '衆人只說格物要依晦翁, 何曾把他的說去用? 我著實曾用來. 初年與錢友同論做聖賢, 要格天下之物, 如今安得這等大的力量? 因指亭前竹子, 令去格看. 錢子早夜去窮格竹子的道理, 竭其心思, 至於三日, 便致勞神成疾. 當初說他這是精力不足, 某因自去窮格. 早夜不得其理, 到七日, 亦以勞思致疾. 遂相與歎聖賢是做不得的, 無他大力量去格物了. 及在夷中三年, 頗見得此意思乃知天下之物本無可格者. 其格物之功, 只在身心上做. 決然以聖人爲人人可到, 便自有擔當了. 這裏意思, 却要說與諸公知道'."

가정교사와의 대화에서도 드러나듯이 양명은 어려서부터 성인이 되고자 하는 강한 욕구를 가지고 있었다.[7] 이 욕구는 열여덟 살의 양명이 친영례를 마치고 귀로 중 방문한 오여필의 제자 누량에게서 격물치지의 가르침을 받을 적에도 드러난다. 누량은 송유의 격물치지설을 소개하면서 '성인은 공부하여 될 수 있다'고 젊은 유학자를 면려한다. 양명은 이 말을 깊이 가슴에 새기는데,[8] 누량이 성학의 구체적인 공부법으로 격물치지를 알려주었기 때문이다.

그렇지만 성인이 되기 위한 격물치지 공부는 번번이 실패로 끝난다. 21세의 격죽 공부는 실패하고 병까지 얻었고, 27세에는 주자가 광종에서 올린 글을 읽고서 이전의 격물치지 공부를 반성하면서 새롭게 격물치지 공부를 하지만 역시 실패로 끝난다. 그러다 마침내 37세에 용장에 적거할 적에 격물치지를 깨닫게 된다. 곧 "오랑캐 땅[龍場]에 거하는 3년 동안에 격물의 의미를 깨달았는데 바로 천하 만물은 본래 궁격(窮格)할 것이 없고 그 격물의 공부는 자신의 심신(心身)에서 하는 것을 알았다."

그렇다면 지금까지 실패하던 격물치지 공부를 양명은 용장 적거 시에 어떻게 깨달은 것일까? 그 단서는 「연보」의 기록에 의거하면, "성인이 이런 상황이라면 달리 무슨 도리가 있을까?"라는 자문이었다.

양명은 석곽을 만들고 들어가 좌정하면서 죽으면 죽으리라는

---

7) 『왕양명전집』 권33, 「연보」 11세조.
8) 『왕양명전집』 권33, 「연보」 17세조.

일사각오를 한 후로 생사에 초연해지면서 마음의 안정을 찾게 된다. 이제 자신의 문제에만 매몰되지 않고 주변에도 관심과 주의를 돌려 몸과 마음이 병들고 지친 종복들을 위해 밥을 짓고 그들의 마음을 풀어주려고 노력한다. 그러면서 "성인이 이런 상황이라면 달리 무슨 도리가 있을까?" 하고 자문한다. 바로 공자라면 이런 상황에서 어떻게 했을까 자문하게 된 것이다. 이는 내가 지금 어떻게 이 상황에 대처해야 하는가라는 자기 성찰인데, 이를 통하여 공자처럼 행동할 수 있다면 내가 공자가 되는 것임을 깨달은 것이다. 「연보」의 표현을 빌리면, "성인은 누구나 될 수 있고 각 개인에게 달렸다."라는 깨달음이다. 그리고 이 평범하지만 놀라운 진리인 "이 생각을 반드시 여러분들에게 알려 주려고 한다."고 힘주어 제자들에게 어제 일처럼 생생하게 자신의 학문역정을 들려준다.

21세와 27세에 양명이 행한 격물치지 공부와 37세의 양명이 행한 격물치지 공부는 무엇이 다른가? 전자는 '성인을 좇아간 것'이고 후자는 '내가 성인임을 자각한 것'이다. 바로 "성인은 누구나 될 수 있고 각 개인에게 달렸다." 따라서 "천하 만물은 본래 궁격(窮格)할 것이 없고 그 격물의 공부는 자신의 심신(心身)에서 하는 것을 알았다."

양명의 '진리는 내 안에 있다'는 깨달음을 명대의 정치문화 속에서 풀어보면 어떻게 될까? 한정길은 여영시의 선행연구를 충분히 검토한 후에 명대의 정치문화를 이렇게 정리했다. "전제군주제 하에서 평천하의 이상을 지닌 사대부들에게 무엇보다 중요한 것은 자기 임금을 요순과 같은 성군(聖君)으로 만드는 일이었다. 이러한 방식은 적어도 군신간의 의사소통이 제대로 이루어질 수 있는 정치문화를 전제로 해서야 실현 가능하다. 송대(宋代)나 조선조는 경연(經筵)과 언관 등이 제 기능을 함으로써 이러한 정치문화가 형성되어 있었다. 그러나 명대의 정치문화는 이와 너무 달랐다. 재상제도의 폐지와 더불어 황제권이 강화되고 환관 중심의 정치가 이루어졌으며, 사대부는 억지로 징소(徵召)되더라고 그 부름에 항거할 수 없었고, 이미 벼슬한 경우에도 잘못이 조금이라도 있으면 처형을 면하기 어려웠다. 이러한 정치 환경이 왕수인에게 끼친 영향은 지대하다."[9] 명대의 기본적인 정치문화는 득군행도가 어렵다는 요지다.

그렇다면 양명학 3대 테제인 심즉리, 지행합일, 치양지설이 나왔던 정덕(正德, 1505~1521) 연간의 무종(武宗, 1491~1521)은 어떠한가? 즉위 초년에는 환관 유근이 전횡하도록 하여 국정을 어지럽혔고, 죽기 전에는 양명이 이미 신호난을 평정했음에도 친정하여 국정을 혼란에 빠트렸다. 결국 후위도 정하지 못하고 죽었던 왕으로 명대의 대표적인 혼군(昏君)으로 평가받는다. 득군행도는 더욱 어려워 보인다.

"양명의 득군행도 정치활동의 절정은 당시에 권력을 독점하고 있었던 환관 유근을 비판하는 상소를 올린 일이다. (…중략…) 이 상소문은 '군인신직(君仁臣直)'의 원칙을 토대로 하여 간언을 하는 것이 자기 직무인 간관들

---

9) 한정길, 「王守仁의 경세사상: '治道'의 새로운 발견과 그 이론화를 중심으로」, 『양명학』 46, 2017, 45쪽.

을 투옥하는 것은 잘못된 일이며, 언론의 자유를 막는 것은 인심과 국가의 장래에 나쁜 영향을 끼친다는 내용을 그 주요 골자로 하고 있다. 그러나 양명은 오히려 유근을 탄핵하려고 했다는 이유로 정장 40대의 형벌에 처해지게 된다. 양명은 정장 40대를 맞고 기절했다가 깨어나기를 반복했다고 한다. 정장제도는 명태조로부터 시행된 것으로 명대 정치 생태의 특징 가운데 하나이다. 예로부터 선비는 죽일 수는 있어도 모욕을 주어서는 안 된다는 것이 유가의 일반적인 생각이었다. 정장제도는 이러한 금기사항을 깨는 형벌이었다. 이러한 정치 환경 아래에서는 사대부가 자신의 정치적인 포부를 제대로 발휘하기 어렵다. 양명의 득군행도의 정치적 이상은 이러한 현실 정치의 벽에 부딪혀 좌절을 겪지 않을 수 없었다. 그러나 양명은 경세에 대한 관심을 거두지 않는다. 다만 그는 새로운 경세의 길을 탐색하지 않을 수 없었다."[10]

양명은 용장오도를 통하여 "성인은 누구나 될 수 있고 각 개인에게 달렸다."라고 하여 진리는 내 안에 있다고 한다. 그렇다면 명대의 정치문화를 고려했을 때 송대의 득군행도가 아니라 각민행도를 통한 새로운 사회 질서의 창출을 모색하는 것은 당연해 보인다.

---

10) 위의 글, 52~53쪽.

3. 누구나 성인이다: 만가성인萬街聖人

용장오도에서 양명이 "성인은 누구나 될 수 있고 각 개인에게
달렸다."라고 한 말은 상식적으로 받아들이기 쉽지 않다. 현실적으
로 사람들은 타고난 기질에 따라 자질과 능력의 차이가 엄연히
존재하는데, 성인은 누구나 될 수 있고 각 개인이 마음먹기에 달렸
다니 말이다.

물론 이해는 간다. 이 말이 양명 인생의 대전환인 용장오도에서
나온 말이기 때문이다. 그러나 명대 심학의 탁월한 지도자인 양명
본인의 이야기로 국한한다면 몰라도 일반인들이 어떻게 양명의
말처럼 그렇게 쉽게 성인이 될 수 있겠는가? 이 의문은 단순해
보이지만 양명학으로서는 반드시 답변해야 할 핵심적인 문제다.

이에 대해 양명은 자질, 능력, 업적이 아닌 '순어천리(純於天理:
천리에 순일함)'를 성인의 기준으로 내세운다.

> 희연이 '성인은 배워서 될 수 있다고 하지만 백이와 이윤은 공자와 자질
> 과 역량이 같지 않은데 모두 성인이라고 하는 이유는 무엇입니까?' 하고
> 물었다. 이에 대해 양명이 '성인이 되는 근거는 천리에 순일하고 인욕이
> 섞이지 않은 것이다. 마치 순철이 되는 근거는 동이나 납이 섞이지 않고
> 본연의 색을 간직한 것과 같다. 사람이 천리에 순일하면 성인이 되고 쇠가
> 본연의 색을 간직하고 있으면 순철이라고 한다. 성인 각자의 자질과 능력이
> 크고 작은 차이가 있는 것은 쇠의 무게가 다른 것과 같다. (…중략…) 자질
> 과 역량은 다를 지라도 천리에 순일하면 모두 성인이라고 할 수 있으니

이는 무게가 다르지만 본연의 색을 간직하고 있으면 모두 순철이라고 하는 것과 같다. (···중략···) 얼마나 가뿐하고 시원시원하며 간단한가."11)

양명은 백이, 이윤, 공자가 자질과 능력에 차이가 있다는 점을 부정하지는 않는다. 순철의 무게다 다르듯이 말이다. 이는 백이는 '성지청(聖之淸)', 이윤은 '성지임(聖之任)', 공자는 '성지시(聖之時)'로 구분한 맹자를 연상시킨다. 그런데 양명은 백이, 이윤, 공자가 그 자질, 능력, 업적에서는 상이함이 있다 할지라도 "천리에 순일하고 인욕이 섞이지 않은 것", 곧 순어천리(純於天理: 천리에 순일함)'로 보자면 모두 성인이라고 한다.

그렇다면 순어천리가 어떻게 누구나 성인이 되는 근거가 된다는 말인가? 양명이 말한 천리에 순일하거나 아니면 인욕이 섞이는 상황은 모두 마음의 작용이다. 그렇기 때문에 양명은 "성인은 누구나 될 수 있고 각 개인에게 달렸다." 하고 말한다. 곧 마음먹기에 달렸다고 말이다. 그러니 "얼마나 가뿐하고 시원시원하며 간단한가." 하고 감탄하면서 답변을 마무리하였다. 성학 공부가 쉽다는 성학간이(聖學簡易)의 주장은 이를 근거로 한다.

양명의 이와 같은 성인론은 송대 주자학과는 차이가 있다. 송대 성인론은 이학종주(理學宗主)로 평가받는 주렴계의 '성인은 누구나

---

11) 『전습록』 상권, 99조목: "希淵問: '聖人可學而至. 然伯夷·伊尹於孔子才力終不同, 其同謂之聖者安在?' 先生曰: '聖人之所以爲聖, 只是其心純乎天理, 而無人欲之雜. 猶精金之所以爲精, 但以其成色足而無銅鉛之雜也. 人到純乎天理方是聖, 金到足色方是精. (···中略···) 才力不同而純乎天理則同, 皆可謂之聖人; 猶分兩雖不同, 而足色則同, 皆可謂之精金. (···中略···) 何等輕快脫灑!何等簡易!"

배워서 될 수 있다'는 주장을 출발점으로 삼는다. 이 주장은 천리와 구성지학에 기반을 둔 이학적 세계관의 토대를 정초하는데 심원한 영향을 미쳤고, 잘 알려진 것처럼 주자(周公)에서 공자(孔子)로 성인 상의 전환이 이루어졌다. 공자는 15세에 학문에 뜻을 둔 이래로 끊임없는 공부를 통해서 70세에 '종심소욕불유구'라는 성인의 경지에 도달했다. 송대 성인론을 기준으로 하면 양명의 성인관은 확실히 엽등의 협의가 짙다.

여기서 주의할 점은 양명이 누구나 성인이 될 수 있다, 마음먹기에 달렸다, 성학은 시원하고 간단하다는 말은 모든 사람들이 양지를 가지고 있다는 주장을 전제로 한다는 사실이다. 만인이 누구나 가지고 있으며 결코 없어지지 않는 양지가 활발발하게 살아서 개인의 삶에서 역사한다고 본다. 바로 "너의 양지가 바로 너의 준칙이 된다. (양지는) 의념이 발동한 곳에서 올바른 것은 올바르다고 알고 잘못된 것은 잘못되었다고 알아서 결코 속일 수 없는 것이다. 네가 양지를 속이지 않고 착실하게 양지에 의지해서 선을 보존하고 악을 제거해 나간다면 양지대로 하는 것이 정말로 편안하고 즐거운 것이다".12) 양지는 사람마다 있으며 치양지가 곧 성학이다.

논의를 확대해서 양명의 성인론을 다룰 적에 빠지지 않고 거론되는 '만가인도시성인(滿街人都是聖人)'13)을 살펴보자.

---

12) 『傳習錄』 하권, 206조목: "爾那一點良知, 是爾自家的准則. 爾意念著處, 他是便知是, 非便知非, 更瞞他一些不得. 爾只不要欺他, 實實落落依著他做去, 善便存, 惡便去. 他這裏何等穩當快樂."

13) 泉州 開元寺에는 "此地古稱佛國, 滿街都是聖人."라는 대련이 걸려 있는데 주자가 썼다고 한다.

어느 날 왕간이 밖에 나갔다가 돌아오자 양명선생이 "거리에서 뭘 보았는가?" 하고 물었다. 왕간이 "거리에 온통 성인들이 가득 했습니다."라고 답했다. 그러자 "네가 거리에 오가는 사람들을 성인으로 본 것처럼 그들도 너를 성인으로 본다."라고 답해주었다. 다른 날 동라석이 돌아와서는 "오늘 이상한 경험을 했습니다."라고 하자 선생이 "뭐가 이상한 일입니까?"라고 물었다. 동라석이 "거리에 온통 성인들이 가득했습니다."라고 했다. 그러자 "원래 그렇습니다. 이상할 것이 하나도 없습니다."라고 말했다.14)

이 대화에는 왕양명, 왕간, 동라석이 등장한다. 왕간은 후에 태주학파의 태두가 되고, 동라석은 70이 넘어 자신보다 어린 양명에게 제자로 입문한 전기적인 인물이다. 이 유명한 대화는 간단하지만 양명이 왕간과 동라석에게 한 서로 다른 답변 내용을 통일적으로 이해하기가 쉽지 않다. 이 인용문 바로 뒤에 왕간은 '규각미융(圭角未融)'하고 동라석은 '황견유오(恍見有悟)'하기 때문에 양명이 다른 답변을 했다고 밝힌다.15)

풀어보면, 양명이 평소에 '길거리의 사람들이 모두 성인이다'는 식의 말을 강학 중에 했었을 것이다. 그러던 어느 날 왕간이 밖에 나갔다가 스승의 말을 따라 실천해보지만, 아직 세상 사람들이 모

---

14) 『전습록』 하권, 313조목: "一日, 王汝止出遊歸, 先生問曰: '遊何見?' 對曰: '見滿街人都是聖人.' 先生曰: '你看滿街人是聖人, 滿街人到看你是聖人在.' 又一日, 董蘿石出遊而歸, 見先生曰: '今日見一異事.' 先生曰: '何異?' 對曰: '見滿街人都是聖人.' 先生曰: '此亦常事耳, 何足爲異?'"

15) 『전습록』 하권, 313조목: "汝止圭角未融, 蘿石恍見有悟, 故問同答異, 皆反其言而進之."

두 성인이라는 것을 진정으로 깨달은 수준이 아니기 때문에, 양명이 "세상 사람들이 너를 성인으로 본다"라고 하여 그들이 성인이라는 것을 일깨워 주려고 했던 것이다. 한편 양명보다 연로한 노인이었고 시에 출중했던 동라석은 어느 날 길거리의 사람들이 양명의 가르침처럼 성인으로 보였는데, 양명은 그에게 이상한 일이 아니라고 확신을 심어주고자 했을 것이다.

이 대화는 앞서 인용한 제자 채희연(蔡希淵)과 논한 백이, 이윤, 공자에 비해 성인의 범위를 길거리를 오가는 사람들까지 확장했다. 물론 양명은 앞서 밝힌 것처럼 모든 사람들이 양지를 가지고 있기 때문에 길거리를 오가는 사람도 성인이라고 한다.[16]

이제 각민행도의 입장에서 길거리의 사람들이 성인이라는 말을 풀어보면, 새로운 사회 질서의 주체가 곧 생업을 위해 바삐 오가는 길거리의 사람들이라는 말로도 해석할 수 있다. 개인적으로는 성인, 사회적으로는 대동을 이루는 것이 유학의 목표라고 한다면 길거리의 성인들이 대동사회를 만드는 것은 당연하기 때문이다.[17] 그리고 그들이 성인인 이유는 양지 곧 명덕이 있기 때문이다. 바로 "대인이 천지만물을 한 몸으로 여길 수 있는 것은 그것을 의도해서

---

16) 그렇다면 혹자는 의문을 가질 것이다. 주자학도 하늘이 명한 성을 누구나 가지고 있는데 왜 주자학은 길거리를 오가는 사람을 성인이라고 하지 않는가? 이는 주자학의 性 본체와 양명학의 良知 본체의 차이에서 연유한다. 모종삼은 이 차이를 只存有不活動과 卽存有卽活動으로 구분하였다.

17) 양명이 『대학』을 해석하면서 주자와 달리 '新民'이 아니라 고본대로 '親民'으로 해야 한다는 주장이 바로 이런 사고와 연결되어 있다. 한편 민중이 사회 질서의 구축에 참여하는 방식은 각자의 생업을 지키는 것이다. 이는 양명 경세론이 압축된 이른바 '拔本塞源論'에서 살필 수 있다.

가 아니라, 그 마음의 인이 원래 그와 같아서 천지만물과 더불어 하나가 되는 것이다. 어찌 오직 대인뿐이겠는가. 비록 소인의 마음이라고 하더라도 또한 그렇지 않음이 없지만, 자기 스스로 작게 만들었을 뿐이다. 그러한 까닭에 어린아이가 우물에 빠지려는 것을 보면 반드시 두려워하고 근심하며 측은해 하는 마음이 일어나는데, 이것은 그의 인이 어린아이와 더불어 한 몸이 된 것이다. 어린아이는 오히려 인간과 동류이다. 새가 슬피 울고 짐승이 사지에 끌려가면서 벌벌 떠는 것을 보면 반드시 참지 못하는 마음이 일어나는데 이것은 그의 인이 새나 짐승과 더불어 한 몸이 된 것이다. 새나 짐승은 오히려 지각이 있는 것이다. 풀과 나무가 잘려나간 것을 보면 반드시 가여워서 구제하고 싶은 마음이 일어나는데, 이것은 그의 인이 풀, 나무와 더불어 한 몸이 된 것이다. 풀과 나무는 오히려 살고자 하는 의지가 있는 것이다. 기와장이 무너지고 둘이 깨진 것을 보면 반드시 애석하게 여기는 마음이 일어나는데 이것은 그의 인이 기왓장, 돌과 한 몸이 된 것이다. 이렇게 한 몸으로 여기는 인은 소인의 마음이라고 하더라도 또한 반드시 그것을 지니고 있다. 이것은 하늘이 부여한 본성에 뿌리를 두고 있으며, 자연히 영명하고 밝아서 어둡지 않은 것이다. 그런 까닭에 명덕이라고 한다".18)

---

18) 『왕양명전집』 권26, 「大學問」: "大人之能以天地萬物爲一體也, 非意之也, 其心之仁本若是, 其與天地萬物而爲一也. 豈惟大人, 雖小人之心亦莫不然, 彼顧自小之耳. 是故見孺子之入井, 而必有怵惕惻隱之心焉, 是其仁之與孺子而爲一體也; 孺子猶同類者也, 見鳥獸之哀鳴觳觫, 而必有不忍之心焉, 是其仁之與鳥獸而爲一體也; 鳥獸猶有知覺者也, 見草木之摧折而必有憫恤之心焉, 是其仁之與草木而爲一體也; 草木猶有

위에서 살핀 것처럼 양명이 성인의 기준으로 제시한 순어천리는 길거리의 사람들이 모두 성인이라는 주장으로까지 확장된다. 아울러 순어천리는 양명이 주자와 다른 인심도심설을 전개하는 데에도 결정적 근거를 제공한다.[19]

양명이 인심도심을 논한 대목이 많지 않은데 그 중에서 가장 대표적인 부분을 꼽자면 두 곳이다. 하나는 그의 나이 40대에 서애(徐愛)와 나눈 문답으로 후에 『전습록(상)』에 기록된 내용이고 다른 하나는 신호난을 평정하고 소흥에 은거하면서 강학에 몰두하던 만년에 지은 「중수산음현학기(重修山陰縣學記)」(乙酉)이다. 두 기록은 시간적인 차이가 있지만 내용상으로는 수미일관된다.

(1) 서애가 물었다. "주자는 '도심이 항상 내 몸을 주재하고 인심은 항상 도심의 명령을 받아야 한다'고 하는데 선생이 제시한 정일(精一)의 해석에 근거하자면 이 말은 틀린 것 같습니다."

양명이 대답했다. "그렇다. 마음은 하나이다. 인위(人僞)적인 마음이 개입되지 않으면 도심이고 개입되면 인심이다. 인심이었을지라도 도리에 합당하게 바꾸면 도심[天理]이 되고 도심이었을지라도 도리에 합당하지 않으면 인심이 된다. 정이천이 인심은 인욕(人欲)이고 도심은 천리(天理)라고 했는데 인심을 인욕이라고 한 것이 다소 지나친 감이 있지만 맥락적으

生意者也, 見瓦石之毀壞而必有顧惜之心焉, 是其仁之與瓦石而爲一體也; 是其一體之仁也, 雖小人之心亦必有之. 是乃根於天命之性, 而自然靈昭不昧者也, 是故謂之明德."

19) 이하의 내용은 논자의 기존 논문을 참조하였다. 선병삼, 「하곡 정제두의 인심도심설 연구」, 『한국철학논집』 48호, 2016.

로는 그렇게 말해도 틀리지 않다. 주자의 '도심이 주재하고 인심이 그 명령을 받는다'는 말은 두 개의 마음[二心]을 인정하게 된다. 천리와 인욕이 마음에서 동시에 나올 수 없는 것인데 천리가 주재하고 인욕이 복종한다는 말이 가능한가?"[20]

(2) 성학은 심학이다. 타고난 본마음을 다할 뿐이다. 요임금, 순임금, 우임금이 왕위를 주고받을 적에 '인심은 위태하고 도심은 은미하니 오직 정밀히 궁구하고 한결같이 지켜서 중도를 잡아라.'고 하였다. 도심은 본성대로 하는 솔성지위도(率性之謂道)를 지칭한다. 인위적이지 않고 소리나 냄새도 없으며 은미하면서도 환히 드러나는 것으로 진실함[誠]이 나오는 곳이다. 인심은 인간적인 생각이 개입되어 위태롭게 되는데 허위[僞]의 발단이 된다. 가령 어린아이가 우물에 빠지려고 할 적에 측은한 마음이 드는 것은 본성에서 나온 도심[率性之道]이고 아이를 구해서 그 아이 부모와 관계를 트고자 하거나 칭찬을 받고자 하는 생각을 하면 인심이 된다. 또한 배고플 적에 음식을 찾고 목마를 적에 물을 마시는 것은 본성의 자연스러운 도심[率性之道]이지만 별미만을 고집하거나 포식하는 것은 인심이다. '한결같이 한다'는 것은 도심에 한결같이 하는 것이고 '정밀하게 궁구한다'는 것은 도심을 한결같이 간직하지 못해서 인심으로 두 마음이 될 것을 막기 위해 염려하는 것이다.[21]

---

20) 『傳習錄』上卷, 10조목: "愛問: ''道心常爲一身之主, 而人心每聽命.' 以先生精一之訓推之, 此語似有弊.' 先生曰: '然. 心一也, 未雜於人謂之道心, 雜以人僞謂之人心. 人心之得其正者即道心; 道心之失其正者即人心: 初非有二心也. 程子謂人心即人欲, 道心即天理, 語若分析而意實得之. 今日道心爲主而人心聽命, 是二心也. 天理人欲不並立, 安有天理爲主, 人欲又從而聽命者?'"

(1)번 인용문과 (2)번 인용문을 함께 보면 (1번) 인용문의 맥락이 분명해진다. 가령 (1)번에서 서애가 거론한 양명의 정일(精一)에 대한 해석은 (2)번 인용문에서 살필 수 있다.

　이 두 인용문에서 주목할 부분은 양명이 도심과 인심을 천리와 인위로 설명하는 방식이다. 이는 주자의 설명 방식과는 사뭇 다르다. 주자는 도심과 인심을 「중용서」에서 '원어성명(原於性命)'과 '생어형기(生於形氣)'로 구분하여 설명하는데[22] 양명은 '솔성(率性)'과 '잡어인(雜於人)'으로 구분하여 설명한다.

　구체적으로 말하자면, 주자는 인간이 생리적, 물질적인 대상에 마음(욕구, 지각)을 쓰는 경우가 있고 혹은 정신적, 도덕적인 가치를 염두(욕구, 지각)에 두는 경우가 있음을 고려하여 인심과 도심으로 구분한다. 그리하여 인심을 '이목구비사지(耳目口鼻四肢)', '기포한난(饑飽寒煖)', '지각기욕(知覺嗜欲)' 등으로 설명하고 도심을 '의리지심(義理之心)', '사단지심(四端之心)' 등으로 설명한다. 반면에 양명은 진심에서 우러난 순수한 마음과 의도가 깔린 인간적인 생각을 가지고 도심과 인심으로 구분한다. 그리하여 측은지심(도심)일지라도 의도가 개입되면 인심이 되고 형기지심(인심)이라도 본성의 자

---

21) 『王陽明全集』 권7, 「重修山陰縣學記」: "夫聖人之學, 心學也. 學以求盡其心而已. 堯, 舜, 禹之相授受曰: '人心惟危, 道心惟微, 惟精惟一, 允執厥中.' 道心者, 率性之謂, 而未雜於人. 無聲無臭, 至微而顯, 誠之源也. 人心, 則雜於人而危矣, 僞之端矣. 見孺子之入井而惻隱, 率性之道也; 從而內交於其父母焉, 要譽於鄕黨焉, 則人心矣. 饑而食, 渴而飮, 率性之道也; 從而極滋味之美焉, 恣口腹之饗焉, 則人心矣. 惟一者, 一於道心也. 惟精者, 慮道心之不一, 而或二之以人心也."

22) 이외에도 주자는 인심을 '生於血氣'로 도심을 '生於義理'로도 표현한다. 『朱子語類』 권62, 「中庸」: "人自有人心道心, 一箇生於血氣, 一箇生於義理. 饑寒痛癢, 此人心也惻隱羞惡是非辭遜, 此道心也."

연스런 생리현상이라면 도심(천리)이라고 말한다.

각민행도의 입장에서 봤을 때, 형기지심(인심)이라도 본성의 자연스런 생리현상이라면 도심(천리)으로 보는 양명의 입장은 인륜도덕의 사회 질서를 구축할 주체인 민중(사대부, 생원, 상인 등)의 일상적인 삶을 긍정하고 보장하는 의의를 지닌다.

4. 본성은 선도 악도 없다: 무선무악無善無惡

사구교(四句敎)는 양명후학 분화의 첫 도화선이자 명대 후기 사상사에서 논란의 중심에 선 양명의 최후 공안이다. 이 명제는 양명이 죽기 한해 전인 가정6년(1527) 9월, 당시 양광제독이 되어 광서의 사은(思恩)과 전주(田州)의 난을 평정하기 위해 출정하는 그 전날 밤에 천천교(天泉橋)에서 전덕홍과 왕기의 질문에 답변하는 과정을 통해 세상에 알려지게 된다. 사구교를 천천문답(天泉問答)이라고도 한다.[23]

사구교는 '무선무악시심지체(無善無惡是心之體), 유선유악시의지동(有善有惡是意之動), 지선지악시양지(知善知惡是良知), 위선거악시격물(爲善去惡是格物)'의 네 구로 이루어지는데, 심(체), 의(동), (양)지, (격)물이라는 이 네 가지는 『대학』의 그 조목들이다.

왕양명의 3대 사상으로 통상 심즉리, 지행합일, 치양지를 꼽는

---

23) 사구교에 대한 전체적인 이해는 논자의 최근 저서를 참고 바람. 선병삼, 『양명학의 새로운 발견: 왕용계 철학 연구』, 성균관대학교출판부, 2017.

데, 「연보」에 의하면 양명은 50세 이후로는 치양지를 위주로 강학했다고 한다. 그렇다면 치양지와 사구교는 서로 밀접한 관계가 있음을 예상할 수 있다.

사구교 해석에서 논쟁을 불러일으킨 대목은 두 부분이다. 첫째는 '무선무악시심지체(無善無惡是心之體)'에 관한 문제로 이는 심체 논쟁이라 할 수 있다. 둘째는 사무설(四無說)과 사유설(四有說)로 대변되는 본체공부론(本體工夫論)과 공부본체론(工夫本體論)으로 나뉘는 공부 논쟁이다.

공부 논쟁과 관련하여서는, 왕기의 본체공부론과 전덕홍의 공부본체론을 축으로 논쟁이 전개된다. 왕기는 양지가 자발성과 능동성을 본성으로 갖고 있기 때문에, 즉체즉용의 양지를 그대로 발현해야 공부라는 입장이다. 이것이 사무설(四無說)이며, 본체를 통한 공부라는 본체공부론이다. 따라서 전덕홍 식의 공부론은 인위적인 의욕이 개입될 소지가 다분하며, 진정한 본체를 구현하지 못한다고 비판한다.

반면에 전덕홍은 왕기가 아무리 지선할지라도 의념의 단계에서 발생하는 악에 가려지기 쉽기 때문에 위선거악을 통해 양지를 회복하는 공부가 필요하다고 한다. 이것이 사유설(四有說)이며, 공부를 통해 본체를 회복하는 공부본체론이다. 따라서 용계 식의 공부론은 의념을 본체로 오인하기 쉬우며, 본체의 깨달음을 추구하다 보면 자칫 예교(禮敎)를 부정하기에 이른다고 비판한다.

사구교에 대한 전덕홍과 왕기의 이해 차이는, 마치 왕기가 본체를 중시하고 전덕홍은 공부를 중시한 듯이 여겨진다. 그러나 이와 같은 평가는 종종 오해를 불러오기 때문에 세심한 주의를 요한다.

가장 흔히 범하는 실수는 다음과 같다. 치양지를 세분하면 양지 본체와 치양지 공부로 나눌 수 있다. 본체는 원래의 체단(體段: 상태 또는 모습)이라면 공부는 원래의 상태를 회복하는 수양이라고 할 수 있다. 동일하게 양지 본체는 원래의 상태이고 치양지 공부는 원래의 상태를 회복하는 수양이다. 그리하여 양지만을 말하고 치양지를 중시하지 않으면, 이는 공부를 하지 않고 본체를 헛되이 희망하는 데에 지나지 않는다고 비판한다.

이런 이해가 치양지에 대한 가장 흔하면서도 치명적인 실수다. 만약 양지가 치양지 공부를 주재한다는 점을 무시하고 단지 이렇게만 말한다면, 이는 치양지의 본지에서 위배된다. 양명의 치양지설에 의거하면, 양지는 선천적 가치판단능력이고 치양지는 양지대로 실천하는 공부다. 전덕홍이나 용계는 이점에서는 이견이 없었다. 이는 후에 그들이 섭표(聶豹)의 귀적설(歸寂說)을 두고 동일한 반대의 목소리를 낸 데서도 드러난다.

심체 논쟁과 관련하여서는, 심체를 '무선무악(無善無惡)'으로 규정하자, 이는 맹자의 성선설과 배치되고 주자가 비판한 불교의 '작용시성(作用是性)과 차별이 없다는 비판을 받는다. 그러나 양명이 50세 이후로 성학의 정법안장으로 제창한 치양지설은 양지를 심체로 삼고 있기 때문에, 그가 사구교에서 무선무악으로 심체를 규정했다고 하더라도 결코 불교식의 '작용시성'일 수는 없다.[24]

---

24) 이상과 관련된 역사적 논의들은 다음을 참조. 方祖猷, 「天泉證道的四句教與四無說」, 『陽明學研究』, 上海: 上海古籍出版社, 2000.

그렇다면 왜 양명은 오해받을 소지가 다분한 이와 같은 심체 규정을 내놓았을까? 흔히 말하듯 '상대적 선악의 기준을 넘어선 절대적 선인 지선(至善)을 표현하기 위해서'일까? 만약 그렇다면 양명은 무선무악을 통해서 지선의 어떤 측면을 드러내고자 한 것일까? 왕기의 선천정심 공부론에 근거한다면, 이는 어떠한 기준[典要]나 격식[格套] 등을 배제하고 오로지 양지에 절대 순종[信得良知]할 것을 주장하기 위함이다.

사실 사구교 중에서 무선무악의 심체와 지선지악의 양지는 결국 동격이다. 양지가 바로 마음의 본체이기 때문이다. 그렇다면 지선지악하면서도 무선무악한 심체(양지)란, 개인의 어떠한 주관적 판단(典要, 格套)도 용납하지 않는 오직 양지만이 주재하는 심체라는 의미로 이해가 가능하다. 가령 교회에서 올바른 기도의 주체는 성령님인데, 이때 성령님이 내 마음의 기도를 주재하는 영으로서 내 마음에 내주하면서 내 마음과는 또 다른 존재로 이해되는 메커니즘 말이다.

이제는 방향을 전환하여 각민행도와 관련하여 심체의 무선무악을 고찰해보도록 하자. 이를 위해 먼저 양명학의 발전 추세를 간략히 살펴보겠다.

「연보」의 기록을 참조하면, 양명은 정덕14년에 신호난을 평정하고 그 전공으로 그의 나이 50세인 가정16년(1521)에 신건백에 봉해진다. 또한 이 해에 양명은 치양지설을 제창한다. 정덕16년 4월 무종이 후사를 정하지 않은 채 갑작스레 죽으면서 헌종의 손자로 효종(孝宗)의 조카인 홍헌왕(興獻王) 주우원(朱祐杬)의 아들로 무종에게는 당제(堂弟)가 되는 주후총(朱厚熜, 1507~1567)이 왕위를 계승한다. 바로 가정제(1521~1566) 세종(世宗)이다.

가정1년 양명은 소흥으로 돌아와 강학으로 만년을 보내게 된다. 당시 양명 문하에는 전국 각지에서 가르침을 받기 위해 몰려든 제자들로 입추의 여지가 없었다. 만년의 두 수제자인 전덕홍과 왕기도 이때 입문했다. 전덕홍은 당시 양명학단의 강학 모습을 전하면서 양명 생애에서 이때만큼 제자들이 많은 적이 없다고 적고 있다. 양지설을 제창하면서 학문적으로 완숙한 경지에 이르렀고 신호난을 평정하여 전국적인 명성을 얻고 있었기 때문일 것이다.

역사가들이 가정제 치세를 두고 공과에 대한 포폄이 양존하지만 명 태조에 버금가는 강력한 군권을 행사했다는 점에서는 일치를 보인다. 가정 초년은 '대례의(大禮議)'로 시작한다.25) 세종의 친부를 존칭하는 예에 관한 논란이다. 고명대신 양정화를 비롯한 문관들은 전례를 따라 효종을 황고(皇考)로 홍헌왕을 황백고(皇伯考)로 해야 한다고 한 반면 홍헌왕의 외아들인 세종은 황백고로 하면 후사가 끊어진다고 맞선다.

양정화를 중심으로 하는 문관들은 왕가의 전례법이라는 의리(義理)를 들고 나오고 세종은 인정(人情)을 가지고 맞섰다. 당시 정국 상황은 문관집단들이 정국의 주도권을 쥐고 있었다. 어찌 되었든 세종은 양정화 등의 추대로 왕위에 막 오른 어린 임금이었기 때문이다. 그러나 결과는 세종의 승리였다. 여기에는 문관집단의 분열

---

25) 가정 연간 정치문화에 대해서는 다음을 참조. 左東嶺, 『왕학여중완명사인심태』, 북경: 인민출판사, 2000, 272~335쪽.

이 일조를 했는데, 양명 자신은 대의례에 대해 직접적인 의견 개진을 하지는 않았지만 그의 많은 제자들이 세종이 내세운 인정의 논리에 힘을 보탰다.

양명학은 가정 연간 명실공히 현학으로 올라선다. 가정조는 명대를 통틀어 서원이 가장 많이 세워진 시기로 강회활동을 통해 양명학이 전국으로 세력을 펼쳐갔다. 물론 여기에는 중앙과 지방에서 관리로 재직한 양명학단의 유무형 지원이 있었다. 양명이 주로 강학했던 절강, 강서 지역은 당시 과거급제자를 가장 많이 배출한 지역에 속한다.

비록 양명학이 가정 연간을 통하여 명대 사상계의 현학으로 부상하기는 했지만 관방교학은 여전히 주자학이었다. 양명학은 만력 12년(1584) 양명 사후 56년 만에 양명이 문묘에 종사되면서 관방교학으로서의 위상을 차지하게 된다. 양명학은 주자학과 다른 특색으로 인해 다양한 비판과 억압에 직면하였는데, 가정8년에는 칙령으로 양명학을 위학으로 금하였고, 그 후에는 융경6년부터 만력10년까지 10여 년 동안 국정을 좌우하며 신정(新政)을 펼친 장거정(張居正, 1525~1582)과 고헌성(顧憲成, 1550~1612)과 고반룡(高攀龍, 1562~1626)을 중심으로 하는 동림학파(동림당)가 대표적으로 양명학을 반대했다.

장거정은 본래 양명학과 학적 연원은 없지만 동료나 강우인 양명학자들과 교분이 깊었다. 특히 장거정이 정치 인생에서 후원자의 역할을 한 대학사 서개(徐介)가 바로 섭표의 제자라는 점을 고려하면 더욱 그러하다. 그럼에도 불구하고 장거정은 양명학을 억합하는 정책을 취했다.

황인우(黃仁宇)가 『만력15년(萬曆十五年)』에서 만력15년을 기점으로 명의 국운이 꺾인 것으로 평하였는데, 이는 장거정 사후 만력제의 실정을 기준으로 한 것으로 만력 초 장거정의 신정은 상당한 성공을 거두었다. 장거정은 중국 역사상 명재상으로 꼽힌다. 장거정은 6가지를 중심으로 신정을 펼쳤다. 바로 성의론(省議論), 진강기(振綱紀), 중조령(重詔令), 핵명실(核名實), 고방본(固邦本), 칙무비(飭武備)이다.

장거정은 서원을 훼철하고 서원 신축과 강학활동을 엄금하였다. 일련의 이런 조치들은 양명학파 특히 태주학파가 표방하는 강학운동이 신정이 표방하는 성의론(省議論)과 진강기(振綱紀)의 국정 방향을 침탈한다고 봤기 때문이다. 신정의 이런 기조는 태주학파의 일원인 하심은(何心隱)이 명교(名敎)의 파괴자로 지목되어 죽임을 당한 데서도 드러난다.

동림학파의 영수인 고헌성은 천하의 교법이 무너진 것이 바로 심체를 무선무악이라고 한 사구교 첫 구 때문이라고 평한다. 비록 양명이 위선거악을 말하기는 했지만 심체를 무선무악이라고 한 이상 위선거악은 현실적으로 유명무실하다고 비판한다. 따라서 송의 도학이 절의를 중시했는데 현재의 도학은 절의를 무시한다고 비판한다. 절의를 무시한다면 이는 곧 부귀공명을 추구하는 것으로 말은 도학을 표방하지만 실상은 속학이고 세상이 학문을 욕하는 것이 바로 이 때문이라고 한다.26) 당시 명대 정치상황을 고려했을 때 고헌성의 비판은 준엄하다.

양명학을 두고 창광방자(猖狂放恣) 또는 무기탄(無忌憚)하다고 비판을 많이 한다. 그런데 이는 양명학자 개인이 저질은 일탈 행위를 두고 창광방자 하다든지 무기탄하다고 하는 것은 물론 아니다. 자신의 행동을 단속하지도 못하는 인간들이 어찌 학문을 논할 수 있겠는가? 이 말은 명교를 존중하지 않고 마음대로 한다는 의미에서 창광방자 하다거나 무기탄하다고 비판을 하는 것이다.

사실 양명이 양지를 시비지심으로 풀었을 때부터 창광방자와 무기탄의 싹이 움트고 있었는지도 모른다. 왜냐하면 시비 판단을 할 적에 전통적이거나 권위적인 기존의 준거만을 기준으로 삼지 않고 개인 스스로 판단한다는 의미가 포함되어 있기 때문이다. 게다가 양명이 심체를 무선무악이라고 하면서부터는 기존의 공적 준거를 아예 무화시켜버리는 굉장히 급진적인 경향을 보인다고도 할 수 있다.

따라서 죽어가는 명나라의 목숨을 살려내기 위해 도덕강상을 붙들고 안간힘을 썼던 고헌성이 보기에 양명심학은 죽어가는 환자에게서 인공호흡기를 떼 내려는 것으로 보였을 것이다.『명유학안』에 수록된 그의 글들을 보면 절절히 느껴진다.

그렇다면 과연 양명학은 고헌성의 비판대로 죽어가는 환자에게 마지막 생명줄을 잘라 버린 것일까? 명교를 훼손함으로써. 만주족의 새로운 통치를 받아들이지 않았던 명말의 유로들은 망국의 암

---

26)『명유학안』권58「고헌성」: "史際明日: '宋之道學, 在節義之中; 今之道學, 在節義之外.' 予曰: '宋之道學, 在功名富貴之外; 今之道學, 在功名富貴之中. 在節義之外, 則其據彌巧; 在功名富貴之中, 則其就彌下. 無惑乎學之爲世詬也'."

울한 그림자가 양명학이라는 망령으로부터 드리워진 것이라고 했다. 그러나 현대의 역사가들은 근대의 좌절이니 혹은 근대의 굴절이니 한다.

5. 나오는 말: 보편도덕, 도덕주체, 득군행도, 각민행도

본론의 내용을 보면 알겠지만 논자가 역사학(사상사) 전공자가 아닌 관계로 명대 정치문화에 천착하여 각민행도의 시각으로 양명심학을 적극적으로 풀어내지는 않았다. 그리하여 '용장오도', '만가성인', '무시무비'에 대한 철학적 의미를 충실히 설명한 후에 각민행도의 시각으로 확대하여 논의를 전개했다.

논자는 선행연구에서 주자학과 양명학의 구분을 '보편도덕'과 '도덕주체'라는 도식을 통해서 설명한 적이 있다. 바로 "원래 송명이학이란 명칭은 송대의 주회와 명대의 왕양명을 대표로 하는 성즉리와 심즉리의 학설이 모두 천리(天理)를 바탕으로 한 데에서 연유한다. 주자는 성(性)을 통해 '보편도덕(普遍道德)'을 정립했다면 양명은 양지(良知)를 통해 '도덕주체(道德主體)'를 세웠다. 주자는 천명의 성(性)이 무조작하고 무계탁한 리(理)가 부여된 것이라고 하면서 경험세계에 좌우되지 않는 영원불변한 보편규범이자 보편도덕의 토대인 성(性)을 확립하고자 했다. 또한 수양자에게는 부단한 교정기질(矯正氣質)의 노력을 거쳐서 본연지성(本然之性)을 발출하는 공부를 강조하였다. 그런데 한 시대를 건너 뛰어 명대에 이르면 그 보편규범이 어느덧 고착화되고 형식화되어 가는 시대 상황에서, 유가적 경세의식이 확고한 양명은 활발심체(活潑心體)인 양지를 통해 백절불굴하고 독왕독래(獨往獨來)하는 도덕주체를 건립하고 도덕실천을 강조하였다".27)

주자학과 양명학을 구분하는 '성즉리'와 '심즉리' 명제를 보면 주자학은 성, 양명학은 심을 근본으로 삼고 있다. 모종삼의 주저 서명인 '성체와 심체'가 바로 이것이다. 그런데 주자학과 양명학을 엄밀히 구분하자면 성 본체와 양지 본체를 대비해야 정확하다. 이 두 차이를 모종삼이 명확하게 밝혔는데, 잘 알려진 것처럼 지존유불활동(只存有不活動)과 즉존유즉활동(卽存有卽活動) 구분이다. 논자는 이 차이를 보편도덕과 도덕주체로 구분하여 설명하였다.

이 도식은 비단 논자만이 아니라 학계에서 많이 사용하고 있는 것처럼 여전히 유용하다. 따라서 보편도덕과 도덕주체 프레임을 기본으로 하면서 본 논문의 모티브로 삼은 득군행도와 각민행도의 틀을 동원하여 주자학과 양명학의 동이를 논한다면 상당히 효과적이면서 공정한 논의가 가능하다. 가령 양명학의 창광방자적 특성을 설명할 적에, 각민행도의 입장에서 창광방자를 서술하면서 그 대척점으로 득군행도의 명교를 제시하는 방안은 주자학과 양명학의 차이를 비교적 공정하게 논하는 한 가지 방식이 될 수 있다.

논자는 양명학이 명대의 현학이 될 수 있었던 양명학의 핵심동력은 강회운동에 있다고 본다. 강회운동은 필연적으로 더 대중적

---

27) 선병삼, 앞의 책.

이고, 더 쉽고, 더 요령이 있고, 더 급진적일 것을 요구한다. 양명학은 이 강회운동에서 성공을 거두었다. 당시 강회운동의 또 한 축이었던 감천학단의 운명과 비교해 보면 더욱 분명해진다. 그리고 철학적으로 더욱 중요한 것은 강회운동의 시각에서 양명학의 학적 특성을 요령있게 설명할 수 있다는 점이다. 본 논문의 주제와 관련해서 말하자면 바로 각민행도다.

고려후기 지식인의 존재와 지식의 재구성

김승룡

1. 고려후기 지식인연구의 현재와 과제

이 글은 고려시대 한문학을 공부해 온 필자가 그간 가졌던 생각을 다시 적요(摘要)하듯이 정리하면서, 고려후기(여기서는 '여말선초'를 포함하여 말한다. 경우에 따라서는 별도로 호명하기도 했다.) 지식인의 존재방식 및 그 지식의 재구성을 어떻게 할 것인지를 제언할 것을 목적으로 한다. 허나, 오랫동안 공부해 온 것에 비하면 턱없이 밋밋한 언급과 그저 그런 언급으로 색지(塞紙)하는 듯해 적이 부끄러울 뿐이다. 아울러 기존에 논했던 것을 재삼 반복하고 있어 더욱 민망할 지경이다. 그런데 다시 생각해보면, 언젠가 거론했음직한 문제제기가 여전히 현재진행형인 것도 있으니 내심 살짝 안도를 하기도 한다. 여하간 기존의 논의를 중언부언하는 듯한 느낌은 여전히 지울 수 없다.

고려시대 한문학을 논하는 자리에서 흔히 자료의 한계를 거론하곤 한다. 이 말은 반은 맞고 반은 틀렸다. 실제 현존하는 문학 자료의 대부분은 조선시대, 그것도 조선후기가 압도적인 양을 차지하고 있다. 그래서 혹자는 한문학의 본령은 조선후기라고도 한다. 물론 그 시대는 압도적인 양답게 질적으로도 우수한 자료가 많은 것이 사실이며, 현 시대의 삶과 관련이 있거나 관심이 가는 전통적 사유와 문화를 논할 근거가 가장 의미 있게 존재하는 곳이기도 하다. 허나 한문학의 본령이라는 시기를 포함한 조선시대와 거의 비슷한 시간적 폭을 갖는 고려시대의 경우, '현존'하는 자료의 소슬함으로 인해 항용 연구자들은 자료의 한계를 탓하고 마는 것이다.

앞서 거론했듯, 이 말은 지극히 타당하다. 이장용(李藏用, 1201~1272)의 시구를 보고, 그 격조의 오묘함에 감탄했던[1] 창강(滄江) 김택영(金澤榮, 1850~1927)조차 고려의 문집이 대부분 전해지지 않는다고 했던 것을 보면, 이미 근세 초에 들기도 전에 자료의 소졸함을 면치 못했던 사정을 짐작할 수 있다. 그렇다고 하여 그들의 문학적 성취를 의심할 하등의 이유는 없다. 자료의 부전(不傳)을 안타까워했던 창강의 안목을 다시 빌려본다.

---

1) 『韶濩堂全集』 권13, 雜言4. "高麗李文眞公藏用丹楓詩: '廢院瞑盱秋思苦, 淺山搪捽夕陽明.' 格調高妙, 眞出人意之表. 高麗文集, 多不能傳, 未知此公之集能得傳否. 惜余只見此二句也."

> 고려의 詩詞·騈儷文·章疏는 모두 조선 보다 뛰어나다. 오직 한유·구
> 양수의 古文만은 고려 말기에 이르러서야 출현하였기에, 조선인들이 이어
> 받아 발전시켰다.2)

이미 『여한구가문초(麗韓九家文抄)』를 엮으면서 고려의 문장을 높이 평가했었고 우리나라 한시의 조종(祖宗)을 이제현(李齊賢)으로 꼽았던3) 창강은, 시사(詩詞)·병려문(騈儷文)·장소(章疏) 등의 문체에서 모두 고려가 조선보다 우월하다고 비평하고 있다. 그가 고려에 남다른 애착을 갖고 있다는 점을 감안하더라도 그의 감식안을 두루 인정하였던 선행 연구자들의 논의를 생각하면, 창강의 견해는 경청할 만한 점이 없지 않다 하겠다.

그렇다면 차후 고려 한문학을 연구할 때 자료를 탓하기에 앞서, 좀 더 기존의 자료에서 고려인의 문학적 성취를 논할 수 있는지를 확인하고, 또 살펴볼 필요가 있다. 그런 점에서 근래 고려후기 한문학에서 이룩한 성취는 주목할 만하다. 몇몇 인물로 이뤄져 있으리라는 인상을 갱신할 수 있을 정도로 많은 인물에 대해 연구자의 관심이 주어졌고, 일정한 성과를 거두었다고 판단되기 때문이다. 물론 조선시대의 허다한 성과에 비하면 결코 많다 할 수는 없지만, 상대적으로 빈곤한 처지에서 일궈낸 성취로서는 그럭저럭 인정할 만하다고 여겨진다.

---

2) 『韶濩堂全集』 권13, 雜言11. "高麗之詩詞·騈儷·章疏, 皆勝於韓朝. 惟韓歐古文之體, 至其末季始出, 故韓人受而昌之爾."
3) 『韶濩堂全集』 권9, 「申紫霞詩集序」. "吾邦之詩, 以高麗李益齋爲宗."

고려후기는 무신집권기에서 여말선초에 이르기까지 근 200여 년의 시간적 폭을 갖고 있고, 그 속에서 살았던 인물 또한 양적으로 질적으로 만만치 않다. 우리가 갖고 있는 고려후기 상(像)이 몇몇 인물에 국한된 것은 그간 연구의 편향과 왜소함을 보여주는 것일 뿐, 고려후기 실체와는 아무런 관련이 없다. 고려후기 한문학을 연구했던 성과들을 전체적으로 통관해보면 다음과 같은 연구의 한계가 보인다.

첫째, 인물의 편중성 문제: 통계적으로만 보아도, 이규보, 이제현, 이색에 대한 연구가 고려후기 작가 연구 전체의 1/3을 차지한다. 물론 작가의 비중에 견주어볼 때 이해될 수도 있겠지만 위 3인을 기준점으로 하여 전후좌우를 돌아보면, 이들을 제외하고는 독자적 모습을 갖고 있는 이가 쉽게 눈에 뜨이지 않는다. 이를테면, 오세재나 최자가 주목받았던 것은 이규보와 인연 때문이고, 안축과 최해를 살펴본 것은 이제현과 연분 탓 이며, 이숭인이나 김구용을 주목한 것은 이색의 그림자가 서려 있기 때문이다. 이것은 '작가 자체'로부터 야기된 문제가 아니라, '작가를 조망하는 시준(視準)'이 다각적이지 못한 데 원인이 있다.

우리는 다각적인 시선을 갖기 위해 먼저, 1차 사료에 주목할 필요가 있다. 특히 『고려사』는 조선전기 사대부들의 역사의식을 바탕으로 한 고려시대 문헌자료의 집대성적 저술로서, 그들의 문화의식에 입각한 전대 문학작품의 집대성적 저술인 『동문선』과 서로 상보적으로 이용할 수 있다. 이를 바탕으로 이미 『여사인명목록(麗

史人名目錄)』(국립도서관 소장), 『고려인명록(高麗人名錄)』(손보기, 버클리대학, 1958)이 제출되었고, 보다 앞서 임봉식(林鳳植)은 창강의 『신고려사(新高麗史)』(중국: 南通, 1925)를 바탕으로 『고려인물지(高麗人物志)』(開城, 1937)를 엮은 바 있다. 또한 김용선은 『고려묘지명집성(高麗墓誌名集成)』(한림대학교 아세아문화연구소, 1993)을 엮어 금석문을 논의의 장으로 끌어들였고, 장동익은 송·원대 중국인의 사서와 문집 속에 들어 있는 고려지식인의 흔적을 찾아 정리하여 『송대여사자료집록(宋代麗史資料集錄)』·『원대여사자료집록(元代麗史資料集錄)』(서울대학교출판부, 2000/1997) 등을 제출해 고려지식인을 '외부'에서 바라볼 수 있는 시야를 갖도록 해주었다. 무엇보다도 문한(文翰) 능력을 검증하는 과거출신자를 정리하여 무려 1,445명의 인물을 소개한 박용운의 목록4)은 문학 연구자들에게 많은 자극을 갖게 해줄 것이다. 인물의 편중성은 불교나 세족적 성격을 지닌 인물 연구가 소략하다는 점에서도 나타난다. 고려사회는 불교사회였던 것만큼, 당시 정신사적 기저를 탐색하기 위해서는 불교지식인에 대한 꾸준하고 성실한 주시가 요구된다. 지금은 몇몇 학자만이 겨우 연구의 명맥을 유지하고 있을 뿐, 신흥사대부의 성리학적 담론에 치중해 있다. 아울러 가문사회(家門社會)였던 고려의 성격을 고려할 때, 인물의 세족적 성향을 불건전한 것으로 치부하거나 도외시하는 것이 타당한지도 의문이다. 아무쪼록 균형 있는 복안(複眼)을 확보하는 일이 절실히 요구된다.

---

4) 박용운, 「科試設行과 製述科 及第者」, 『高麗時代 蔭敍制와 科擧制硏究』, 일지사, 1990.

둘째, 자료의 고증 문제: 자료를 발굴하고 고증하는 일은 연구의 초석에 해당한다. 수없이 고상한 논의 역시, 고증 의 박약함으로 부정당한 경우가 숱하지 않은가? 이 부분은 아무리 강조해도 지나치지 않는다. 고려후기 인물 연구는 사실 주어진 자료와 생애를 연대기적으로 꿰어 맞추기에도 바빴던 것이 저간의 사정이다. 논리를 맞추기 위한 자료주차 아쉬운 형편에 부분적 사실에 대한 고증을 통해 자료를 추려내고 수정하는 일은 쉽게 수행될 수 없었다. 이 상황에서 『제왕운기(帝王韻紀)』를 둘러싸고 재간본/삼간본 사이의 결절점을 확인하거나(이종문), 간행본 「후제(後題)」의 작자 (李源)와 『동안거사행록(動安居士行錄)』 잡저(雜著) 속에서 이승휴가 편지를 보낸 대상(李㦤) 사이의 공백을 찾아내서 오각의 가능성을 되짚은 것은 그나마 얻어낸 성과였다(김경수, 이종문, 김승룡). 또한 「정시자전(丁侍者傳)」의 작자인 '식영암(息影菴)'을 고려에 반역했던 '덕흥군(德興君)'으로 간주해 온 논의를 살펴보고, 이 둘 사이에 아무런 상관이 없음을 밝혔던 논의(이종문)와 『동문선』에 '석시영(釋始寧)'으로 나온 인물이 승려가 아니라, 천책(天頙)에게 제자로서 겸칭하며 승려이기를 원했던 유교지식인 유경(柳璥, 1211~1289)의 다른 이름이라는 것을 밝힌 것도 주목할 성과이다(허흥식). '시영(始寧)'은 곧 유경의 본관인 문화(文化)의 옛 이름이었던 것이다 차후로 흩어진 자료를 수렴하는 과정에서 고증의 문제는 마음에 두고두고 새겨둘 일이다.

　셋째, 시기구분의 문제: 역사를 이해하면서 동질(同質)에 주목하여 시기구분을 하고, 그 아래 인물과 사적을 배치한다. 시기구분에는

사가(史家)의 눈이 개재된 것이다. 문학 또한 마찬가지이다. 문학을
'사적(史的)'으로 연구하는 자리에서는 더욱 과학적인 구분이 요구
된다. 고려시대는 무신집권(1170)을 기점으로 전기와 후기를 구분
한다. 확언하기 어렵지만, 무신집권을 계기로 시대가 확연히 바뀌
는 것은 틀림없는 듯하며, 『고려전기한문학사』(이혜순)의 서술도
무신집권 이전에서 멈추고 있다. 하지만 고려후기의 경우, 무신집
권기, 항몽투쟁기, 원간섭기, 공민왕조(여말선초기) 등 굵직한 역사
사건을 만났던 탓에 또렷하게 시기구분하기가 어려운 실정이다.
대체로 무신집권기는 하나의 단위로 나누고, 성리학이 도입된 시
기부터 여말(麗末)로 추산하는 것이 통설이다. 그래서 이규보에서
이제현으로 쉽게 문학사의 바톤을 넘겨주게 된다. 문제는 무신집
권이 마무리되는 시점에 원의 간섭이 시작되고(1275) 그로부터 76
년 뒤 공민왕이 즉위하기 전까지 이른바 '충(忠)'자 임금의 시대가
놓인다는 사실이다 그래서 이 시기는 통상 암울하기 짝이 없는
시기로서, 자주적 민족적 가치를 드날리는 작품과 작가를 중점적
으로 부각시켜 왔다.

그러나 역사는 반드시 단선적인 순차를 밟아 나가지는 않으며,
단절과 반복, 외부와 내부의 상호 변주 속에서 진행된다. 역사를
유연하게 있는 그대로 볼 필요가 있는 것이다. 이때에야 그동안
눈길조차 받지 못했던 시대와 인물이 포착될 것이다. 그런 점에서
무신집권기와 여말선초기 사이의 원간섭기를 정면으로 응시하는
일이 바람직하지 않을까 생각한다. 곧 성리학 도입을 기점으로 여말
선초 혹은 고려후기를 논하기 보다는, 일단 정치사적 기점을 수용하

여 내부 사이의 갈등과 결절점을 찾아보자는 것이다. 가능한 많은 인물과 작품을 문학사 속에 품기 위해서 고민해볼 문제라고 생각한다. 사실 통상 '여말선초'로 불리는 시기도 공민왕 즉위(1351)를 기점으로 정치적, 학술적 차원의 논의가 변모하지 않은가 한다(김보경). 이에 맞추어 대략적으로 확인된 인물들을 배치하면 다음과 같다.

제1기 무신집권기(13세기 중엽)
吳世才/林惟正/林椿/金克己/李仁老/安置民/李奎報/慧諶/陳澕

제2기 원간섭기(13세기 후반~14세기 전반)
崔滋/金之岱/李藏用/一然/天頙/金坵/洪侃/李承休/冲止/郭預/安珦/閔漬/蔡洪哲/禹倬/安軸/李齊賢/崔瀣/息影菴/閔思平/李嵒/李穀/尹汝衡/景閑/普愚/白文寶/鄭誧/李達衷/田祿生/慧勤/李集

제3기 여말선초기(14세기 후반)
李穡/鄭樞/元天錫/韓脩/鄭夢周/鄭道傳/金九容/成石璘/李存吾/李崇仁/權近/吉再/李詹/李種學

고려후기의 제1기와 제3기는 빛깔이 상대적으로 명징하지만, 제2기의 경우 균일하지 않은 작가들이 뒤섞여 있다. 사실 '원간섭기'의 특징이 바로 이것이다. 비록 정치적으로 외세에 복속되었지만, 당시 고려 지식인은 국가적 경계를 넘어 세계 보편문명과 만날 수 있었고, 그로부터 소중한 사상적 자산인 성리학도 받아들였다.

또한 이 시기 이른바 신흥사대부들은 기존의 사대부들과 권력을 두고 다투면서 성장해 갔고, 불교지식인들도 역사와 문학을 함께 고민하면서 성장 혹은 쇠퇴해 가고 있었다. 사상적으로 유교와 불교가 엇섞이고, 자주와 사대가 착종하며, 중소지주출신이었던 신흥 지식인군이 세족적 성장을 통해 중앙권력화하는 시기이기도 하다 왕권의 옹호 속에 부원배를 비롯한 친원 정치세력과 대결했던 제3기에 비해 복잡하기 그지없는 시기인 것이다. 이런 카오스적 성격에서 여말선초를 주도한 사람들이 성장했고, 차후 봉건을 완성해나가는 자양분을 얻지 않았을까 생각한다.[5]

이후 고려후기의 지식인으로서 '아주 낯선' 사람의 발굴은 그다지 희망적이지 않다. 김택영의 시대조차 고려시대 문집이 사라져 확인할 수 없었던 처지에, 그로부터 1세기를 지난 지금, 찾아져야 몇 종에 지나지 않을 것이다. 따라서 이젠 기존에 발굴된 자료의 재편과 체계적 해석 작업이 필요할 듯싶다. 전자의 경우, 아직 독립적 위치를 차지하지 못한 채 여기저기 흩어져 있는 작가/작품을 모아 문학사적으로 자리매김하는 작업까지 포괄한다.

한편, 원간섭기에 출신한 인물들 가운데, 1편 이상의 작품을 남

---

5) 미야지마 히로시와 기시모토 미오는 당(唐)·송(宋) 변혁기를 논하면서 "가장 중요한 문제는 생활혁명, 문화혁명의 측면에 있었다"고 한 뒤 강남의 稻作 기술 보급, 도자기 제조 기술, 면화 재배, 제지와 인쇄기술 등이 동아시아 공통의 문화가 되었고, 이들간의 교역이 현격히 진행되어 사람·물자·정보의 활발한 왕래와 그것에 동반한 문화적 일체성이 강화되었음을 지적한 바 있다(『조선과 중국 근세 오백년을 가다』, 역사비평사, 2003). 흔히 봉건의 기획 일환으로 이해되는 '宋學=주자학'의 성립, 과거 관료제, 왕권의 강화, 사대부층의 성립을 부차적인 것으로 여긴 것이다. 이는 1402년 조선에서 만들어진 '混一疆理歷代國都之圖'에서 촉발된 논의인데, 이른바 '여말선초'를 '공민왕조에서 세조조까지' 잡고 있는 것이 눈에 띈다. 이처럼 '사대부 중심'이 아닌 '문화·생활사 차원'에서 문학사를 다시 볼 수는 없는 것일까?

기고 있는 사람으로 96명의 인물이 확인된 바 있다(김승룡). 이것은 허공 속에서 찾아낸 것이 아니라, 『동문선(東文選)』·『신증동국여지승람(新增東國輿地勝覽)』·『대동시림(大東詩林)』등과 같이 이미 공개된 시문선집 속에서 찾아진 것이라는 점에서 고려후기 연구자들의 세밀한 점검 의욕을 자극한다. 어쩌면 고려후기 인물에 대한 본격적인 연구는 이제 시작점에 와있는지도 모를 일이다. 그동안 밑그림을 그리고 선을 긋는 데 치중해 왔다면, 이제 색을 칠하고, 윤곽을 또렷하게 새겨가는 일이 차후 연구자의 몫으로 주어진 것이다. 고려후기는 아직 연구할 내용도 많고, 또 경우에 따라서는 새로운 논의가 생성될 곳이다. 특히 '원간섭기' '여말선초'라는 과도기적 상황은 다양한 스펙트럼을 지닌 하나의 카오스로서 우리에게 풍부한 논의점들을 주고 있지 않은가 반성해볼 일이다. 이제 시대의 상대적 거리감에 안주하지 않으며, 새롭게 의제를 설정하고, 이를 풀어갈 해석 체계와 담론이 요구된다.

2. 고려후기 지식인담론 검토: 신흥사대부 재론

2.1. 담론의 축: 자주, 중소지주, 신유학

우리가 고려후기 지식인을 일견할 때(주로 문학부문을 염두에 두고 있다), 고려중기 이후로 하나의 문학담당층이 성장 혹은 유지되고 있다는 '느낌'을 받는다. 그러나 이 '일관된다는 느낌'은 고려전기와의 단절을 전제로 한다는 점에서 다소 인위적이다. 전기와 후기의 주요한 권력층은 그 기본적인 성격이 변하지 않은 채 지속되었음은 이미 사학계에서 논증된 바 있다(박용운). 여하튼 고려후기 문학을 이끌었던 담당층들은 사상적으로도 불교와 유교의 사상적 교체를 급진전시키면서 조선을 건국하는 세력으로 성장한다. 이들을 '신흥사대부'로 부른다.

> 권문세족(親元) - 대지주(농장소유) - 非신유학 - 蔭仕(및 科擧)
>
> 신흥사대부 - 자주(反元) - 중소지주 - 신유학 - 과거

신흥사대부는 대외적으로 자주, 출신은 중소지주, 사상은 신유학을 그 핵질로 한다. 이들 세 가지 핵질은 견고한 축을 이루면서, 차후 신흥사대부를 둘러싼 사회적, 문학적 논의망을 선결지어 왔다. 그럼 신흥사대부 개념은 어떻게 도출되었는가?

'신흥사대부' 혹은 '사대부'6)에 대한 논의는 1960년대 초 제기된 뒤 점차 그 논리가 강화되어 왔다. 무신집권기 '능문능이(能文能吏)'의 이상적 관인형을 원조로 하는 '학자적 관료이자 관료적 학자'로서 사대부는 등장하며, 이들은 지방의 중소지주층이고 향리 출신으로서 주로 과거를 통해 관료로 진출했으며, 고려 말에 정치·사회

---

6) '신흥유신' '신진사대부' 등으로 다양하게 불리지만, 한문학계에서는 통상 신흥사대부로 불린다. 용어로서의 '신흥사대부' 용어는, 이기백이 『한국사』(일조각, 1974)의 「개요」, 「신흥사대부의 대두」 및 『한국사신론』(일조각, 1976)에서 기존의 연구성과를 총괄 정리하면서 처음으로 명명된 것이다.

적 지반을 확충하여 조선 건국을 주동했다(이우성). 이는 당시 민족주의 사관의 자장 안에서 식민사학을 극복하고 한국사의 내재적 발전을 강조하며 고려후기 사회의 발전을 주도했던 세력으로서 사대부의 존재를 도드라지게 만들었던 것이다. 이후 '사대부'를 둘러싼 사학계의 논의들은 고려후기(여말선초) 한문학 연구에 커다란 영향을 주었다. 현재까지 제출된 고려후기(여말선초) 한문학 논문들이 대부분 이 가설에 빚을 지고 있다. 1990년대 들어서도 여말선초 작가 가운데 이제현, 이곡, 이색의 경우 박사학위논문이 수편씩 제출되었고, 산문 및 한시를 종합적으로 다룬 연구도 제출된 것도, 이 '신흥사대부'의 발견에 기인한다. 상대적으로 승려의 시를 다룬 연구(인권환, 이종찬, 허흥식, 이진오)가 소졸한 것은 뜻밖이다. 이른바 고려는 불교국가가 아니었던가. 아마도 신흥사대부의 신유학적 특질에 집중한 탓은 아닐까? 한편 사대부 논의는 '권문세족' 연구를 통해 밝혀진 성격들—예컨대 유학적 소양과 거리가 있고, 음사 출신이 많으며, 왕권을 잠식하고, 부원(附元)의 성격이 강하며, 관료적 성격이 두드러진다는 점들—과 견주어짐으로써, 점차 신흥사대부와 권문세족의 대립구도는 시민권을 얻어 갔다. 이 구도는 아직도 유효한 방법으로 활용되고 있다.

물론 사대부나 권문세족에 대한 비판적 의문이 없지는 않았다. '이들에 대해서 (신흥)사대부는 특정한 정치·문화세력이 아니라 관인 일반이 아닌가?'(김당택) '권문세족의 용어가 타당한가?' '권문과 세족은 별개가 아닌가?'(김광철) 하는 (용어 용례를 중심으로 한) 회의(懷疑)가 있어 왔다. 물론 이런 회의는 고려후기(여말선초)의 주된 사회세력이자 문화주체로서 존재하는 이들에 대한 '실존'마저 부인하는 것은 아니었다. 따라서 용어 안에 포함된 다양한 핵질 자체도 폐기할 수는 없다. 게다가 신흥사대부의 저편에 '세족'(권문세족과는 다르다)을 둔다면, 당시 역사 및 문화지형을 읽는 데 있어 나름의 유용성이 없지 않아 보인다.

여기에도 하나의 조건이 있다. 신흥사대부들이 하나의 '세력(정치·사회·문화)'으로 성장하여 자신들의 입장을 관철시키는 모습은, 정치적으로도 여말 전제개혁 과정에 본격적으로 나타날 뿐이며(이익주), 적어도 충목왕대 정치도감(整治都監)의 활동에서야 확인되기 때문이다. 이른바 부정부패에 정면으로 부딪히는 사대부의 건강한 모습은 공민왕 집권 즈음 및 그로부터 10여 년이 더 지난 뒤인 것이다. 따라서 적어도 신흥사대부가 세력으로 성장하기 이전의 한문학(정치사 포함)은 신흥사대부와 세족의 대립으로 설명될 수 없고 다른 설명방식이 필요하다. 더구나 이들 사이가 사회경제적 기반이 기본적으로 대립하고 있었던 것은 맞지만(고혜령) 그 갈등 관계가 표면화된 것은 일러봐야 공민왕대 이후의 일인 것이다.

여기서 하나의 의문을 가져본다. 여말선초의 내재적 발전을 강조하기 위해 신흥사대부의 성장에 집착한 사정을 이해 못할 것은 아니지만, 그로인해 신흥사대부(로 지칭되는 지식인)를 실상과 어긋나게 파악하고 있지는 않을까 하는 것이다. 여하튼 '신흥사대부'에는 자주, 중소지주(향리), 신유학이란 세 가지 축을 갖고 있다. 이들은 각각 부원배의 예속성, 세족의 장원 소유, 불교의 말폐에 대한 상대항으로서 의미 있는 소양이요 특질이라고 할 수 있다. 사실

이것이 신흥사대부를 건강한 문학담당층으로 만들었던 내적 기제였던 것이다.

그래서 여말선초 한문학 작품 속에서 우리는 항상 그들의 자주성('민족성'과 동의어로 볼 수 있을지는 의문이다), 농민성(이 역시 그들이 '지주'일진대, 이들의 농민시를 과연 민중적인 성격으로만 볼 것인가도 여전히 의문이다), 신유학적 성격(고려후기의 경우, 특히 심성론적 차원에서 도학성을 천발한 것으로 이해하려는 경향이 있다)을 도출하려는 유혹에 이끌리기 일쑤다. 만일 그렇게 하지 않으면 신흥사대부의 진면목을 보지 못한 듯한 죄책감에 사로잡히곤 한다. 일종의 강박증인 셈이다. 찬찬히 문학사적 실상을 살펴보면 낯선 지점들을 확인하게 된다. 그 일단의 예를 보이고 개념의 수정가능성을 모색해보자.

2.2. 개념수정의 근거들: 실리, 세족, 불교

첫째, 자주에서 실리로: 자주의 본뜻은 무엇인가? '민족'을 거론할 수 있는가? 만일 고려의 국체를 지키기 위한 모든 노력을 자주적이라고 평가한다면, 원간섭기에 '사대(事大)'란 이름으로 진행된 고려인들의 노력을 다시금 평가해야 하지 않겠는가? 자주와 사대는 사실상 동전의 양면처럼 현실 속에서 나타난다. 쌍무적 상대성을 인정해야 하는 외교적 문제이기도 하다. 여기엔 무엇보다도 상대의 긍정과 이해가 바탕으로 되어 있다.

그러나 여말, 특히 원간섭기에는 상대로부터 고려의 존재 자체가 인정될 형편에 있지 못했다. 그만큼 존재 자체가 위협받고 있는 상황에서, 당시 지식인들에게 자주와 사대의 문제는 정치적 입장을 취하듯이 간단명료하지는 않았다. 공민왕조 이후 본격적인 이른바 자주운동이 벌어진 당시엔 그리 복잡한 양상을 띠지는 않지만, 13세기 후반에서 14세기 전반까지는 원을 의식하며, 그로부터 고려를 유지해야 할 방도를 찾을 수밖에 없었다. 따라서 원간섭기 신흥사대부들에게 자주성(민족적 자부심과 긍지로서의)을 요구하는 것은 무리이다. 그들은 사대를 표방했고, 그로써 고려 국체를 유지시킬 수 있었다. 당시 사대의 현실적 성격, 실리적 성과를 인정할 필요가 있는 것이다.

그동안 13세기 후반 문학사가 공백으로 남아 있게 된 것도 바로 이런 연유에서이다. 항원(抗元)과 자주적 목소리에 눈길이 더 갔던 것도 민족사관의 입장에서 당연한 논리였다. 이 와중에서 "원나라 문화는 선택과 여과를 지각 있게 한다면 고려를 위해서 긍정적인 기여를 할 수 있는 요소를 적지 않게 갖추었다"(조동일)는 지적은 단연 눈길을 끈다. 세계제국으로서, 세계문명으로서의 원을 인정하고, 그로부터 실리적인 성취를 획득할 수 있었으리라는 추정을 가능하게 하는 서술이기 때문이다.

14세기 후반(여말) 신흥사대부들의 지적 자양분은 원과의 교류 과정에서 배태되었다고 해도 과언이 아니다. 당장 그들의 이념적 푯대인 신유학의 수입이 그렇고, 문재(文才)로 인정받기 위해 원으로 유학하고, 제과(制科)에 응시했던 것에서도 그렇다. 설령 제과의 설치가 원의 정치적 고려에 의한 것일지라도, 그에 응시하여 급제했던 당사자들(이를테면 이곡, 이색부자 등)은 원에서의 출신을 부끄

럽게 여기지 않았다. '자주'의 문제를 상상의 민족감정에서 해방시
킨다면, 세계제국과의 만남이란 주제로 확장할 수 있는 가능성이
있으리라 생각한다. 항몽전쟁을 겪은 뒤 다녀온 그곳은 살벌하였
을 텐데도, 이승휴(李承休)의 사행시에 보이는 정감은 사뭇 다르게
느껴진다. 다음은 그의 『빈왕록(賓王錄)』에 나오는 시 두 편이다.
앞의 시는 출발에 즈음하여, 다음 시는 귀국길에서 만난 물을 보고
지은 것이다.

> 골 어둡고 산 컴컴하다 동이 쏟듯 비 내리니
> 강가에 이르자 길이 갈라지며 시뻘건 물이 내닫네.
> 일엽편주 작다고 얕보지 마라,
> 출렁대는 만경창파를 곧장 건너리라.
> 谷暗山盲雨瀉盆　　　　到頭岐路赤流奔
> 莫輕一葉扁舟少　　　　直渡沄沄萬頃渾[7)

'소(少)'와 '혼(渾)'의 대조가 강렬하여 묘한 긴장을 불러일으킨다.
지금은 연약하고 왜소하지만 끝내 만경창파를 건너리라는 다짐과
자신감이 돋보인다. 이런 마음은 그가 귀국하며 압록강에서 불렀
던 노래에서 절정에 달한다. 그가 마주한 압록강은 국경이 아니라,
문명세계로의 통로였다.

---

7) 李承休, 『動安居士行錄』 卷4 〈是月十一日, 浿江途中卽事〉.

천자가 난간에서 다섯 번 술을 하사하시니

한 줄기 광채 중국과 변방에 환하여라.

십분 천자의 술로 뼛속까지 훈훈하고

네 벌 선인의 옷으로 맨살을 감쌌다네.

광야를 박차는 말발굽 나그네 재촉해 보내고

좋은 산천 눈길마다 시 지으라 권하네.

하마 천자 뵌 뒤 대궐로 돌아오기에

누런 빛이 응당 팔채미에 더하리라.

漢帝臨軒五賜卮	一行光彩耀華夷
十分御醞醺金骨	四襲仙衣護玉肥
闊野攢蹄催送客	好山供眼勸題詩
已將利見還雲闕	黃色應添八彩眉[8]

'호산(好山)'은 고려 산천이 아니라 귀국길에 만난 만주의 산이다. 바로 '활야(闊野)'에 펼쳐진 산천인데, 그 산천마저 나의 시 대상이 될 정도로 마음이 밝아진 시인을 확인할 수 있다. 또한 '이현(利見)'이 황제를 알현할 것을 뜻하니, 이승휴가 성군을 만나고 돌아오는 길목의 압록강은 이제 새로운 의미를 갖는 것으로 보인다. 그래서 '암맹(暗盲)'하던 산천을 '호산(好山)'으로 바꾸어 놓은 것이다.

이런 변화의 이면에는 이승휴가 원을 오랑캐로 대하지 않고 '중국'으로 바라본 인식의 전환이 깔려 있다. "세조(쿠빌라이)가 천하

---

8) 李承休, 『動安居士行錄』 卷4 〈是月二十五日, 還及鴨綠江〉.

를 통일한 뒤 儒雅한 사람을 등용하니, 憲章과 文物이 모두 중화의 옛 모습을 회복하였다"[9]고 한 이제현의 언급에서도 원을 문명세계로 인정하고 있음을 확인할 수 있다. 당시 사대부들은 '자주'의 명분에 탈각하여 실리적, 현실적인 눈으로 외세를 바라보았음을 짐작할 수 있다.

여말(麗末)에 이르면 외교노선에 따라 반원과 친원을 가른다. 이로부터 개혁적 신흥사대부는 반원, 수구적 권문세족은 친원이란 도식이 도출된다. 그런데 반원은 친명(親明)과 동전의 양면을 이룬다. 곧 여말선초기 반원은 친명의 다름 아닌 바, 그렇다면 친원과 친명에 따라 사대와 자주로 평가하고 있지 않은가 하는 것이다. 다시 말해 조선을 건국한 세력(親明, 親漢族)의 눈으로 여말 신흥사대부의 상을 잡고 있다는 생각이다. 생각이 여기까지 미치고 나니, 신흥사대부론이 제기된 경위가 조선을 건국한 세력을 해명하고, 그 내원을 밝히는 과정이었음이 떠오른다. 결국 고려후기의 신흥사대부는 조선을 위해 준비된 것이었고, 신흥사대부의 상에 조선 건국 세력의 이미지가 덧씌워져 혹여 실상을 오독하고 있지는 않았는지 되돌아보게 된다.

둘째, 중소지주 출신에서 세족을 아울러서: 사회경제적 토대란 출신성분에 국한되지 않는다. 출신은 당사자의 소종래를 밝힐 뿐 그 자체에 대해선 직접적으로 말해주는 것은 없다. 오히려 그가 현재 놓인 위치, 그곳에서의 사회경제적 토대를 확인하고, 그로부터 논

---

9) 李齊賢, 『櫟翁稗說』 後集2, "世祖旣一四海, 登用儒雅, 憲章文物皆復中華之舊."

의를 재출발시키는 것이 생산적이다. 일찍이 신흥사대부를 말하면서 출신을 거론하게 된 것도 그들이 입신할 당시 정치경제적 입장, 문학예술상 견해의 유래처를 확인하기 위한 참조사항이었을 뿐, 고정불변의 조건으로 제출된 것은 아니었다. 사회경제적 조건은 변한다.

신흥사대부의 사회경제적 조건은 초기와 달리 여말, 그리고 선초로 가면서 변해 갔다. 경주 이씨(慶州 李氏)의 경우, 이진(李瑱)이 처음 출사할 때만 해도 지방향리 출신이었지만, 이제현-이달존(李達尊)/이달충(李達衷)-이보림(李寶林)에 이르면서 여말 유력한 세족의 하나로 변모하며, 한산 이씨(韓山 李氏)도 이춘년(李椿年)은 정읍(井邑)의 감무였지만, 이곡(李穀)-이색(李穡)-이종학(李鍾學)을 거치면서 세족으로 된다. 따라서 신흥사대부의 최초 출신에 얽매이지 않고, 변화된 조건에 맞게 새롭게 그들의 생각과 감정을 포착할 시각이 요구된다.

"고려후기의 유력한 양반 가문의 하나인 경주 이씨도 조선전기에 재추 1명을 포함해 관원을 배출했다. 그들은 두 지파에서 비롯되었는데, 모두 13세기 후반 왕조 역사에 나온다. 『고려사』에 처음 등장하는 A지파의 인물은 李淑眞으로 1270년에 문하성의 종4품 관원을 지냈다. 그의 아들 李芮는 충혜왕 때 원의 문하성에 근무했으며 曹益淸·기철과 함께 고려는 원의 번국으로 만드는데 앞장섰다. 李孫寶는 14세기 전반 중급의 대간이었고, 李存吾는 공민왕때 중급 관원으로 근무했다. B지파의 시조인 李核은 왕조 역사에는 나오지 않지만 이색은 그가 2품 관직을 지냈다고 말했다. 역사에 처음 등장하는 이 지파의 인물인 이진은 충숙왕 때 중서문 화시랑평장사를 포함해 여러 고위 관직을 거쳤으며 그의 아들로 저명한 학자이자 관원인 이제현은 충선왕의 깊은 신임을 받았고 원에서 여러 해를 보냈다. 李頲은 1345년에 참리에 임명되었고, 李達衷은 공민왕 때 중급관원이었다.

조선이 개창되었을 때 경주이씨는 재추로 종2품의 대제학인 이남재 밖에 없었는데, 그는 태종때 좌명공신으로 책봉되었다. 그러나 이씨는 중요한 중간 품계의 대간을 여럿 배출했는데, 李壽, 李廷堅, 李昇商 등이었다. 일부 역사학자들은 이제현이 전형적인 '신흥사대부'였다고 주장한 바 있다. 그러나 원 조정 및 고려 왕실과 밀접한 관계를 맺었고 고려 후기에 다수의 관원을 배출한 이 가문이 고려 후기의 유력한 양반 가문(이른바 세족들을 지칭함)과 어떻게 다른지 이해하기 어렵다."10)

이를 위해 '세족의 시각'을 원용할 수 있을 것이다. 이것은 고려 후기 '권문세족'이 극복되고 비판받아야 할 대상이 아니라고 주장하는 것도 아니며, 더욱이 이들을 긍정적 존재로 보려는 것도 아니다. 오히려 지배세력을 정치(혹은 문학)성향을 달리하는 세력으로 양분하여, 그 가운데 하나를 모순대상, 다른 하나를 극복주체로 설정하고, 후자가 정치사(문학사)의 주류임을 확인하는 시각이 타당한가 하는 질문을 던져보려는 것이다. 자의적 경계의 설정으로 인해, 문학사를 왜소하게 만들거나 편협하게 이해해서는 안 된다

---

10) 존 던컨, 김범 옮김, 『조선왕조의 기원』, 너무북스, 2013, 184쪽.

는 경계심도 들어 있다. 특히 동일한 사회구조 속에서 유사한 입신 (立身)의 방식(과거)을 통하여 사회적 진출을 하고 자신의 능력(文翰) 을 인정받았던 상황에서, 심지어 권력(文衡)을 함께 향유하던 지배 층이었다는 점에서 그들 간의 보수와 비판이란 기실 체제부정적인 것으로까지 확신할 수는 없을 것이며, 그들 모두가 고려후기 문학 사를 만들어가는 흐름들로 정당하게 인정되어야 할 것이다.

예컨대 고려후기 청주곽씨의 경우, 곽예(郭預, 감찰대부)로부터 시작하여 그의 아들 운룡(雲龍, 都津長), 손자 정준(廷俊, 判開城府使), 운□(밀직제학)·침(琛, 상서좌승), 복(復, 밀직제학), 추(樞, 정당문학)로 이어지면서 번성했다. 흔히 곽예의 경우는 문학사에서 거론되지만, 그의 증손인 곽운의 경우 거론조차 되지 않고 있다. 세족의 시각은 영성한 고려시문자료의 집일(輯佚)에도 하나의 방법이 될 수 있다. 곽운의 시를 들어본다. 그의 시에는 도연명(陶淵明)의 귀거래(歸去來) 심회를 담고서 맑은 정신경계를 추구하는 경향이 보인다.

고향산의 안개 낀 여라 속에
서까래 셋의 오랜 집 있네.
친구가 어제 보내온 편지에
당귀가 한 줌 가득하였지.
하찮은 관직 놓아버리지 못하지만
돌아갈 생각만은 절로 간절하다오
시름겨워 옥금을 울리면
서리바람이 고목에서 인다오.

舊山烟蘿中　　三椽有老屋
故人昨寄信　　當歸盈一掬
微官不放歸　　歸計徒自熟
愁來鳴玉琴　　霜風生古木[11]

　곽운에게 보내온 친구의 편지 속에 뜻밖에 고향의 당귀가 들어 있었다. 수련의 안개 낀 여라 속의 작고 오래된 집을 떠올리게 만든 것은 바로 당귀 한 움큼이었다. 그런데 '당귀(當歸)'는 약초 이름이기도 하지만, 사실 '마땅히 돌아오라'는 메시지를 전달하는 물상이기도 하다. 친구의 편지에 돌아오라는 말은 없어도 귀거래를 권유하는 뜻이 강하게 담겨 있었던 것이다. '당귀'로 상기(想起)된 고향 생각에 시인은 속만 탈 뿐이다. 그래서 옥금을 울리노라면 그곳에서 추상같은 바람이 흡사 자신의 속마음처럼 나무통 속에서 울려 나온다. 그런데 '옥금(玉琴)'도 이중적 의미로 읽을 수 있다. '심금(心琴)'의 뜻으로 해석할 수 있는 바, 고향 생각에 기인한 시름이 시인을 휘감아오며 마음의 줄을 튕길 때면 어느새 메마른 나의 몸은 소슬하여지고 왠지 서글퍼진다는 것이다. 그래서 그는 귀거래를 단행하게 되는 것이다. 현실비판의식을 갖고 있고, 생명의 경계를 노래했던 곽예와는 다른 시적 정취를 지니고 있는 곽운의 시가 그의 '세족'과 어떤 연관이 있는지는 좀 더 따져봐야 할 것이다. 적어도 '세족'이 그간 거론조차 되지 않던 작가와 작품을 문학사

---

11) 곽운, 『東文選』卷4 〈思舊山〉.

속에 올려놓고 되새김할 수 있는 기회를 제공할 수는 있다고 생각한다.

셋째, 신유학과 불교의 접점들: 자주의 문제를 거론하면서 13세기 후반 문학연구가 공백이라고 한 바 있다. 그런데 여기엔 외세의 문제와 함께 신유학에 대한 평가가 밀접히 관련되어 있다. 흔히 신흥사대부를 14세기에 국한하여 논의하는 데는 신유학 도입으로부터 그 건강성을 이해하고자 한 태도 때문이다. 이것은 그 연원을 거론하면서 고려중기 이규보에서 훌쩍 건너뛰어 안향의 성리학 도입을 거쳐 이제현의 수학(修學), 이색의 교학(敎學), 그리고 조선 건국세력의 실천으로 그 역사적 연원을 잡고 있는 데서 단적으로 나타난다.

사실 14세기 한문학의 건강성으로 꼽히는 우민(憂民)의 정신은 13세기 후반 문학에서 간단없이 진행된 당시 사대부 및 승려들의 정신이 계승되고 발현된 것이다. 신유학이 하나의 이념으로 도입되었다고 해도, 그것이 체화되어 문학적으로 승화되기는 시간이 걸린다고 보는 것이 타당하다. 『고려사·정몽주열전』에 사서집주의 흔적을 찾기도 하지만, 수입과 열독만으로 문학적 성취를 단정하기는 성급한 감이 없지 않다. 차라리 『주희집』이 정식으로 간행되고 읽혀졌던 이황의 시대에 가서야 신유학적 사상에 기초한 문학적 창작이 수행되었다고 보는 것이 온당하지 않을까? 김종직의 시대에서조차 시학을 통해 도학에 들어섰다는 논의가 있는 것을 보면, 이념의 도입과 문학적 성취를 단선적으로 연결시키는 것은 신중할 필요가 있다.

그렇다면 신유학의 위치를 어떻게 비정할 것인가? 아직 확언하기는 어렵지만, '계기적 자극'으로 평가될 수 있을 뿐, 궁극적 결정력을 갖는다고 보기는 어렵지 않을까 생각한다. 물론 이것이 신유학 도입의 의미를 경감시키지는 않는다. 흔히 고려시대는 천리, 자연, 운명과 같은 우주적, 철리적인 것은 불교가 맡고, 현실 정치적인 것은 유교가 담당했다고 한다. 그러나 철리로 다져진 이념으로 새롭게 등장한 신유학이 도입되고, 그것이 현실 속에서 힘을 발휘하게 되자, 불교의 현실부적응도가 강렬해지고 끝내 퇴출의 위기로 몰리게 되었으니 새로운 이념으로서의 생명력과 영향력을 짐작할 만하다.[12] 문제는 그것을 도입과 함께 곧장 절대화하는 것이 타당한가이다. 14세기 신흥사대부들—예컨대 이색, 이집, 한수, 김구용, 정몽주, 정도전, 이숭인, 권근—이 승려와 교유하고, 그들과 수창하는 시에서 불교적 사유를 내비치고 있는 것은, 그들의 삶에서 신유학만을 절대적인 것으로 여기지는 않았음을 보여준다고 이해하는 것이 온당하다.

> 검은 머리 선탑 찾음은 다생의 일인데
> 어찌 전생과 후생을 물으리오
> 鬒絲禪榻多生事
> 豈問前身與後身[13]

---

12) 미야지마 히로시가 한국의 근대를 비정하면서 16세기 주자학을 새롭게 보도록 요구했던 것도, 신유학이 가진 영향력이 만만치 않았음을 방증해준다. 미야지마 히로시, 『미야지마 히로시, 나의 한국사 공부: 한국사의 새로운 이해를 찾아서』, 너머북스, 2013 참조.

대천세계 밖에

또 몇 개의 대천세계가 있을까

大千世界外

又有幾大千14)

　전생(前生), 차생(此生), 내생(來生)의 삼생관(三生觀)으로 인간 존
재를 과거와 미래로 확장하는 다생의 시간관과 대천세계 밖의 무
한한 대천세계를 상정하며 한없이 확장되는 공간관은 신흥사대부
들의 시에서 자주 나타난다. 그것이 "성리학적 이념을 실천하는
방법론으로 원용되었"(전수연)을지는 장담하기 어렵겠지만, 신흥
사대부가 지닌 사유의 유연성을 말해주는 징표는 되리라고 생각한
다. 즉 신유학에 대한 절대적 의미의 부여를 유보하는 순간, 여말선
초 신흥사대부의 다양한 사유의 탐색과 문학적 성과를 볼 수 있는
눈을 갖게 되리라.

　몇 가지 지점을 확인하는 것만으로, 기존의 담론을 폐기하고 수
정할 수 있으리라고 확신하진 않는다. 하나의 담론이 거의 반세기
를 주도해 온 것은, 분명 그 나름의 이유가 있고, 자료 및 해석력에
있어서 유력했기 때문이다. 이 부분은 충분히 긍정하며, 평가할
필요가 있다. 그러나 만일 그로 인하여 소외되거나 배제되는 지점

---

13) 李穡, 『牧隱詩藁』卷13〈明日又賦〉第2首, "寂寂光巖又一春, 歸來盡日少逢人. 洞中
　　流水趨東海, 陵下回峯拱北辰. 青紫滿朝知幻叟, 銀朱獻佛有遼賓. 鬢絲禪榻多生事,
　　豈問前身與後身."
14) 鄭夢周, 『圃隱集』卷2〈贈無邊僧〉, "大千世界外, 又有幾大千. 一句卽便了, 故名曰無
　　邊."

이 있다면 그 부분에 대한 주목은 정당하게 요구될 필요가 있다. 게다가 그것이 후대(조선)를 정당화하기 위하여 선대(고려)를 바라보는 시각으로 제기되었고, 그로부터 발견되거나 구성된 고려의 지식인들과 지식체계가 다소 곡해되고 있는 지점이 있다면, 이에 대한 논의는 다시 출발시키는 것이 필요하다고 생각한다. 아이들은 같은 그림책을 수십 번을 반복해 봐도 재미있어 한다. 그들은 그림책을 볼 때마다 새로운 그림을 발견하기 때문이다. 고려후기 지식과 지식인들 역시 마찬가지라고 생각한다. 어쩌면 우리는 수없이 고려후기를 바라보면서도, 같은 그림을 찾고만 있었던 것은 아닐까? 그렇다면, 이제 '고려후기도(圖)'를 선입견 없이 바라볼 눈을 회복하는 것이 필요하다. 이를 위해 또 하나의 가능성을 다음 절에서 제기해본다.

3. 새로운 지식체계 구성을 위하여: 여말선초의 사례 두 가지

이 글은 이 자리에서 두 가지 사례를 제시하고, 차후 고민할 거리로 제공하고자 한다. 필자는 현재 고려후기/여말선초 문학사 및 지식인연구를 위한 몇 가지 작업을 진행 중이다. 하나는 그간 다뤄지지 않은 지식인의 복원이고, 다른 하나는 시학적, 문학적 차원의 계승과 단절에 대한 추적이다. 전자의 경우 『동문선』 등과 같은 조선 초기 간행된 선집들에 수록된 저자들 및 여말선초(조선 초기)의 가문을 중심으로 지식인의 지형도를 새롭게 조망하는 작업으로 진행되고 있다. 그 하나가 '이원'에 대한 소론이다. 후자의 경우, 왕조의 교체가 시대적 전절(轉折)의 변화를 알려주는 주요지표이기는 하지만, 시학, 철학, 문학 등 문화 제반의 변화를 규정하지는 못한다. 하나의 지식체계(知識體系)가 주요한 사회동력으로 자리잡기까지, 기존의 지식담론이 생명력을 다하고 스러질 때까지, 많은 시간과 인물이 소요된다. '유방선'의 시학을 다룬 것은 바로 그런 지점에 대한 환기를 위해서였다. 여기서는 '이원'과 '유방선'이 전해주는 인물들과 시학들에 대한 안내로 그치고, 차후 보완하기로 한다.

3.1. 이원(李原)의 경우: 고려와 조선을 넘나드는 지식인

용헌(容軒) 이원(李原)은 고려말 1385년(우왕11)에 문과에 급제하여 환로를 시작했는데, 21세 사복시승으로 시작하여 공조와 예조좌랑, 병조 정랑을 역임했다. 조선에서도 사헌부 지평을 시작으로, 태조대에는 시사(侍史), 중승(中丞)이었고, 정종 대에는 우부승지, 좌승지를 지냈으며, 태종대에는 대사헌, 판한성부사, 예조판서, 병조판서, 판우군도총제부사, 의정부 찬성, 이조판서 등 내직을 거쳤고, 경기도 관찰사, 평양부윤 겸 서북면도순문찰리사, 경상도 관찰사, 강원도동북면순찰사 등을 거쳐 우의정에 올랐다. 세종대는 좌의정까지 올랐다. 1368년(공민왕17) 1월에 출생하여 1429년(세종11) 6월 19일에 돌아갔으니, 모두 62세를 살았으며, 그 사이 용헌은 끊임없이 환로를 걸어온 셈이었다. 환로는 그의 인생 자체였다고 할 수 있다(참고로, 『조선왕조실록』의 이원 관련 기록을 살펴보면, 태조조 3건, 정종조 3건, 태종조 155건, 세종조 122건, 문종조 3건, 세조조 5건, 성종조 2건이다. 검색 출현의 횟수는 그가 주로 활동했던 조대를 밝혀줄 뿐이지만, 실록에 기록될 정도로 의미 있는 역할이 많았음을 짐작할 수 있다).

그는 고려 말에 급제하여 조선 초기에 활약한 지식인이다. 이숭인과 정몽주를 좌주로 모셨던 지식인으로서 왕조의 교체기에 조선을 위하여 관료로서의 능력을 발휘했었다. 조선 건국에 적극 동참했던 다른 지식인들처럼 그도 새로운 왕조에 대하여 기대를 걸고 있었던 듯하다. 그런데 그를 이해하는 데 있어서 주의할 점이 있다. 그를 왕조에 대한 절의나 배신의 담론으로 바라보면 그가 가진 시대적이든 개인적이든 그 몫을 정직하게 바라볼 수 없다는 점이다.

우리는 그간 여말선초를 바라볼 때 고려의 측면에서든 아니면 조선의 측면에서도 어느 일방의 눈으로 바라보면 시대와 사람의 상은 굴절을 겪을 수밖에 없다. 사실 지금까지 고려후기를 비롯해 여말선초 지식인들(혹은 이들로 이뤄진 여말선초의 지성사)은 굴절된 상으로 포착되었을 뿐이다. 여말선초를 있는 그대로 바라보는 태도가 요구된다. 이원은 그런 점에서 여말선초 지성사를 다시금 고민하도록 만드는 존재이다. 그의 좌주들의 면면을 보면 분명 고려의 절의파에 해당할 듯한데, 그의 조선에서의 행력을 보면 전혀 그렇지 않았다. 이원의 생각과 마음은 무엇이었을까? 그는 정치적 부침 속에서도 의지할 수 있는 소중한 존재였던 친구들을 찾았다. '기시(寄詩)'가 많은 것도 그 이유이다. 이와 관련하여 자주 원용되는 이미지도 '정운(停雲)'과 매화였다. 소식을 전하는 매개로서 매화가 노래되었고, 나와 거리를 두고서 떠 있는 구름으로 보고픈 친구를 표상했다. 흡사 도연명이 그러했듯이 말이다.

이는 여말선초를 살아가던 지식인들의 동지적 연대와 유관하리라 생각하며, 이들을 찬찬히 점검하는 가운데 여말선초 지식인의 지형도(혹은 지성사)가 그려질 수 있을 것으로 기대된다. 아래에 표로 제시된 바와 같이, 이원이 시를 통해 대화를 나누고자 했던 이들은 그간 문학사에서 거론되었던 인물도 있지만, 그렇지 않은 이들도 많다. 조선 초기 문학사 역시 이른바 신흥사대부론에 입각한 논리를 펼쳤던 탓에, 그 자장 아래에 파악되는 인물들만을 거론해 왔던 것이 저간의 사정이 아닐까 한다. 이원은 우리에게 이 시기를 다시 점검할 것을 요구한다. 이원의 『용헌집(容軒集)』에 수록된 한시를 통해 확인할 수 있는 인물들을 표로 제시하면 아래와 같다.

권수	시제	인물	비고
『용헌집』 권1	次李先生	李格(?~1408)	1377년 문과급제. 1393년(태조2)에 동부유학교수관.
	寄利成君	閔無悔(?~1416)	좌정승 閔霽의 아들, 元敬王后 동생. 1402년 급제.
	在檜巖寄朴知申事錫命	朴錫命(1370~1406)	1385년 문과 급제. 태종때 좌명공신.
	次柳判書謙詩	柳謙(1356~1411)	1380년 급제, 형조참의, 보문각 직제학
	述懷呈頤齋	安魯生	호는 春谷. 경상도 안렴사, 예조참의, 충청도관찰사
	次李大提學行留別詩	李行(1352~1432)	예문관 대제학, 이조판서.
	次仁王長老韻	인왕사 장로	

권수	시제	인물	비고
	谷山鄭使君寄詩次其韻	정 아무	황해도 곡산군수
	贈浿水漁人金虛舟	김허주	어부(본래 산인―승려였음)
	雨中寄卞春亭季良	卞季良(1369~1430)	
	寧州南院樓遇李同年室	李室	이원과 동년.
	寄慶尙咸使相	咸傅霖(1360~1410)	1385년 급제. 1406년 경상도 관찰사로 부임.
『용헌집』 권2	次遇上人詩	우 상인	
	閔高參議詩券得朝字	高鳳禮(?~1411)	1388년 제주축마, 1407년 우군동지총제.
	寄白雲山焰上人	염 상인.	
	寄李牧使安愚. 余之同甲	李安愚(1368~1424)	함주 목사, 충청도 관찰사, 호조 참판.
	走筆送永嘉君奉使中原	權弘(1360~1446)	태종의 장인.
	送玉泉君赴京	劉敞(?~1421)	고려 성균관 학유. 조선에서 대사성, 대제학.
	寄許衡得碧字	許衡	여말선초 문신. 조선에서 예조의랑.
	送偰判漢城赴京	偰眉壽(1359~1415)	판한성부사.
	次韻送朴咸豊之任	박 아무	
	次韓少尹詩	한 아무	
	次古人欲歸詩韻	李穡	〈欲歸〉의 원저자
	寄江原尹使相	尹思修(1365~1411)	1383년 급제, 경기관찰사, 강원도 관찰사.
	送杉庭	삼정	
	次雙梅堂月影臺詩	李詹	〈月影臺〉의 원저자
	哭恩門陶隱先生	李崇仁	진사시 좌주.
	呈秦典農	진 전농	
	次浩亭留別詩	河崙(1347~1416)	경기관찰사, 좌의정.
	寄光山金同年 二首	김 아무	이원과 동년.
	寄西都朴使相	朴信(1362~1444)	평양 부윤, 의정부 찬성.

권수	시제	인물	비고
	寄金敎授	김 교수	
	自玄風往昌寧雪中次金直講詩 二首	김 직강	
	次朴松溪詩	박 송계	
	尹愷妻氏輓詞	尹愷	생몰년미상. 1408년 知善州事.
	劉副令村舍偶吟	劉 副令	친구
	次閔執義詩 二首	민 집의	친구
	次朴生詩	박생	
	次裵山人裵詩 五首	裵裵	여말선초 문인. 1377년 급제. 사예.
	送朴牧使之任公州	박 목사	
	賀鄭司諫	鄭孝復?	1409년 6월 25일. 사간원 헌납으로 임명됨.
	走筆寄仰巖崔同年兼呈法泉珪上人	최 아무	동년. 법천사의 규 상인
	次獨谷餞金海金公詩	成石璘(1338~1423)	고려의 성균관 사성. 조선의 영의정.
	謝李參判送桃	이 참판	친구
	次許栢亭詠梅 二首	鄭易(?~1425)?	
	次權逸民送梅竹盆詩 三首	권일민	
	贈虛上人	허 상인	
	寄姪	조카	
	次兵曹正郎李兩同年李室李敢詩	李室/李敢	모두 동년.
	次李少監詩	이 소감	
	李典書輓詞	이 전서	
	寄呈許敬差官該兼呈廣州柳牧使謙	許該/柳謙	허해, 고려에 급제.
	以詩答焰師書	염 상인	
	送許公之任公州 二首	허 아무	
	次李古城詩 二首	이 아무	

권수	시제	인물	비고
	僧伽寺次孔漁村詩	孔俯(1352~1416)	우왕 때 급제. 조선의 별감제조, 검교 한성윤.
	題日本僧松泉幽處卷中	梵齡	일본승. 1422년, 1425년 사이에 조선으로 왔음.
	謝萬義贈扇	만의	
	招張儀郎	장 의랑	
	在蓮亭招尹教授	윤 교수	
	贈金獻納涉	金涉	여말선초 사관
	寄一雲上人	일운 상인	
	次榮州東軒恩門鄭侍中詩	정몽주	문과의 좌주.
	贈閔執義渫	閔渫	1409년 4월. 집의에 임명.
	次金大卿之任商山兼寄朴江陽 二首	김대경/박강양	
	輓卓參政光茂	탁광무(1330~1410)	예조판서

3.2. 유방선(柳方善)의 경우: 시학의 지속과 문화지식

유방선(柳方善)은 흔히 고려말 불문(佛門)에서 전해 오던 학두(學杜)의 전통을 이어받아 조선초 시단에 전수했다고 알려져 있다. 사실 조선초의 시학은 불문의 학두 전통에 힘입어 진작된 바가 크다고 할 수 있다. 대표적인 예로 1431년(世宗 0)에 밀양(密陽) 개간(開刊)『두공부초당시전(杜工部草堂詩箋)』을 간각한 이들은 승려였으며, 여기에는 당시 사찰에서 보유하고 있던 간각 기술만이 아니라 두시(杜詩)의 본문과 주석을 교정할 정도로 두시에 정통했던 불문의 시학 수준이 함께 차용되었기 때문이다(심경호). 유방선은 12세에 외증조부인 이색(李穡)과 인연이 있었던 승려 의침(義砧)을 찾아가 본격적으로 시를 배웠는데, 그로부터 이러한 학두의 전통을 이어받았다.

유방선은 가학을 통해 이를 아들 유윤겸(柳允謙)과 조카 유휴복(柳休復)에게 전수했다. 『용재총화(慵齋叢話)』와 『소문쇄록(謏聞鎖錄)』 등의 기록에 따르면 이들은 두시로 정평이 났으며 당대에 비길 이가 없었다고 한다. 실제로 유휴복은 세종(世宗) 연간에 『찬주분류두시(纂註分類杜詩)』의 편찬에 참여했고 유윤겸은 성종(成宗) 연간 『분류두공부시언해(分類杜工部詩諺解)』 편찬의 책임자였다. 이러한 사실을 놓고 볼 때, 『찬주분류두시(纂註分類杜詩)』와 『분류두공부시언해(分類杜工部詩諺解)』에는 유방선의 두시에 대한 이해와 인식이 반영되었을 개연성이 높다. 이는 유방선의 두시에 대한 이해도가 당대에 그 권위를 인정받았을 정도로 높은 수준이었으며, 유방선을 통해 전수된 학두의 맥이 조선초 다양한 두시집(杜詩集)의 편찬에 상당 부분 기여했음을 의미한다.

두시(杜詩)에 대한 유방선의 성취가 그의 아들과 조카를 통해 간접적으로 조선초 시단에 영향을 미친 것은 분명한 사실이다. 하지만 그의 한시에는 두시의 수용과 학두의 선구만으로는 설명할 수 없는, 시학사라는 전체적인 맥락에서 보아야 비로소 이해할 수 있는 지점이 존재한다. 그것은 바로 유방선이 시의 창작 과정에서 앞선 사람, 특히 자신과 가계·학통을 통해 긴밀한 관계를 맺었던 인물들의 시적 성취를 계승하고 있다는 점이다.

유방선은 고려말의 이색·이숭인(李崇仁)·권근(權近)·변계량(卞季良)의 계보를 이어 받아, 서거정(徐居正)·이승소(李承召)·성간(成侃)

등 조선초를 대표하는 문인들을 길러내었다. 추측건대 이러한 학문적·문학적 토대 위에서 구축한 그의 시세계에는 여말선초 시학사의 주요한 성과들이 담겨 있을 것이다. 더 나아가서는 유방선이 시의 창작의 원료로 삼았던 '선배'들의 시적 성취가, 그에게서 영향을 받은 '후배'들에게 전수되었을 가능성도 고려해볼 필요가 있다. 여기서 '선배'는 이색·이숭인·권근·변계량을, '후배'는 서거정·이숭소 등을 말한다. 이들은 유방선과 혈연 및 사승관계를 맺었던 인물들로, 지면상 이들을 '선배'와 후배'로 지칭하려고 한다. 물론 이숭인의 경우, 유방선과 혈연이나 학연 등 직접적인 관계를 맺었던 인물은 아니다. 하지만 〈억구유(憶舊遊)〉(『泰齋集』 卷2)에서 "밤 깊자 술은 깼는데 달빛이 탑상에 가득할사, 향을 살라 다시 陶隱의 시를 읽었노라[夜深酒醒月滿榻, 焚香更讀陶隱詩]"라고 회상하는 구절 등, 『태재집(泰齋集)』에는 유방선이 젊은 시절부터 이숭인의 시에 관심을 보였음을 증명하는 표현이 많이 나온다. 또한 이색이나 권근과의 관계 등을 고려해 본다면 분명 이숭인과도 연결되는 지점이 있기에, 이숭인을 유방선의 '선배'에 포함시켰다. 물론 이 '선배'나 '후배'가 하나의 시파나 학파로 존재했던 것은 아니다. 그들 사이의 시학적 계승과 단절을 표기하기 위한 방편으로 지칭한 것일 뿐이다.

유방선은 자신의 선배들이 남겨준 시학적 자산을 자기의 것으로 수용하여 재창조하였고, 또 그의 후배들에게 이어주었다. 그 과정은 단일하진 않고, 단절과 계승의 착종되는 복잡한 모습을 갖고 있었다. 그간 고려후기 시학사는 이규보-이제현-이색으로 이어지는 선을 논의해 왔고, 그 이후의 시학적 맥락은 그리 뚜렷하게 포착된 적이 드물었다. 이제 유방선을 계기로 이색으로부터 이어진 시학적 맥락이 최소한 서거정까지는 이어지고 있음을 추정할 수 있게 되었다. 문화사적 흐름이 왕조의 폐망과 개창사와 동일하지 않음을 익히 알고 있는 우리로서는, 이번에 다시 이른바 여말선초의 시학 역시, 고려와 조선으로 갈리지 않음을 확인할 수 있다. 서거정은 시학적 맥락만 살펴본다면 여말선초 시학의 수혜자이다. 곧 고려 이후 선초의 시학적 전통은 그에게서 집대성됨과 동시에 일단락되고, 이후 새로운 시학적 전통으로 전변하는 것이다. 이른바 문화지식으로서의 시학의 변화를 읽을 수 있으리라. 아래의 표는 유방선의 『태재집(泰齋集)』을 둘러싼 시적 표현 전승의 실례를 보여주기 위하여 정리한 것이다. 모두 세 가지로 분류했는데, 〈표 1〉은 유방선이 이숭인의 시를 '그대로' 수용했다기보다는, 하나의 작품 속에 이숭인의 시만을 차용한 경우이다. 〈표 2〉는 유방선의 시를 후배가 계승하고 그 뒤로는 끊어진 경우이다. 〈표 3〉은 하나의 시 속에 다수의 시적 표현이 같이 나타나는 경우이다. 이를테면 시의 제1,2구는 이숭인의 시를 차용하고(〈표 1〉의 사례) 제5,6구는 이색의 시를 차용한(〈표 2〉의 사례) 경우가 그러하다. 이 부류가 가장 많이 나타난다. 물론 시적 표현의 동질성이 시상의 동일을 뜻한다고 믿지 않는다. 또한 시적 표현을 달리하면서도 다른 사람의 정감과 같은 질감을 표현할 수도 있음도 잊지 않고 있다. 그럼에도 시적 표현이 같거나 유사한 사례들은 이들 사이에 일련의 시학적 전통이 흐르고 있음을 짐작할 수 있는 기회를 주며, 아울러 시맥(詩脈)을 추적할 수 있는 흔적이라고 생각한다.

〈표 1〉 유방선이 이숭인의 시적 표현을 수용한 경우

번호	차용 구절	시제
1	"十年學業墮茫然" "年來學業墮茫然"	〈奇趙仲敬〉(『泰齋集』 卷1) 〈送門生韓有文之西原親親〉 제2수(『陶隱集』 卷3)
2	"願尋香穗去" "擬尋香穗去"	〈奉贈雨千峯〉(『泰齋集』 卷1) 〈偶唫錄奉千峯方外契〉 제1수(『陶隱集』 卷2)
3	"行行無與語, 乘月過城西" "行行吟未已, 乘月過楊州"	〈山行〉(『泰齋集』 卷1) 〈楊州舟中漫興〉(『陶隱集』 卷2)
4	"邂逅成佳會" "邂逅成佳會"	〈別友人〉(『泰齋集』 卷1) 〈辛亥除夜呈席上諸公 二首〉 제2수(『陶隱集』 卷2)
5	"步屧東郊晚, 悠然發興新" "倚杖柴門外, 悠然發興長"	〈步屧〉(『泰齋集』 卷1) 〈倚杖〉(『陶隱集』 卷2)
6	"覓句償詩債, 煎茶解酒醒" "把筆償詩債, 傾囊索酒杯"	〈僑居〉(『泰齋集』 卷1) 〈立春邵伯驛舟中〉(『陶隱集』 卷2)
7	"路回松檜合" "路回千嶂合"	〈送僧〉(『泰齋集』 卷1) 〈送興教僧統還山次淡菴牧隱諸先生韻〉 (『陶隱集』 卷2)
8	"溪靜薜蘿垂" "舊隱薜蘿垂"	〈送僧〉(『泰齋集』 卷1) 〈送潤雲老上人還山〉(『陶隱集』 卷2)
9	"淨几翻經坐, 幽林採藥回" "机淨翻經坐, 香殘禮佛回"	〈山居 二首〉 제1수(『泰齋集』 卷1) 〈題裴氏叔季廬墓所〉(『陶隱集』 卷2)
10	"遙憐十年夢, 役役走塵埃" "遙憐十年夢, 欸欸此中忙"	〈山居 二首〉 제1수(『泰齋集』 卷1) 〈倚杖〉(『陶隱集』 卷2)
11	"窓暖梅初坼, 園寒菜未芽" "柳色溪寒千樹澁, 梅花窓 暖一枝香"	〈山居 二首〉 제2수(『泰齋集』 卷1) 〈至日用民望韻再賦用別韻〉(『陶隱集』 卷2)
12	"他年如可到, 不必慕公卿" "若敎田舍去, 不必慕三公"	〈題金生玄圃圖〉(『泰齋集』 卷1) 〈復用前韻〉(『陶隱集』 卷2)
13	"殊覺我無能" "殊覺我無狀"	〈遣懷〉(『泰齋集』 卷1) 〈絶句二十首用唐詩分字爲韻寄呈民望待制〉 제 13수(『陶隱集』 卷3)
14	"暖日晴窓暗坼房" "暖日晴窓始吐葩"	〈早梅 二首〉 제1수(『泰齋集』 卷2) 〈梅花 五首〉 제2수(『陶隱集』 卷3)
15	"坤陰用事凜寒威" "坤陰用事政難禁"	〈早梅 二首〉 제2수(『泰齋集』 卷2) 〈梅花 五首〉 제5수(『陶隱集』 卷3)
16	"誰家解畜消愁藥" "誰家解畜江南藥"	〈書懷 三首〉 제1수(『泰齋集』 卷2) 〈南行呈圃隱〉(『陶隱集』 卷3)

번호	차용 구절	시제
17	"初心政欲趨相見, 奈此幽 蹊隔翠微"	〈到雲浮寺寄李秀才甫欽〉(『泰齋集』 卷2)
	"直欲趨相謁, 其如病未行"	〈病中聞林太常使還以詩呈閔正郎傳語〉 (『陶隱集』 卷2)
18	"十年牽俗無由往"	〈明谷上人在功德寺以詩寄贈〉(『泰齋集』 卷3)
	"自慙牽俗無由往"	〈雨中寄淸涼然禪師〉(『陶隱集』 卷3)
19	"明窓泚筆情多少, 忽得新 詩一兩篇"	〈至日自賦 二首〉제1수(『泰齋集』 卷3)
	"泚筆書窓下, 聊題一首詩"	〈紀時十二月十二日〉(『陶隱集』 卷2)
20	"歲暮窮閭雪霰深"	〈至日自賦 二首〉제2수(『泰齋集』 卷3)
	"臘底窮閭雪霰深"	〈可遠待製以詩見寄次韻奉呈〉제1수 (『陶隱集』 卷3)
21	"繡線忽添量日影"	〈至日自賦 二首〉제2수(『泰齋集』 卷3)
	"綉線初添覺日長"	〈至日用民望韻再賦用別韻〉(『陶隱集』 卷2)
22	"此去何時還會面"	〈別崔伯常〉(『泰齋集』 卷3)
	"此去何時還北上"	〈送僧南歸〉(『陶隱集』 卷2)

〈표 2〉 유방선을 전후로 시적 전통이 단절되는 경우

번호	차용 구절	시제
1	"道大名逾重"	〈寄漢城李少尹陟〉(『泰齋集』 卷1)
	"道直名逾重"	〈哭鐵原君崔孟孫〉(『牧隱詩藁』 卷16)
2	"買魚尋晚艇, 賒酒向春帘"	〈郊居 二首〉제1수(『泰齋集』 卷1)
	"買魚尋白屋, 賒酒問靑帘"	〈次韻益齋李先生瀟湘八景〉(『四佳詩集』 卷41)
3	"羲經時在案, 坐讀兩三爻"	〈郊居 二首〉제2수(『泰齋集』 卷1)
	"等閑時讀易, 隨意兩三爻"	〈偶吟〉제1수(『四佳詩集』 卷12)
4	"春色惱無睡"	〈卽事〉(『泰齋集』 卷1)
	"春色惱人禁不得"	〈感懷〉(『四佳詩集』 卷40)
5	"曉行猿自導, 夜宿鶴相依"	〈送僧〉(『泰齋集』 卷1)
	"晨征猿自導, 夜宿鶴相將"	〈送戒澄還鷄龍故山〉(『四佳詩集』 卷12)
6	"庭空花影轉, 樹靜鳥聲殘"	〈尋僧不遇〉(『泰齋集』 卷1)
	"月在西廊花影轉, 星臨北 闕漏聲殘"	〈入直鑾坡〉(『四佳詩集』 卷2)
7	"萬世享蘿圖"	〈戊戌年作〉(『泰齋集』 卷1)
	"奉我蘿圖億萬年"	〈慈恩寺讀玉龍書有感〉제1수(『牧隱詩藁』 卷5)
8	"水靜魚兒戲, 風輕鷰子翻"	〈登樓〉(『泰齋集』 卷1)
	"池活魚兒戲, 簷遶燕子來"	〈寒食前二日癸卯春〉(『四佳詩集』 卷4)

번호	차용 구절	시제
9	"風塵獨滯留" "紫陌風塵謾滯留"	〈送人〉(『泰齋集』 卷1) 〈曉吟〉(『牧隱詩藁』 卷20)
10	"危樓霄漢近" "危樓霄漢低"	〈登山寺樓〉(『泰齋集』 卷1) 〈夏日與諸公游金鍾寺 二首〉제1수 (『牧隱詩藁』 卷4)
11	"鶴歸松頂晚, 僧立澗邊秋" "溪頭野徑僧頻過, 松頂雲 巢鶴獨歸"	〈登山寺樓〉(『泰齋集』 卷1) 〈次安政堂韻奉送安密直歸山 名輯〉제3수 (『牧隱詩藁』 卷6)
12	"眠食謝乾坤" "退食謝乾坤"	〈偶成〉(『泰齋集』 卷1) 〈興國寺大街宰樞諸君會坐㗋命判三司公與僕言 其所以蓋請上退乳母也〉제2수(『牧隱詩藁』 卷19)
13	"地僻苔連砌" "門豁苔連砌"	〈過崔判事故居〉(『泰齋集』 卷1) 〈幽居〉제3수(『牧隱詩藁』 卷17)
14	"馬上照斜曛" "玄陵碑上照斜曛"	〈過崔判事故居〉(『泰齋集』 卷1) 〈偶題〉제1수(『牧隱詩藁』 卷21)
15	"寂寞臥空床" "病夫羞報臥空床"	〈客中 二首〉제2수(『泰齋集』 卷1) 〈姨兄金敞德原君携族孫摠持僧錄以酒食來餉〉 (『牧隱詩藁』 卷35)
16	"飄飄如轉蓬" "飄飄如斷蓬"	〈丹陽途中〉(『泰齋集』 卷1) 〈我生〉(『牧隱詩藁』 卷28)
17	"孤鴻歲律窮" "閉塞成冬歲律窮"	〈丹陽途中〉(『泰齋集』 卷1) 〈冬日〉(『牧隱詩藁』 卷31)
18	"千里苦相思" "千里苦相思"	〈金教授之行寄舍弟方謹〉(『泰齋集』 卷1) 〈奉答崔安東〉(『牧隱詩藁』 卷17)
19	"山中事事奇" "山中事事奇"	〈寓柏旨寺 進退格〉(『泰齋集』 卷1) 〈尹察訪見和復次四首〉제3수(『四佳詩集』 卷5)
20	"狂風翻樹杪" "旌旗翻樹抄"	〈雨〉(『泰齋集』 卷1) 〈記辛丑冬丹山途中〉(『牧隱詩藁』 卷7)
21	"水旱災難測, 堯湯事可疑" "堯湯盛德立人極, 水旱軫 念終關天"	〈喜雨〉(『泰齋集』 卷1) 〈風雨行〉제2수(『牧隱詩藁』 卷15)
22	"預憂三伏日" "預憂三伏近"	〈題本家小樓〉(『泰齋集』 卷1) 〈霪雨三首〉제3수(『牧隱詩藁』 卷17)
23	"隣人相問慰, 白酒滿銅盆" "鄰翁喜相對, 白酒滿瓦盆"	〈戊申春自永川移居法泉村舍〉(『泰齋集』 卷1) 〈到辛安村舍〉(『春亭集』 卷2)
24	"一盃相別處" "今日祖筵相別處"	〈送人〉(『泰齋集』 卷1) 〈送人辭官還鄉〉(『四佳詩集』 卷5)
25	"匹馬獨歸人" "匹馬獨歸客"	〈送人〉(『泰齋集』 卷1) 〈夜到高嶺〉(『四佳詩集』 卷7)

번호	차용 구절	시제
26	"何日相尋去" "短笻何日相尋去"	〈送覺明長老還山〉(『泰齋集』卷1) 〈次韻允上人見寄 二首〉제1수(『四佳詩集』卷40)
27	"寂寥燈下獨含情" "寂寥燈幕惱詩人"	〈除夜獨坐有感〉(『泰齋集』卷2) 〈雨中〉(『牧隱詩藁』卷12)
28	"茅屋蕭條屬腐儒" "歲暮傷心屬腐儒"	〈自詠 四首〉제1수(『泰齋集』卷2) 〈卽事〉(『牧隱詩藁』卷27)
29	"半壁殘燈焰半銷" "破壁殘燈焰半銷"	〈除夜記夢〉(『泰齋集』卷2) 〈曉吟 二首〉제2수(『四佳詩集』卷52)
30	"最愛天心呈露處" "最愛乾坤呈露處"	〈雜詠 二首〉제2수(『泰齋集』卷2) 〈自詠 四首〉제1수(『牧隱詩藁』卷8)
31	"畢竟祇從心上覓" "畢竟只從心上覓"	〈述懷贈明谷上人 二首〉제2수(『泰齋集』卷2) 〈送曹溪大選自休游日本因往江南求法〉 (『牧隱詩藁』卷9)
32	"誰家月下吹長笛" "何人每日吹長笛"	〈到村莊詠懷 三首〉제2수(『泰齋集』卷2) 〈連夜聞笛〉(『春亭集』卷1)
33	"端坐明窓討典墳" "沈思討典墳"	〈閒中詠懷錄奉彌泉子座下 四首〉제1수 (『泰齋集』卷2) 〈曉起卽事〉(『牧隱詩藁』卷10)
34	"天陰月黑夜沈沈" "天陰月黑夜沈沈"	〈夜中風雨大作獨坐書懷〉(『泰齋集』卷2) 〈夜到杏山〉(『三灘集』卷2)
35	"村人相贈滿盤香" "摘來靑玉滿盤香"	〈新粳呈李迁齋〉(『泰齋集』卷2) 〈黃瓜〉(『四佳詩集』卷40)
36	"奉使風流世所稱" "奉使風流此一時"	〈奉送趙判奉常瑞康巡陵歸咸吉道〉 (『泰齋集』卷2) 〈戲贈尹淡叟同庚淡叟奉使嶺南初還〉제2수 (『四佳詩集』卷13)
37	"天低海闊疑無地，霧散雲 開忽有山" "天連滄海疑無地，船泊孤 洲忽有山"	〈登天王峯永川公山峯名〉(『泰齋集』卷3) 〈次過臨津舟中韻〉(『四佳詩集』卷2)
38	"鵬搏已得近靑冥" "岩嶢禁直近靑冥"	〈賀權僉知孟孫○辛亥九月初二日夜權公夢射鵬 得之翌日政拜僉知中樞上親書姓名下吏曹〉 (『泰齋集』卷3) 〈賀廉代言廷秀〉(『牧隱詩藁』卷28)
39	"短髮今朝俄變白，衰顔昔 日亦浮紅" "已矣兩髦俄變白，醉來雙 頰尙浮紅"	〈戊申春獨坐原州法泉村舍忽見短髮兩莖已白始 驗年今四十一也默念夫子四十五十而無聞焉斯亦 不足畏也之訓與孟子四十不動心之言不覺惶愧因 述所懷〉(『泰齋集』卷3) 〈奉謝鄭圓齋李奉翊玖朴承旨晉祿携酒見訪兼申 拜眞之約〉(『牧隱詩藁』卷15)

번호	차용 구절	시제
40	"江城小雨潤如酥" "細霈衰草欲如酥"	〈微雨〉(『泰齋集』卷3) 〈雨不止坐念諸元帥行李艱苦〉(『牧隱詩藁』卷26)
41	"天公賦物眞難測" "天公賦物眞奇巧"	〈自感〉(『泰齋集』卷3) 〈詠櫻桃〉(『牧隱詩藁』卷17)
42	"病樹前頭萬樹榮" "病樹前頭萬木春"	〈自感〉(『泰齋集』卷3) 〈有感〉제2수(『牧隱詩藁』卷10)
43	"釣魚村近常須買, 種秫田磽未擬收" "山中未擬收奴橘, 池下終須種婢魚"	〈述懷〉(『泰齋集』卷3) 〈到村墅〉(『四佳詩集』卷2)
44	"斷送百年眞計在" "斷送百年詩酒在"	〈述懷〉(『泰齋集』卷3) 〈對酒〉(『四佳詩集』卷29)
45	"僧榻臥聽殊有味" "病客懶興殊有味"	〈雨〉(『泰齋集』卷3) 〈晨興〉(『牧隱詩藁』卷16)
46	"主張詩壘爲雄將" "未堪詩壘將"	〈詠酒〉(『泰齋集』卷3) 〈幽懷〉(『四佳詩集』卷51)
47	"一別音容兩渺然" "別後音容又渺然"	〈奉酬北靑教授金同年久同〉(『泰齋集』卷3) 〈次韻黃昆季見寄〉(『四佳詩集』卷31)
48	"功名宜鑑卓臍燃" "功名宜鑑止靑蠅"	〈奉酬北靑教授金同年久同〉(『泰齋集』卷3) 〈復用前韻寄子文〉제1수(『四佳詩集』卷5)
49	"澗水潺湲繞弊廬" "鎭浦煙波遶弊廬"	〈到村舍詠懷〉(『泰齋集』卷3) 〈有懷孟雲昆先生時遊柳浦別墅〉제3수 (『牧隱詩藁』卷29)

〈표 3〉 하나의 시 속에 다양한 시적 표현의 차용이 드러난 경우

번호	차용 구절	시제
1	"華裾玉佩光顯融" "一門冠蓋光顯融"	〈內舅李司諫遷拜禮曹參議喜而有作諱孟畇〉 (『泰齋集』卷1) 〈走筆奉寄遁翁〉제4수(『陶隱集』卷1)
2	"神彩煥赫臨朝中" "仲氏赫赫臨朝中"	〈內舅李司諫遷拜禮曹參議喜而有作諱孟畇〉 (『泰齋集』卷1) 〈李密直歸京山府〉(『牧隱詩藁』卷10)
3	"天耶命耶誰使然" "天邪命邪老益困"	〈內舅李司諫遷拜禮曹參議喜而有作諱孟畇〉 (『泰齋集』卷1) 〈鄕學上舍歌〉(『牧隱詩藁』卷11)

번호	차용 구절	시제
4	"恨無羽翼隨飛鴻" "恨無羽翼飛從公"	〈內舅李司諫遷拜禮曹參議喜而有作諱孟畇〉 (『泰齋集』卷1) 〈代人贈段行人使還〉(『陽村集』卷4)
5	"文章破神慳" "苦語破神慳" "壽福被神慳"	〈贈李秀才〉(『泰齋集』卷1) 〈寄隱峯禪師〉(『陶隱集』卷1) 〈哭成修撰和仲侃 四首〉제1수(『四佳詩集』卷5)
6	"結交盡淸寒" "結交盡豪英"	〈贈李秀才〉(『泰齋集』卷1) 〈自訟〉(『陶隱集』卷1)
7	"幾歲抱荼毒" "三載抱荼毒"	〈贈李秀才〉(『泰齋集』卷1) 〈龍江舟中有懷北平周參政名倬字雲章〉 (『陶隱集』卷1)
8	"莫怪久眊瞇" "如今眊瞇應休怪"	〈贈李秀才〉(『泰齋集』卷1) 〈送門生韓有文之西原觀親〉(『陶隱集』卷3)
9	"勉旃追前脩, 愼勿費昏旭" "庶幾追前脩, 孜孜惜晷刻"	〈贈李秀才〉(『泰齋集』卷1) 〈秋夜感懷〉제10수(『陶隱集』卷1)
10	"久怪連旬絶, 今驚累日垂" "久怪冬寒薄, 今驚曉霧新"	〈苦雨〉(『泰齋集』卷1) 〈癸丑閏十一月十四日霧〉(『陶隱集』卷2)
11	"泥融妨出入" "泥途妨出入"	〈苦雨〉(『泰齋集』卷1) 〈獨坐〉(『四佳詩集補遺』卷1)
12	"屋小山仍近, 窓明日政烘" "屋古山仍近, 庭空日自長"	〈自詠 二首〉제1수(『泰齋集』卷1) 〈長林驛〉(『牧隱詩藁』卷2)
13	"窓明日政烘" "波恬日政烘" "萬里炎雲日政烘"	〈自詠 二首〉제1수(『泰齋集』卷1) 〈驪江宴集〉(『陶隱集』卷2) 〈憂旱〉(『四佳詩集補遺』卷1)
14	"野曠山如畫" "野曠山如畫"	〈自詠 二首〉제2수(『泰齋集』卷1) 〈驪江宴集〉(『陶隱集』卷2)
15	"無心更夢松" "爵祿無心更夢松"	〈自詠 二首〉제2수(『泰齋集』卷1) 〈曉起卽事〉제3수(『牧隱詩藁』卷13)
16	"往事眞如夢, 浮生又是春" "往事渾如夢, 堪驚兩鬢絲"	〈辛卯元日獨坐次古人韻〉(『泰齋集』卷1) 〈寄金可均鍾在善山〉(『四佳詩集』卷4)
17	"衣冠拱紫宸" "萬歲誠心拱紫宸"	〈辛卯元日獨坐次古人韻〉(『泰齋集』卷1) 〈奉敎製進送潘行人使還〉(『陽村集』卷9)
18	"偏驚節候催" "入眼偏驚物候新"	〈立春日詠懷〉(『泰齋集』卷1) 〈庚申夜題寄吳同鄰〉(『四佳詩集』卷12)
19	"羈思轉悠哉" "身世轉悠哉" "危坐轉悠哉"	〈立春日詠懷〉(『泰齋集』卷1) 〈夜吟〉제1수(『牧隱詩藁』卷19) 〈初冬雨夜〉(『春亭集』卷1)

번호	차용 구절	시제
20	"竹影侵虛榻" "虛榻半松陰"	〈雲浮寺〉(『泰齋集』卷1) 〈淸州宿僧房明日韓同年設食汝忠〉 (『牧隱詩藁』卷3)
21	"山靈應不昧" "南楚英靈應不昧"	〈雲浮寺〉(『泰齋集』卷1) 〈柔城縣端午〉(『四佳詩集』卷4)
22	"結社會如期" "結社會如期"	〈雲浮寺〉(『泰齋集』卷1) 〈偶唫錄奉千峯方外契〉第4수(『陶隱集』卷2)
23	"一境頗幽僻, 門無車馬過" "貧居頗幽僻, 客來亦云稀" "芧茨頗幽僻, 車馬絶喧嘩"	〈偶作 五首〉第1수(『泰齋集』卷1) 〈送客記事〉(『牧隱詩藁』卷6) 〈江村卽事〉(『陶隱集』卷2)
24	"神僊多怪怪, 名宦亦區區" "詩思奇奇怪怪, 宦情莫莫 休休"	〈偶作 五首〉第2수(『泰齋集』卷1) 〈題明遠菴〉(『陶隱集』卷3)
25	"吟哦足自娛" "行藏足自娛"	〈偶作 五首〉第2수(『泰齋集』卷1) 〈有懷子安〉(『牧隱詩藁』卷7)
26	"看花頻岸幘" "千里遠山頻岸幘"	〈偶作 五首〉第2수(『泰齋集』卷1) 〈遣興〉(『牧隱詩藁』卷9)
27	"光陰消客裏, 身世寄毫端" "光陰消釣艇, 身世付棋函"	〈偶作 五首〉第3수(『泰齋集』卷1) 〈用前韻寄南陽次公兩先生 六首〉第1수 (『四佳詩集』卷22)
28	"苜蓿日堆盤" "還憂苜蓿日堆盤"	〈偶作 五首〉第3수(『泰齋集』卷1) 〈孟崍還京〉(『牧隱詩藁』卷35)
29	"東嶺上初暾" "黃金闕角上初暾"	〈曉過僧舍 二首〉第1수(『泰齋集』卷1) 〈十七日早朝上御奉天門臣崇仁等蒙賜冠服獲與 朝官列拜午門之外〉(『陶隱集』卷3)
30	"積雪擁籬根" "積雪擁籬落" "家家松竹擁籬根"	〈曉過僧舍 二首〉第1수(『泰齋集』卷1) 〈題河開城畫梅卷六絶〉第2수(『陽村集』卷7) 〈次東軒韻四首〉第4수(『四佳詩集』卷3)
31	"蕭然吟未已" "行行吟未已" "索笑巡簷吟未已"	〈曉過僧舍 二首〉第1수(『泰齋集』卷1) 〈楊州舟中漫興〉(『陶隱集』卷2) 〈詠梅次和仲韻〉(『四佳詩集』卷4)
32	"暗水通疏竹, 晴嵐入小楹" "一硼通疏竹, 千峯入翠嵐"	〈曉過僧舍 二首〉第2수(『泰齋集』卷1) 〈奉贈顯菴〉(『陶隱集』卷2)
33	"觀心不用文" "直指人心不用文"	〈贈季興上人 二首〉第1수(『泰齋集』卷1) 〈寄蓮花禪師夫牧〉(『牧隱詩藁』卷4)
34	"沖襟澄古井" "沖襟古井澈"	〈贈季興上人 二首〉第1수(『泰齋集』卷1) 〈次木菴師韻師連賦兩篇效古人體惠懺〉 (『陶隱集』卷1)

번호	차용 구절	시제
35	"香火共朝曛" "香火共禪龕"	〈贈季興上人 二首〉 제1수(『泰齋集』 卷1) 〈奉贈顯菴〉(『陶隱集』 卷2)
36	"漁村耿夜燈" "何處漁村耿夜燈"	〈送人〉(『泰齋集』 卷1) 〈通津梁誠之大補谷別墅八詠〉 제7영 (『四佳詩集補遺』 卷3)
37	"覲親多暇日, 匹馬訪吾曾" "君歸足暇日, 一一訪吾曾"	〈送人〉(『泰齋集』 卷1) 〈送權使君之任忠州州北有開天寺是僕舊遊之 地〉(『陶隱集』 卷2)
38	"病餘多暇日" "老牧病餘多伎倆"	〈遊南園〉(『泰齋集』 卷1) 〈梅花 三首〉 제1수(『牧隱詩藁』 卷6)
39	"鳥啼深樹靜" "鳥啼深樹靜"	〈遊南園〉(『泰齋集』 卷1) 〈通州潞河驛〉(『四佳詩集』 卷7)
40	"眞成作勝遊" "與客携壺作勝遊" "佳節偏堪作勝遊" "付與皇華作勝遊"	〈樓上〉(『泰齋集』 卷1) 〈大同江舟中〉(『容軒集』 卷1) 〈寄陽谷兼呈中慮〉(『春亭集』 卷2) 〈百祥樓 二首〉 제2수(『三灘集』 卷6)
41	"風涼欲借秋" "涼風欲借秋"	〈樓上〉(『泰齋集』 卷1) 〈雨〉(『牧隱詩藁』 卷7)
42	"客愁何處寫" "何處寫吾憂"	〈樓上〉(『泰齋集』 卷1) 〈出游〉(『牧隱詩藁』 卷33)
43	"窮居殊寂寞" "蓬窓殊寂寞" "客懷殊寂寞" "幽居殊寂寞"	〈獨坐〉(『泰齋集』 卷1) 〈自賦〉(『牧隱詩藁』 卷7) 〈向夕〉(『春亭集』 卷4) 〈幽居〉(『四佳詩集』 卷51)
44	"獨坐懶衣冠" "寥寥長晝懶衣冠" "獨坐懶衣冠"	〈獨坐〉(『泰齋集』 卷1) 〈獨坐〉(『牧隱詩藁』 卷16) 〈謾成〉(『四佳詩集』 卷8)
45	"早歲名爲累, 浮生病是閒" "道屈名爲累, 愁多病是媒"	〈獨坐〉(『泰齋集』 卷1) 〈無事〉(『四佳詩集』 卷28)
46	"他日歸鄕曲, 田廬對碧山" "人生所欠歸田耳, 日日高 樓對碧山"	〈獨坐〉(『泰齋集』 卷1) 〈寄吳同年奕臨〉(『牧隱詩藁』 卷21)
47	"看詩已透機" "直截根源欲透機" "妙契透機關"	〈呈南谷李獻納稚〉(『泰齋集』 卷1) 〈題柏庭行卷〉(『牧隱詩藁』 卷18) 〈題南嶽聰禪師房次林先生韻〉(『陶隱集』 卷2)
48	"起居今若何" "起居今若何"	〈寄完山柳生員由善〉(『泰齋集』 卷1) 〈用書格奉蘭淸州牧使李士穎〉(『牧隱詩藁』 卷21)

번호	차용 구절	시제
49	"世事本蹉跎" "從敎世事自蹉跎" "其於世事喜蹉跎"	〈寄完山柳生員由善〉(『泰齋集』卷1) 〈風雨發嘆〉제1수(『牧隱詩藁』卷25) 〈三和 六首〉제5수(『四佳詩集』卷8)
50	"不覺費長吟" "幾回西望費長吟" "獨立費長吟"	〈詠松次李迂齋韻〉(『泰齋集』卷1) 〈次金海燕子樓詩三韵〉제2수(『陽村集』卷7) 〈夏日懷友人〉(『容軒集』卷2)
51	"節義起群頑" "年年端午聚群頑"	〈輓迂齋李先生〉(『泰齋集』卷1) 〈端午石戰〉(『牧隱詩藁』卷29)
52	"兒孫拭淚看" "空把遺篇拭淚看"	〈輓迂齋李先生〉(『泰齋集』卷1) 〈權陽村輓章〉제2수(『春亭集』卷4)
53	"終思謝簪綬" "何時謝簪綬" "何當謝簪綬"	〈宿公德寺〉(『泰齋集』卷1) 〈奉贈顥菴〉(『陶隱集』卷2) 〈宿莘浦〉제2수(『陽村集』卷4)
54	"吾生愛幽獨" "晏起愛幽獨"	〈卽事 四首〉제1수(『泰齋集』卷1) 〈絶句二十首用唐詩分字爲韻寄呈閔望待制〉제6 수(『陶隱集』卷3)
55	"潭靜魚爭聚" "江氷欲合魚爭聚"	〈卽事 四首〉제1수(『泰齋集』卷1) 〈西京〉(『牧隱詩藁』卷2)
56	"寂寞輪蹄絶" "地僻輪蹄絶" "地僻輪蹄絶"	〈卽事 四首〉제1수(『泰齋集』卷1) 〈題杏村小樓〉(『陽村集』卷2) 〈地僻〉(『四佳詩集』卷3)
57	"境靜跫音絶" "盡日跫音絶"	〈卽事 四首〉제2수(『泰齋集』卷1) 〈病中〉(『陶隱集』卷2)
58	"蠅聲鳴夜鼎" "松風鳴夜鼎"	〈卽事 四首〉제2수(『泰齋集』卷1) 〈熙菴公之判天台宗事也住錫地藏寺崇仁與金先 生敬之內謁 … 感舊論今情見乎辭〉(『陶隱集』卷2)
59	"更欲典衣裳" "欲典朝衫買酒樽"	〈卽事 四首〉제4수(『泰齋集』卷1) 〈晚吟〉(『四佳詩集』卷28)
60	"塵心老更癡" "草草生涯老更癡"	〈尋僧〉(『泰齋集』卷1) 〈戲題〉(『牧隱詩藁』卷31)
61	"逢場當作戲" "作戲每逢場" "逢場須作戲"	〈尋僧〉(『泰齋集』卷1) 〈奉答遁村〉(『牧隱詩藁』卷27) 〈送復菴游日東求法〉(『陶隱集』卷2)
62	"存心思主一, 愼口慕緘三" "寥寥心抱一, 黙黙口緘三"	〈書懷 二首〉제1수(『泰齋集』卷1) 〈行上人來訪〉(『四佳詩集』卷29)
63	"地偏車馬少" "地偏車馬少"	〈書懷 二首〉제1수(『泰齋集』卷1) 〈失題〉제2수(『陶隱集』卷3)

번호	차용 구절	시제
64	"軟黃生菌耳, 尖白長薑芽" "小風香枳子, 微雨長薑芽"	〈雨晴〉(『泰齋集』 卷1) 〈到村家〉(『四佳詩集』 卷4)
65	"書劍行裝淡" "萬里行裝書劍在"	〈金敎授從理歸順興詩以爲贐〉(『泰齋集』 卷1) 〈次洪日休詩韻 二首〉제1수(『四佳詩集』 卷3)
66	"乾坤淑氣回" "乾坤淑氣生"	〈金敎授從理歸順興詩以爲贐〉(『泰齋集』 卷1) 〈至日有雪無賀禮獨坐懷曾吾〉 제2수 (『陶隱集』 卷2)
67	"自多流落恨" "滌盡天涯流落恨"	〈金敎授從理歸順興詩以爲贐〉(『泰齋集』 卷1) 〈白廉使惠茶〉 제1수(『陶隱集』 卷3)
68	"數年千里別, 何夕一樽同" "天涯數年別, 江上一樽同"	〈寄李吉培金末兩同年〉(『泰齋集』 卷1) 〈驪江宴集〉(『陶隱集』 卷2)
69	"獨此哭途窮" "終不哭途窮" "少年幾度哭途窮"	〈寄李吉培金末兩同年〉(『泰齋集』 卷1) 〈馳中童呈所志於松軒不能不動于懷〉 (『牧隱詩藁』 卷35) 〈岑上人贈靑草鞋寄詩次韻〉(『四佳詩集』 卷13)
70	"西江氷已解, 東嶺雪猶堆" "賸雪猶堆岸, 春風已入園"	〈辛亥立春偶作〉(『泰齋集』 卷1) 〈自詠 三首〉제2수(『牧隱詩藁』 卷3)
71	"終日笑談開" "世上笑談開"	〈辛亥立春偶作〉(『泰齋集』 卷1) 〈淸凉長老傳睡菴書〉(『陶隱集』 卷2)
72	"回軕愼莫遲" "回軕愼莫遲" "廻軕愼莫遲"	〈送崔錄事安濕還鄕〉(『泰齋集』 卷1) 〈李海進士歸寧〉(『陽村集』 卷2) 〈重送〉(『春亭集』 卷2)
73	"歸裝不滿駄" "歸裝不滿驢"	〈送金生敏歸羅州〉(『泰齋集』 卷1) 〈偶題〉 제2수(『牧隱詩藁』 卷3)
74	"覲親君欲速, 送別我何嗟" "覲親君底恨, 作客我偏愁"	〈送金生敏歸羅州〉(『泰齋集』 卷1) 〈送同舍生歸覲西川〉(『牧隱詩藁』 卷2)
75	"明春知有事" "明春知有事"	〈送金生敏歸羅州〉(『泰齋集』 卷1) 〈春闈已逼書懷示太初〉(『四佳詩集』 卷2)
76	"洗心探古易, 遣興覓新詩" "獨參古易將三絶, 偶得新 聯更一吟"	〈地僻 二首〉제1수(『泰齋集』 卷1) 〈自詠〉(『牧隱詩藁』 卷9)
77	"南窓朝日照, 宴坐樂無爲" "南窓朝日照, 坐閱按廉書"	〈地僻 二首〉제1수(『泰齋集』 卷1) 〈謝慶尙按廉全摠郎生鮑紅柿之惠〉(『牧隱詩藁』 卷26)
78	"末路知音少" "禪師末路知音少"	〈地僻 二首〉제2수(『泰齋集』 卷1) 〈送僧南歸〉(『陶隱集』 卷2)

번호	차용 구절	시제
79	"愛閑長閉戶, 送日只吟詩" "蕭條長閉戶, 慷慨獨吟詩"	〈地僻 二首〉제2수(『泰齋集』卷1) 〈聞鄭司藝還向南京 二首〉제2수 (『牧隱詩藁』卷28)
80	"聖代頻爲郡" "昭代頻爲郡"	〈呈城宰舅氏〉(『泰齋集』卷1) 〈次韻送朴咸豐之任〉(『容軒集』卷2)
81	"詩態靄春雲" "新詩漫擬靄春雲" "愧無詩態靄春雲"	〈呈城宰舅氏〉(『泰齋集』卷1) 〈又賦二首自歎〉제1수(『牧隱詩藁』卷6) 〈題延山府使博詩卷 二首〉제2수(『春亭集』卷3)
82	"山禽可是多情思" "天工可是多情思"	〈詠懷 五首〉제1수(『泰齋集』卷2) 〈風雨後榴花盡落感而有作〉(『四佳詩集』卷13)
83	"故向幽齋送一聲" "山禽故向幽齋裏"	〈詠懷 五首〉제1수(『泰齋集』卷2) 〈次廉太傅韻 二首〉제1수(『陶隱集』卷3)
84	"晴窓一啜淨肝腸" "晴窓一啜意脩然"	〈詠懷 五首〉제4수(『泰齋集』卷2) 〈有感〉제2수(『牧隱詩藁』卷16)
85	"已敎塵念無從起, 更把何心學坐忘" "無從惹起塵間意, 更把何心念事生"	〈詠懷 五首〉제4수(『泰齋集』卷2) 〈詠月〉(『牧隱詩藁』卷4)
86	"摩挲短碣認當年" "摩挲短碣認蘇公"	〈古寺〉(『泰齋集』卷2) 〈超然臺在諸城縣古之密州今隷靑州府〉(『陶隱集』卷3)
87	"落日深山哭杜鵑" "落日深山叫子規"	〈古寺〉(『泰齋集』卷2) 〈題免山村墅 五首〉제4수(『四佳詩集』卷3)
88	"晝靜溪風自捲簾" "微風自捲簾"	〈卽事 二首〉제1수(『泰齋集』卷2) 〈晝眠〉(『四佳詩集』卷50)
89	"今年却勝前年懶" "今年却勝前年好"	〈卽事 二首〉제1수(『泰齋集』卷2) 〈詠燕〉(『牧隱詩藁』卷9)
90	"身世全敎付黑甜" "身世優游付黑甛"	〈卽事 二首〉제1수(『泰齋集』卷2) 〈遣興〉(『四佳詩集』卷52)
91	"身世全敎付黑甜" "一片乾坤屬黑甜" "一片乾坤屬黑甛"	〈卽事 二首〉제1수(『泰齋集』卷2) 〈晨興卽事〉(『牧隱詩藁』卷27) 〈卽事〉(『四佳詩集』卷21)
92	"細雨隨風玉屑霏" "揮塵淸談玉屑霏"	〈雨中〉(『泰齋集』卷2) 〈送如師還山〉(『陶隱集』卷3)
93	"草堂終日掩苔扉" "寂寂掩苔扉"	〈雨中〉(『泰齋集』卷2) 〈有感〉(『牧隱詩藁』卷30)
94	"無端惹起江湖興" "無端惹起雲山興"	〈雨中〉(『泰齋集』卷2) 〈送永川卿遊松都〉제1수(『三灘集』卷3)

번호	차용 구절	시제
95	"簑笠何時坐釣磯" "簑笠何時伴釣翁"	〈雨中〉(『泰齋集』卷2) 〈憶家山 一首〉(『牧隱詩藁』卷27)
96	"還謂風流樂少年" "風流行樂少年事"	〈登明遠樓述懷錄呈城宰舅氏 三首〉제1수 (『泰齋集』卷2) 〈送安邊南府使季堂次武靈韻 四首〉제4수 (『四佳詩集』卷50)
97	"春風獨上仲宣樓, 水色山 光滿眼愁" "西風遠客獨登樓, 楓葉蘆 花滿眼愁"	〈登明遠樓述懷錄呈城宰舅氏 三首〉제2수 (『泰齋集』卷2) 〈登樓代人作〉(『陶隱集』卷3)
98	"篛笠簑衣一蹇驢" "篛笠簑衣雨點斜" "簑衣蒻芨眞成畫"	〈雨中書所見〉(『泰齋集』卷2) 〈望川寧 三首〉제1수(『牧隱詩藁』卷10) 〈冒雨過東安江書所見〉(『陶隱集』卷3)
99	"淡煙疏雨暗江途" "依稀疎雨淡煙中" "淡烟疎雨禮成江"	〈雨中書所見〉(『泰齋集』卷2) 〈雨中忽有賞蓮之興難於上馬吟得三首〉제2수 (『牧隱詩藁』卷17) 〈送永川卿遊長源亭 十首〉제5수 (『四佳詩集』卷30)
100	"夕走朝馳醉夢間" "夕直朝衙醉夢間"	〈自詠 三首〉제1수(『泰齋集』卷2) 〈失題〉(『陶隱集』卷3)
101	"淸晨盥櫛坐團蒲" "淸晨盥櫛戴烏紗"	〈自詠 三首〉제2수(『泰齋集』卷2) 〈幽居卽事〉(『容軒集』卷1)
102	"古鼎香殘日未晡" "香殘古鼎只留灰"	〈自詠 三首〉제2수(『泰齋集』卷2) 〈夏日卽事〉(『四佳詩集』卷28)
103	"雀噪茆簷欲夕陽" "雀噪茅簷日欲西"	〈自詠 三首〉제3수(『泰齋集』卷2) 〈雀噪〉(『牧隱詩藁』卷26)
104	"旅魂鄕思兩茫茫" "旅魂鄕思共依依"	〈自詠 三首〉제3수(『泰齋集』卷2) 〈寄圃隱〉제2수(『陶隱集』卷3)
105	"客裏秋回尙未歸" "天末秋廻尙未歸"	〈自敍〉(『泰齋集』卷2) 〈秋迴〉(『陶隱集』卷2)
106	"遠遊身世夢耶非" "不知身世夢耶非" "中間世故夢耶非"	〈自敍〉(『泰齋集』卷2) 〈曉吟〉(『牧隱詩藁』卷20) 〈奉寄密陽朴狀元〉(『陶隱集』卷3)
107	"村童拍手爭相笑" "村童拍手笑何事"	〈自敍〉(『泰齋集』卷2) 〈籃輿〉(『四佳詩集』卷50)
108	"年少登科世所難" "東國三重世所難"	〈李新及第甫欽覲親歸永川以詩爲贐 四首〉제2수(『泰齋集』卷2) 〈卽事〉제3수(『牧隱詩藁』卷15)

번호	차용 구절	시제
109	"無限鄕人洗眼看" "爲報時人洗眼看"	〈李新及第甫欽觀親歸永川以詩爲贐 四首〉제2수 (『泰齋集』 卷2) 〈送韓相國〉제1수(『稼亭集』 卷17)
110	"每歎才華獨老成" "人材獨老成" "落落風儀獨老成"	〈李新及第甫欽觀親歸永川以詩爲贐 四首〉제3수 (『泰齋集』 卷2) 〈雜題〉제3수(『牧隱詩藁』 卷10) 〈李典書輓詞〉(『容軒集』 卷2)
111	"滿帽花枝扶上馬" "滿帽花枝影半斜"	〈醉中述懷呈席上諸公〉(『泰齋集』 卷2) 〈同年會于王輪設宴余有故不赴以詩寄〉 (『春亭集』 卷3)
112	"空齋不語坐高春" "沈吟兀坐日高春" "高吟豪笑坐高春"	〈詠懷 二首〉제1수(『泰齋集』 卷2) 〈曉起卽事〉제1수(『牧隱詩藁』 卷13) 〈自詠〉(『四佳詩集補遺』 卷1)
113	"斗粟朝來獨自春" "斗粟朝來帶雨春"	〈詠懷 二首〉제2수(『泰齋集』 卷2) 〈伊彦村家卽事 二首〉제2수(『容軒集』 卷2)
114	"挑燈數夜細論心" "款款細論心" "相對細論心" "相對細論心" "相對細論心"	〈江原監司權相孟孫觀親醴泉慶尙監司趙相瑞康 賦詩以送用其韻却寄趙相 五首〉제2수(『泰齋集』 卷2) 〈寄安康李先生〉제4수(『稼亭集』 卷18) 〈心詩一首寄呈松軒〉(『牧隱詩藁』 卷35) 〈寄定林長老〉(『陶隱集』 卷2) 〈訪尹察訪禮卿林亭設酌圍碁懇懇慰待大醉而還 明日吟成數絶錄寄〉제2수(『四佳詩集』 卷5)
115	"少日陪遊仰德音" "少日陪游翰墨場"	〈江原監司權相孟孫觀親醴泉慶尙監司趙相瑞康 賦詩以送用其韻却寄趙相 五首〉제4수(『泰齋集』 卷2) 〈寄圃隱〉제4수(『陶隱集』 卷3)
116	"自得幽居趣" "自得幽居味" "幽居方自得"	〈述懷 十二首〉제1수(『泰齋集』 卷2) 〈幽居〉제3수(『牧隱詩藁』 卷17) 〈幽居〉(『四佳詩集』 卷40)
117	"地偏車馬少" "地偏車馬少"	〈述懷 十二首〉제1수(『泰齋集』 卷2) 〈失題〉제2수(『陶隱集』 卷3)
118	"功名徒自苦" "名利到頭徒自苦"	〈述懷 十二首〉제2수(『泰齋集』 卷2) 〈次韻日休見寄 三首〉제1수(『四佳詩集』 卷5)
119	"世事同雲雨" "世事如雲雨"	〈述懷 十二首〉제3수(『泰齋集』 卷2) 〈揭以忠見和又作四絶〉제3절(『稼亭集』 卷15)
120	"鬱鬱謾吟詩" "山南水北漫吟詩"	〈述懷 十二首〉제4수(『泰齋集』 卷2) 〈卽事〉제3수(『牧隱詩藁』 卷16)
121	"朝朝只管眠" "不放花開只管眠"	〈述懷 十二首〉제5수(『泰齋集』 卷2) 〈將賞蓮龍化池花無開者〉(『牧隱詩藁』 卷17)

번호	차용 구절	시제
122	"鄕俗好看客, 白酒每盈缸" "田夫野叟好看客, 白酒不論靑銅錢"	〈述懷 十二首〉 제7수(『泰齋集』 卷2) 〈重九感懷〉 제2수(『陶隱集』 卷1)
123	"宴坐樂幽獨" "吾生樂幽獨" "宴坐樂幽獨" "吾心本自樂幽獨" "而我樂幽獨" "王孫長嘯樂幽獨"	〈雜詠 九首〉 제1수(『泰齋集』 卷2) 〈謝普光二上人見訪〉(『牧隱詩藁』 卷3) 〈詠可遠宅瑞香〉(『陶隱集』 卷3) 〈梧桐歌贈田判事〉(『陽村集』 卷4) 〈次韻淸寒見寄〉(『四佳詩集』 卷13) 〈富林君松巖詩〉(『三灘集』 卷9)
124	"吾生本寡偶" "吾友生寡偶"	〈雜詠 九首〉 제2수(『泰齋集』 卷2) 〈哭金克平〉(『陶隱集』 卷2)
125	"唯思杜甫江頭醉, 莫學靈均澤畔遊" "常思杜甫江頭醉, 不學靈均澤畔醒"	〈述懷錄呈趙壯元瑞老〉(『泰齋集』 卷3) 〈日休敍昨日江樓之會作詩以寄次韻〉 제1수(『四佳詩集』 卷9)
126	"樂天知命復何求" "樂天知命復奚疑"	〈述懷錄呈趙壯元瑞老〉(『泰齋集』 卷3) 〈遣興 二首〉 제2수(『牧隱詩藁』 卷9)
127	"數年漂泊長爲客" "自媿長爲客"	〈登永川明遠樓〉(『泰齋集』 卷3) 〈介州樓〉(『容軒集』 卷1)
128	"題詩欲記才華薄" "擬將獻賦才華薄"	〈登永川明遠樓〉(『泰齋集』 卷3) 〈癸丑十月初八日扈駕西江卽事應敎作〉(『陶隱集』 卷3)
129	"才疏自哂吟哦苦" "病榻吟哦苦"	〈九月初八日贈崔伯常〉(『泰齋集』 卷3) 〈公權見和戒其僕曰必取答書故此奉呈〉(『牧隱詩藁』 卷13)
130	"心靜還欣往返稀" "墻外平途往返稀"	〈九月初八日贈崔伯常〉(『泰齋集』 卷3) 〈東山望途中人〉(『牧隱詩藁』 卷7)
131	"何處登高共醉歸" "何處登高揷帽紗"	〈九月初八日贈崔伯常〉(『泰齋集』 卷3) 〈送菊〉 제2수(『四佳詩集』 卷44)
132	"應笑病生猶落魄" "應笑鄕生猶落魄"	〈寄容菴上人〉(『泰齋集』 卷3) 〈復用前韻錄呈訥村先生內相宗盟求敎末一首自敍〉(『陶隱集』 卷2)
133	"十年空此走風塵" "功名十載走風塵"	〈寄容菴上人〉(『泰齋集』 卷3) 〈寓嘆〉(『四佳詩集』 卷28)
134	"客中又見一年春" "冗中又過一年春" "茆齋又是一年春"	〈感懷〉(『泰齋集』 卷3) 〈送鏡上人還山仍作三絶寄麟角定覺兩禪師〉 제1수(『陶隱集』 卷3) 〈立春〉(『四佳詩集』 卷2)

번호	차용 구절	시제
135	"感古傷今鼻自辛" "感古傷今熱肺腸"	〈感懷〉(『泰齋集』卷3) 〈秋日奉懷懶殘子因述所懷吟成五首奉呈簹室〉제 5수(『牧隱詩藁』卷11)
136	"富貴無心安我貧" "爵祿無心安我貧"	〈感懷〉(『泰齋集』卷3) 〈有感自詠〉제1수(『牧隱詩藁』卷10)
137	"夢絶帝鄉天爵貴" "夢絶漢宮蘭"	〈贈崔司諫伯常〉(『泰齋集』卷3) 〈老來〉(『牧隱詩藁』卷32)
138	"秋涼準擬相尋去" "病軀不得相尋去" "我欲相尋去" "幾度相尋去"	〈贈崔司諫伯常〉(『泰齋集』卷3) 〈任同年以園中諸菜見遺絶句爲戲〉제2수 (『牧隱詩藁』卷33) 〈次浿水漁人韻〉(『容軒集』卷2) 〈次吳監察詩韻永孝時辭官在家〉제1수 (『四佳詩集』卷5)
139	"道德文章動九韓, 天教夫 子啓群頑" "道德端爲百世宗, 天教先 覺啓頑聾"	〈奉贈李迂齋 二首〉제1수(『泰齋集』卷3) 〈權陽村輓章〉(『春亭集』卷4)
140	"天教夫子啓群頑" "年年端午聚群頑"	〈奉贈李迂齋 二首〉제1수(『泰齋集』卷3) 〈端午石戰〉(『牧隱詩藁』卷29)
141	"磊落優登李杜壇" "高步間登李杜壇"	〈奉贈李迂齋 二首〉제1수(『泰齋集』卷3) 〈權陽村輓章〉(『春亭集』卷4)
142	"晚向江山聊自晦" "晚向江湖聊晦迹"	〈奉贈李迂齋 二首〉제1수(『泰齋集』卷3) 〈上宋簽書詩幷敍〉(『陶隱集』卷2)
143	"已無塵事更相關" "更無塵事敢相干" "了無塵事更關心"	〈奉贈李迂齋 二首〉제1수(『泰齋集』卷3) 〈奉題絶澗所寓天磨知足菴〉(『牧隱詩藁』卷29) 〈獨坐〉(『四佳詩集』卷40)
144	"醉中談笑豁天眞" "嗜酒豁天眞"	〈奉贈李迂齋 二首〉제2수(『泰齋集』卷3) 〈三和〉제2수(『四佳詩集』卷8)
145	"憑高第一望神州" "行雲落日望神州"	〈樓上詠懷〉(『泰齋集』卷3) 〈在村家書懷〉(『四佳詩集』卷4)
146	"榴花帶露紅如滴, 柳線含 風翠欲浮" "群花浥露方扶弱, 細柳含 風自弄輕"	〈樓上詠懷〉(『泰齋集』卷3) 〈晨興〉(『牧隱詩藁』卷16)
147	"賴逢太守能相慰, 不覺朝 來已散愁" "賴逢老衲如支遁, 相對忘 言到夕陰"	〈樓上詠懷〉(『泰齋集』卷3) 〈次酒谷韻約重九會〉제1수(『春亭集』卷2)

번호	차용 구절	시제
148	"得師方可見君賢" "身閑方可見心閑" "急流方可見眞情"	〈贈鄭上舍〉(『泰齋集』卷3) 〈寄安康李先生〉(『稼亭集』卷15) 〈座主思菴先生乞退南歸以詩奉呈〉 (『陶隱集』卷2)
149	"自幸南來參托契, 幾宵談 笑席相前" "幾宵促膝談經義, 辛叄托 契得攀鱗"	〈贈鄭上舍〉(『泰齋集』卷3) 〈題尹侯詩卷〉(『春亭集』卷3)
150	"馹路春寒雪正霏" "橘柚黃時雪正霏"	〈迂齋李先生拜禮曹正郎赴京以詩奉呈〉 (『泰齋集』卷3) 〈寄濟州崔敬差溥○二首〉第2수(『四佳詩集』卷50)
151	"樹近微涼欲透衫" "樹近微涼逗"	〈自述 二首〉第1수(『泰齋集』卷3) 〈謾題〉(『牧隱詩藁』卷3)
152	"焚香恒祝聖人三" "觀光請祝聖人三"	〈自述 二首〉第1수(『泰齋集』卷3) 〈沙河〉(『牧隱詩藁』卷3)
153	"懶性不嫌無客過" "懶性閑爲味"	〈自述 二首〉第2수(『泰齋集』卷3) 〈卽事〉(『四佳詩集』卷22)
154	"俯仰古今徒是妄, 何勞額 癢耳生三" "俯仰古今堪一笑, 何勞翠 壁强題名"	〈自述 二首〉第2수(『泰齋集』卷3) 〈留別高城李使君〉(『牧隱詩藁』卷34)
155	"何勞額癢耳生三" "政如額癢生三耳"	〈自述 二首〉第2수(『泰齋集』卷3) 〈又用前韻〉(『牧隱詩藁』卷15)
156	"山深故舊絶追攀" "白頭門巷絶追攀"	〈獨坐〉(『泰齋集』卷3) 〈幽居〉第1수(『牧隱詩藁』卷13)
157	"白日翛然獨掩關" "知君白日翛然味"	〈獨坐〉(『泰齋集』卷3) 〈次韻寄陶隱〉(『陽村集』卷2)
158	"忽忽羈懷自不平" "忽忽羈懷未易寧" "忽忽羈懷易感秋"	〈至日獨酌〉(『泰齋集』卷3) 〈送僧〉(『陶隱集』卷3) 〈初秋 三首〉第2수(『四佳詩集』卷5)
159	"況逢佳節倍傷情" "每逢佳節倍思歸" "每逢佳節暗傷神"	〈至日獨酌〉(『泰齋集』卷3) 〈中秋夜坐〉(『稼亭集』卷18) 〈惜春〉(『四佳詩集』卷44)
160	"黃朱錯落滿盤堆" "雋味滿盤堆錯落" "黃朱錯落滿東墻"	〈奉呈權承旨孟孫乞藥〉(『泰齋集』卷3) 〈己酉生員同年會賀種德新拜丞宣也隔壁危坐得 嘗異味吟成一首〉(『牧隱詩藁』卷18) 〈癸未九月晦奉香宿馬山驛其夜有雨朝至碧蹄驛 墙菊盛開〉(『陽村集』卷9)

번호	차용 구절	시제
161	"洛水風煙詩滿藁, 蘂城雲雨酒盈觴"	〈送李而立赴京〉(『泰齋集』 卷3)
	"北界山川詩滿藁, 西京風雪酒盈巵"	〈孔伯共來過云將赴四宰行幕書呈文〉(『牧隱詩藁』 卷27)
	"遣興尋常詩滿藁, 寬懷憑仗酒盈觴"	〈次逍遙亭見寄詩韻〉(『四佳詩集』 卷50)
162	"若爲兩腋俄生翅, 到處從公鬧一場"	〈送李而立赴京〉(『泰齋集』 卷3)
	"安得隨金丈, 聯床鬧一場"	〈送金秘監回自京師觀親驪興仍作一首戲呈李知郡〉 제2수(『陶隱集』 卷2)
	"安得兩腋倏然生翅翎, 隨君好作榮州行"	〈送禹喬之榮州〉(『春亭集』 卷2)
163	"算來此計眞良計"	〈遊城西〉(『泰齋集』 卷3)
	"算來痛飮眞良計"	〈金仲權落職以詩慰解〉(『陶隱集』 卷2)
	"相逢爛醉眞良計"	〈次天使東八站路上詩韵口號兪士吉〉(『陽村集』 卷9)

4. 맺음말을 대신하여: 시각의 조정과 실천

고려후기는 그 복잡성과 중층성을 그대로 존중받아야 하리라고 본다. 무엇보다 조선을 기준으로 역투사(逆投射)하는 방식으로 읽었던 독법에 대해서는 반성할 필요가 있다. 나는 이것이 이 시기 지(知), 지식(知識), 지식인(知識人)을 공정하게 바라보기 위해 갖추어야 할 시각의 조정이요 실천이라고 생각한다. 사실 아주 단순하다. 특정한 이념에 휘둘리지 않는 공정한 태도, 시대와 공간을 공정하게 바라볼 줄 아는 눈은 언제 어디서나 요구되지 않았던가?

고려후기(여말선초) 한문학의 이해는 무엇보다도 특정한 견해에 사로잡히지 않을 때 새로운 시야가 열린다. 이것이 역설적으로 자주와 중소지주 출신, 그리고 신유학에 들러붙어 있던 기존의 '신흥사대부'가 우리에게 전해주는 메시지이다. 앞서 보았던 '신흥사대부'가 갖고 있는 세 가지 축의 견고한 구조를 실상에 맞춰 수정해야 한다. 아마도 수정을 넘어서, '신흥사대부'가 담아낼 수 없는 내용을 확인하게 되고, 차후 '신흥사대부'란 용어를 폐기하고 새롭게 명명하게 될지도 모른다. 새로운 지식, 지식인담론의 시작인 셈이다.

이를 위해 우리는 고려후기(여말선초) 한문학사 속에서 소외된 수많은 작가와 작품에 귀를 기울일 필요가 있다. 그들에게 획일화된 잣대를 일방적으로 들이대기 전에 그들의 존재 자체를 긍정하고 그 존재를 수면 위로 떠올릴 방법을 강구하며, 그로부터 확보된 작가와 작품을 통해 새롭게 연구해야 한다. 이것이 실상을 연구하는 유일한 방법이다. 아직도 많은 작가와 작품이 우리를 기다리고 있다.

고려후기를 살피는 눈들에 대하여, 나는 여전히 조선의 눈으로 바라보고 있다는 느낌을 지울 수 없다. 이른바 조선의 건국과 문화를 예비하기 위한 장소요, 시간으로 특정하고 있다는 것이다. 고려와 조선의 인위적 단절을 기획하는 한, 고려후기-여말선초의 역사와 문학, 지식과 지식인은 여전히 온전한 모습으로 시야에 들어오기는 쉽지 않으리라 생각한다. 근래 젊은 역사학자들은 조선의 개창 이전과 이후에 정치적, 사회적으로 뚜렷한 차이가 있는지에 대해 실증적 검토를 수행했다(정요근 외, 『고려에서 조선으로』, 역사비평사, 2019). 반가운 일이다. 앞으로 문학계의 분투가 요구된다. 이를 통해 고려후기 지식인에 대한 정당한 의미부여와 그들이 생산해낸 지식·지식체계에 대한 생산적 검토가 이뤄지기를 기대해 본다.

제4부 권력 지식론의 지평 확장

권력 – 지식론의 지평 확장

: 오리엔탈리즘으로부터 코스모폴리스로

이성백

1. 9.11은 테러인가 전쟁인가?

새로운 세기 정도가 아니라 새로운 천년을 맞이했던 인류 문명
은 미래의 희망보다는 엄청난 충격과 함께 시작하였다. 바로 서구
자본주의를 상징하는 세계무역센터가 이슬람 알 케에다의 공격으
로 파괴된 9.11'사건'이었다. (일단 우리는 여기에서 9.11을 가치중립적
인 입장에서 '사건'이라고 부를 수밖에 없다.) 동서 냉전 체제가 종식된
이후 그 자리를 문명의 충돌이 대신하게 될 것이라는 사무엘 헌팅
턴의 불길한 예언이 현실화된 것이 9.11사건이었다. 그러나 헌팅턴
이 예언한 '문명의 충돌'이란 역사적으로 새로운 현상들의 출현이
아니었다. 이미 동양과 서양의 문명적 충돌은 예수 탄생을 시점으

로 하는 서양력(Anno Domini)만큼이나 오래된 것이다. 9.11사건은 2천년 이상 계속되고 있는 동양과 서양의 문명적 충돌이 응축되어 있는 사건이기 때문에, 이슬람 테러리스트들의 만행으로 간단히 넘어갈 수 없는 문제이다. 서방 세계는 9.11을 '테러'로 규정하였다. 그러나 동양의 입장에서도 아무 주저함이 없이 9.11을 테러로 규정해도 되는 것인가? 그것은 동양의 입장에서는 테러가 아니라 전쟁으로 규정해야 하는 것은 아닌가?

9.11을 테러로 볼 것인가, 전쟁으로 볼 것인가? 이 물음에는 서양에 의해 생산된 동양의 지식 담론으로서의 '오리엔탈리즘(orientalism)'이란 근본문제가 근저에 깔려 있다. 이 물음이 근본적인 만큼 당대 서구 최대의 석학들인 위르겐 하버마스와 자크 데리다에게 의견을 묻는 대담이 이루어졌다. 이 대담은 2003년 미국의 여성 철학자인 지오반나 보라도리에 의해『테러 시대의 철학: 하버마스, 데리다와의 대화』라는 책으로 출판되었다. 이제 두 세계적인 석학의 의견을 들어 보도록 한다.

하버마스는 9.11을 테러로 규정하는데 주저함이 없다. 하버마스에게 9.11은 철학적 분석이 필요할 정도로 엄청난 사건이긴 하나, 일단 9.11은 테러일 뿐 전쟁과 동일시될 수 없는 '범죄' 행위이다. 하버마스는 9.11테러만이 아니라 확산되고 있는 전지구적 테러리즘의 원인을 "고삐가 풀린 자본주의"에서 찾고 있다. 이것이 세계 사회의 계층화, 불평등화를 초래하고, 이것이 아랍 세계에 자신들의 문화적 전통이 완전히 파괴되는 고통을 겪게 하여 서양 전체에 대한 테러를 일으키게 되었다는 것이다.

데리다는 하버마스와 다른 견해를 제시하고 있다. 데리다는 9.11을 테러로 규정하는 것에 반대한다. 그에 의하면 테러와 전쟁을 구분하는 것은 불가능하다. 9.11에 대한 논의가 균형을 잃지 않기 위해서는 미국의 이라크 침공을 배제해서는 안된다. 여기에서 빈 라덴의 9.11이 테러라면, 미국의 이라크 침공도 테러이고, 이라크 침공이 전쟁이라면, 9.11도 전쟁이라 해야 한다. 데리다는 미국의 이라크 '테러'나 빈 라덴의 9.11 '전쟁'이나 결국 같은 것임을 보이려 하고 있다.

위의 두 견해 중에서 데리다의 견해가 우리의 관심을 더 끌 수밖에 없다. 우선 오늘날 한국이 '아메리카니즘'의 우산 아래에 있기 때문에, 적지 아니 신경이 쓰이는 일이지만, 데리다의 견해에서 '불편한 진실'을 접하게 된다. 20세기 전반기에 일제에 의해 강점을 당했던 같은 '고통의 역사'가 있었기에, 빈 라덴의 '테러'는 안중근과 의열단 등의 독립운동투사들의 의거들과 이미지가 겹치게 되는 것을 어쩔 수가 없다. 그래서 테러와 전쟁에 대한 데리다의 논법을 따르게 되면, 만일 9.11을 테러라고 하게 되면, 우리는 안중근 의사의 히로부미 총살도 테러라고 해야 하고, 반대로 후자를 독립투쟁이라고 한다면, 빈 라덴을 이슬람의 안중근이라고 해야 한다.

이제 데리다의 견해가 관심을 끄는 두 번째 이유는—실은 이 점이 본 논의에 있어서 중요한 것이다—그의 견해에 문명의 충돌을 해결해 나가는데 필요한 선결조건이 담겨 있기 때문이다. 데리다의 견해는 그의 해체철학의 한 축이기도 한 현대서구문명에 대한 근본적인 자기반성으로서 서구중심주의의 해체를 천명하고 있는 것이다. 9.11로 상징화되고 있는 전지구적 테러리즘과 전쟁의 시대를 맞이하여, 그리고 오늘날 그러한 형태로 현상하고 있는 그 장구한 동양과 서양의 문명의 충돌의 한 가운데에서 데리다는 이 충돌의 주요 연출자로서 서구에 대해 책임과 사죄의 목소리를 내고 있는 것이다. 특히 데리다의 견해가 서구 밖에서 제기된 외부자의 문제제기가 아니라, 서구 내부에서의 자기 비판과 사죄이기 때문에 그 의의와 기대가 적지 않다. 충돌로부터 화해로의 전환은 타자에게 피해를 입힌 자의 사죄가 출발점이다. 위안부 문제 해결에 있어서 가해자인 일본의 사과가 우선이듯이. 데리다는 서양의 책임인정과 사과, 그리고 서구중심주의의 해체, 즉 자기 안에 폐쇄되지 않고, 타자를 향하여 나가는 열린 유럽이 문명의 충돌과 오리엔탈리즘의 한계를 해결할 수 있는 새로운 문명의 방향인 것이다.

21세기에 들어 문명간의 충돌은 유럽 북미와 중동 이슬람과의 충돌만이 아니라, 여러 지역으로 확산되고 있고, 특히 중국이 신흥 강대국으로 부상하면서 미국과 중국간의 세계의 주도권을 둘러싼 충돌이 수면위로 가시화되면서 점점 긴박성을 더해 가고 있다. 특히 이번 중국의 세계 무대의 등장은 현대 역사의 새로운 국면으로의 전환이어서 대단한 관심을 끈다. '세계의 중심'을 국가적 정체성으로 천명해 온 중국이 그동안의 수세로부터 벗어나 그 세계의 중심의 위치를 다시 확보할 것인가의 문제가 걸려 있기 때문이다. 그리고 중국이 이런 일련의 과정에서 패권적 지위를 추구하는 중국중심주의의 길로 나아갈지 아니면 세계를 향하여 열린 중국으로 나아갈지가 문명간의 충돌로부터 화해로의 전환과 관련하여 중대한 관심사가 아닐 수 없다.

2. 오리엔탈리즘과 권력 – 지식론

2.1. 에드워드 사이드의 『오리엔탈리즘』

문명의 충돌은 물리적인 충돌의 차원, 정치적이고 경제적인 관계들에 의해서만 이루어진 것이 아니다. 그것은 특정한 지식 담론과 결부되어 있다. 현대라는 역사적 시대는 서양이 문명적 발전을 주도해 왔으며, 서양은 동양에 대해 서양의 우위를 드러내는 특정한 동양의 표상 체계를 생산하였다. 바로 에드워드 사이드가 개념적으로 형상화한 '오리엔탈리즘'이다. 사이드의 오리엔탈리즘은 오늘날 동양인이 경계하고 극복해야 할 역사 인식이 무엇인지를 일깨우고 있을 뿐만 아니라, 지식의 생산이 어떻게 권력에의 의지와 연관되어 있는가를 보여주는 탁월한 사례이다.

오리엔탈리즘은 사이드의 정의에 따르면 "'동양'과 (대체로) '서양'이라고 하는 것 사이에서 만들어지는 존재론적이자 인식론적 구별에 근거한 하나의 사고방식"으로서 유럽 서양인의 경험 속에서 생산된 동양에 대한 표상 체계라 할 수 있다. 그런데 이 표상은 "동양에 대해 '있는 그대로의' 묘사로서의 표상이 아니라, 조작(representation)으로서의 표상"이다. 다시 말해 그것은 객관적이고 순수한 표상이 아니라, 역사적 및 사회적 조건들과 서양의 주관적인 목적, 의지, 감정, 동기들이 결합되어 만들어진 표상이다. 예를 들어, 영국의 외상이었던 뻴푸어가 이집트에 대해 피력한 견해는 동양인이 위대했던 시기는 과거였으며, 이제 영국과 같은 서양의 강력한 제국이 동양인을 그 쇠퇴의 비참함으로부터 구출해야 한다는 것이었다. 바로 이런 식으로 서양에 의해 오리엔탈리즘이란 표상이 만들어졌다. 그렇기 때문에 오리엔탈리즘은 단지 동양에 대한 서양의 사고방식에 머무는 것이 아니라, 그것은 "동양을 지배하고 재구성하고 억압하기 위한 서양의 방식"이다. 사이드는 그의 책 『오리엔탈리즘』에서 서양의 오리엔탈리스트들이 오랜 시간동안 연구해 온 동양에 대한 방대한 문헌들을 자료로 하여 오리엔탈리즘이 서양의 지리적 확장과 제국주의와 식민지주의, 인종주의, 서구중심주의와 결부된 지배방식이란 점을 조목조목 세부적으로 분석해 들어가고 있다.

그런데 사이드의 오리엔탈리즘의 해부는 이미 그 스스로가 서설에서 밝히고 있듯이, 특정한 방법론에 의거하고 있다. 그는 미셸 푸코가 『지식의 고고학』과 『감시와 처벌』에서 설명하고 있는 '담론(discourse)'이라는 개념을 원용하고 있는데, 여기에서 담론이란 것은 구체적으로 말해 권력과 지식과의 연관에 대한 것이다. 그리고 이 권력과 지식의 연관에 대한 푸코의 견해가 이 발표의 과제이다. 이제부터 사이드가 그의 오리엔탈리즘 분석의 방법론으로 원용하고 있는 푸코의 권력-지식론을 고찰해 보도록 한다.

2.2. 푸코의 권력 – 지식론의 이론사적 맥락

푸코의 권력 – 지식론을 고찰하기에 앞서 서구 철학에 있어서 지식에 관한 철학적 논의들을 일별해 볼 필요가 있다. 오늘날 권력 – 지식론하면 푸코의 견해가 가장 대표적인 위치를 차지하고 있지만, 권력 – 지식론에는 서양 현대 철학에서 더 폭넓고 깊이있는 의미가 담겨 있을 뿐만 아니라, 푸코의 견해만이 아니라 루이 알튀세르의 이데올로기론이나 위르겐 하버마스의 '인식과 관심'도 권력 – 지식론에 해당된다.

잘 알려져 있다시피 푸코는 권력 – 지식론을 포함하여 자신의 철학적이고 과학적인 입장을 기존의 입장과의 "인식론적 단절"임을 천명한다. 그런데 20세기 후반기에 들어서서만 철학이나 인문학에서의 단절이 일어난 것이 아니다. 서구의 근현대 철학사에서는 이미 여러 차례의 거대한 전환이 있었다. 그 중에서도 가장 근본적인 전환은 지식 내지 진리의 근본적인 성격에 관한 것이었다. 데카르트부터 칸트에 이르기까지는 진리는 순수한 것이어야 한다는 순수 진리의 이념이 지배적이었다. 단지 근현대 철학이 아니라 거슬러 올라가 고대 그리스 철학에서부터 중세 시대까지도 순수 진리의 이념이 서양철학을 지배해 왔다. 헤겔에 이르러 이러한 순수 진리의 이념에 이의가 제기된다. 헤겔은 진리는 순수한 것이 아니라, 저 초월적인 형이상학의 세계가 아니라 현존하는 현실 세계 속에서 인간 삶의 실현에 기여하는 것이어야 한다고 진리와 삶과의 연관성을 주장한다. 진리와 현실적 삶과의 연관성은 서양

현대철학의 새로운 진리관으로 자리를 잡게 된다. 헤겔 이후 삶과 연관 속에서의 진리의 이념은 칼 맑스와 프리드리히 니체에 의해 본격적으로 계승 발전되어 이른바 19세기 후반기 서양 철학은 '삶의 철학'의 시대로 특징지워지게 된다. 철학적인 입장은 서로 상반되지만, 맑스와 니체는 당시까지의 서양철학이 삶과 분리되어 있었다고 비판하면서, 삶과 철학의 통일, 삶의 증진에 기여하는 철학에로의 전환을 천명한다.

칼 맑스에게는 철학사상은 한편으로는 자본주의사회에서의 착취로부터 노동자계급을 해방시키는 인간 해방의 철학사상으로 표방되고, 다른 한편으로는 당시의 철학사상을 위시하여 인문사회과학의 이론과 사상들을 부르주아 계급의 지배를 정당화하는 이데올로기가 담겨 있음을 폭로하는 이데올로기 비판의 작업으로 제시된다. 니체의 철학 사상은 그가 후기에 직접 천명하고 있듯이, '권력에의 의지'로 집약된다. 존재하는 모든 것의 본질은 권력에의 의지이고, 따라서 존재하는 모든 것은 자신의 권력을 강화하려고 한다. 바로 여기에서 권력을 강화하기 위해서 모든 존재자는 지식을 생산한다. 지식 내지 진리는 순수한 것이 아니라, 권력의 강화를 위해 권력에 의해 생산되는 것이다. 이렇게 니체에게서 삶과 통일된 철학은 권력과 지식의 근본적인 연관 관계로 정식화되며, 지식은 권력을 전제로 하는 것이다.

이렇게 헤겔 철학 이후 순수 진리의 이념으로부터 철학의 대전환이 이루어지고, 이때부터 서양 철학은 인간의 삶의 증진에 기여하는 철학의 방향으로 발전하여 왔다. 그리고 20세기 후반기 그런 발전의 과정에서 푸코의 권력-지식론과 알튀세르와 하버마스의 견해가 나오게 된 것이다. 이처럼 푸코의 권력-지식론은 푸코만의 특별한 철학적 견해가 아니며, 헤겔 철학이후 대전환이 이루어진 서양 현대철학의 새로운 흐름 위에 서 있는 것이다.

2.3. 푸코의 권력 – 지식론

이제 사이드의 오리엔탈리즘 연구의 방법론적 기초가 되고 있는 푸코의 권력-지식론을 고찰해 보도록 한다. 1960년대 이후 독일 철학을 대표하는 철학자인 위르겐 하버마스는 그의 저서 『인식과 관심』에서 인식에는 특정한 인간의 관심(interest, '이해'라고 번역하는 것이 더 나았다)가 전제되어 있다고 보고, 지식을 인간의 세 가지 '인식관심'에 따라 구분하고 있다: 경험적·분석적 학문과 기술적 인식관심, 역사적·해석학적 학문과 실천적 인식관심, 비판적인 학문과 해방적 인식관심. 이 자리가 하버마스의 이론적 견해를 고찰하는 자리가 아니기 때문에, 1960년대 이후 독일 철학을 대표하는 위르겐 하버마스의 철학도 권력-지식 연관론의 입장에 서 있다는 것을 언급하는 것으로 그치도록 한다. 알튀세르의 이데올로기론은 푸코의 권력-지식론과 이론적인 대결 구도 속에 있기 때문에 뒤에서 어느 정도 언급하게 될 것이다.

푸코의 권력-지식론은 사이드가 원용한 『지식의 고고학』과 『감시와 처벌』, 그리고 그에 더해 『성의 역사 권1: 지식에의 의지』에서 전개된 그의 중심이론으로서, 현대 서구사회에서의 정치적 권력에 대한 새로운 이론으로 평가된다. 이 절의 제목을 '권력—지식론'이라 붙였지만, 이는 이 발표의 주제이기 때문이고, 푸코에게 있어서는 주 연구 주제는 권력의 계보학적 해명이고, 권력—지식의 관계는 그것의 한 부분에 해당되는 것이다. 이 자리에서는 따라서 우선 푸코의 권력이론을 간단히 언급하고, 이어서 권력—지식의 관계에 대해 언급하도록 할 것이다. 이미 널리 알려져 있듯이 푸코의 권력의 이론적 연구는 당시까지 지배적인 위치에 있었던 맑스주의의 정치이론인 계급지배 국가론을 비판하고 이를 넘어서서 현대 사회에서 작동하고 있는 권력의 실질적인 메커니즘을 밝혀내려 한 것이다. 푸코 스스로 '권력의 미시물리학'이라고 불렸던 권력이론은 이전까지 권력 연구의 대상이 국가와 정부와 같은 중심부의 거대 권력 장치에 맞추어져 왔다면, 푸코는 관심의 대상을 이 국가로부터 일상 생활 세계 속의 여러 기관들, 감옥, 공장, 병원, 군대, 학교들로 돌린다. 이 기관들이 권력이 행사되는 기관들이다. 푸코에 따르면 현대 사회에서의 인간에 대한 지배는 국가가 아니라, 이런 미시적인 장치들을 통해 이루어진다. 여기에서는 국가의 거시권력이 아니라, '미시 권력들'이 작동한다.

계몽사상은 현대 사회를 자유로운 인간들의 이상 사회로 그려왔지만, 푸코는 현대 사회는 그런 계몽사상과 더불어 현대사상가들의 이상에는 "사회에 대한 군대적 통제의 이상"도 있었다. 즉 그들은 사회를 "하나의 기계장치의 주도면밀하게 돌아가는 톱니바퀴"로 만드는 것을 사회적 이상으로 그렸다. 현대 부르주아 문화의 정치적 이상은 "규율화된 사회"였다. 이를 위해서 현대 사회는 인간을 규율화한다. 감옥에서는 죄수를 더 이상 죄를 짓지 않도록 교화하여 사회로 되돌려 보낸다, 공장은 노동자들을 효율적으로 일하도록 기술을 숙련시키고, 태만하지 않도록, 노동과정을 감시·통제한다. 병원, 군대, 학교들과 같은 다른 기관들도 마찬가지로, 각각 맡은 과제에 따라 인간에게 규율을 각인시킨다. 국가 권력의 표상이 강제력에 있었다면, 이제 푸코에게 있어서는 '규율'이 새로운 권력의 표상으로 바뀌게 된다. 미시권력은 '규율 권력'이며, 현대사회는 이 규율 권력을 동원하여 인간을 "순종적인 신체(docile bodies)"로 만든다. 규율 권력에 의해 지배되는 현대사회를 푸코는 벤담이 설계했던 '원형 감옥(panopticon)' 개념으로 묘사한다. 푸코의 미시권력론은 권력과 지배를 중앙집중적인 국가에서 찾는 맑스주의적인 거시정치적 이론을 사회와 개인들의 일상생활 전반에 걸쳐 편재해 있는 탈중심화된 권력과 지배에 대한 미시적 이론으로 대체한다. 이에 따라 저항의 정치의 공간과 형태도 맑스주의와 달라진다. 자본가계급과 노동자계급간의 계급투쟁 속에서 자본가계급의 지배 도구인 국가를 전복하는 사회적 혁명의 정치로부터 "혁명을 가능하게 하는 것은 아마 이러한 저항지점들의 전략적 코드화", 학교, 감옥, 수용소, 병원 등 사회의 미시적 수준에서, 일상생활 속에서 나타나고 있는 모든 구체적인 억압의 형태에 저항하는 미시정치로 옮아간다.

푸코의 미시정치론은 낡은 맑스주의의 계급정치를 넘어 저항의 정치의 확장으로 받아들여져 왔다. 이는 의심할 여지없이 지대한 공헌이다. 그런데 푸코의 미시정치론은 맑스주의 정치론의 제한된 한계를 뛰어넘어 나아간 것이 있지만, 맑스주의 정치론과 완전히 단절된 것이라고 보기는 어렵다. 푸코와 당대의 맑스주의 정치론인 알튀세르의 이데올로기론과 당시에 폭넓게 영향을 미친 그람시의 헤게모니론도 푸코와 같은 미시정치의 방향에서 맑스주의 정치론을 재구성하려 하였다. 그람시와 알튀세르도 국가 중심의 정치에서 이데올로기적 지배가 작동되고 있는 공간으로, 푸코적 의미에서 미시적 공간으로 눈을 돌렸다. 푸코가 맑스주의와 각을 세우면서 미시정치론을 전개하였다면, 그람시와 알튀세르는 맑스주의 내에서, 즉 계급 대립의 틀 내에서 미시정치론을 전개하였다고 할 수 있다. 바로 이 점이 차이였고, 이 한계를 넘어서지 못했던 것이 맑스주의 정치론의 한계였다. 여기에서 결정적으로 중요한 점은 푸코의 미시권력론이 '계급' 개념을 기각하였기 때문에, 여성, 소수자, 인종, 환경 등 다른 억압과 차별의 문제에 원용될 수 있었다는 것이다. 그리고 사이드가 푸코의 권력 개념을 지리정치적인 지배 개념으로서의 오리엔탈리즘에 원용했던 것도 바로 이런 푸코의 권력 개념의 확장성에 있었던 것이다.

이렇게 푸코의 이론적 작업은 권력의 개념을 재구성하는 데에 있었다. 그렇다면 이제 권력과 지식의 관계에 대해서 푸코는 어떤 논의를 하고 있는가? 권력론 안에서 지식은 어디에 위치하는가? 지식 개념없이 권력 개념만을 주어로 하여 논의를 하였지만, 이미 이 권력 개념은 지식 개념을 내포하고 있다. 권력이라 함은 이미 지식-권력이다. 의사가 환자 치료에 대한 지식을 갖추고 있듯이, 권력의 행사는 그를 위한 지식을 갖추고 있어야 한다. 따라서 권력은 항상 동시에 지식을 전제하며, 지식을 생산한다. 지식은 권력과 무관하게 생산되는 것이 아니다. 지식은 권력을 전제로 한다. 따라서 지식은 (순수 지식이 아니라) 권력－지식이다. "권력이 지식을 생산하며, (…중략…) 권력과 지식은 서로가 서로를 직접적으로 함축한다. 관련된 지식 분야가 없는 권력 관계는 존재하지 않으며, 권력 관계를 동시에 전제하고 구성하지 않는 지식은 존재하지 않는다."(『감시와 처벌』, 57쪽)

따라서 이제 현대에 발전한 '인문과학들'을 이러한 불가분적인 '권력－지식의 관계' 속에서 이해해야 한다. 인문과학은 순수한 인간성의 탐구를 위해서 출현한 것이 아니라, 현대의 '사법 권력'과의 긴밀한 상관 관계 속에서 출현한 권력－지식의 표상 체계인 것이다. 따라서 현대의 인문과학을 권력 관계와 독립적으로 이해하여 '휴머니즘의 진보, 인문과학의 발전'을 생각해서는 곤란함을 야기하고, 그것을 권력 관계 속에서 생산된 것으로 이해해야 한다. '현대 정신과 사법권력'은 '과학적·사법적 복합체'이다. 인간에 대한 과학적 탐구들은 규율 권력과의 관계속에서 개인들의 "현실적인 예속화"를 위해서 발전한 것들이다. "죄인에게 선행을, 광인에게 안정을, 노동자에게 노동을, 학생에게 열성을, 병자에게 처방의 엄수를 강요하기 위해서", 폭력적 수단이 아니라 과학적 통제의 기술들을 발전시킨 것이다. 학생에게 더 나은 능력을 갖추도록 하기 위해서 교육학이, 환자의 병을 고치기 위해서 의학, 정신의학, 심리학이, 사회를 감시하고 경제와 정치를 통제하기 위해 행정학이 발전한 것이다. 이러한 현대의 인문과학들은 인간들의 '순응성과 효율성'

을 증대시키는 것을 목적으로 하여 발전하여 왔다. 따라서 "현대 사회는 거창한 구경거리의 사회가 아니라 감시의 사회이다. 여러 가지 이미지의 허울 속에서 우리들의 신체는 심층적인 공격대상이 된다. (…중략…) 개인은 사회질서 속에서 권력과 신체에 관한 전술 에 맞추어 세심하게 만들어진 것이다."(『감시와 처벌』, 317쪽)

이렇게 푸코는 권력－지식론을 주로 인간에 대한 과학들로서의 인문과학과 연관시켜서 논의하였다. 그런데 그의 권력－지식론은 인간을 순응적이고 효율적인 인간으로 규율화하는 인문과학에만 적용될 필요는 없고, 지식은 어떤 영역의 지식이든 권력 관계하에 서 연구할 수 있다. 푸코는 오늘날 지역연구라고 불리우는 지정학 적인 영역에 대해서까지 논의하지는 않았다. 이런 푸코의 권력－ 지식론이 사이드의 오리엔탈리즘 분석에 원용되었고, 서구중심주 의를 극복하는 반제국주의적, 탈식민주의적 지역연구의 방법론으 로 확장될 수 있었다. 서양은 동양에 대해 방대한 연구를 해 왔다. 그 방대한 사업의 규모는 나폴레옹이 이집트 원정 때 군인보다 고고학자를 더 많이 대동했다는 일화만으로도 잘 알 수 있다. 특히 19세기 초엽부터 제2차 세계대전까지는 프랑스와 영국이 동양과 오리엔탈리즘을 지배했다. 제2차 세계대전 이후에는 초강대국으 로 등장한 미국이 동양을 지배하게 되었고, 이후 미국은 동양 연구 에 엄청난 투자를 하고 있다. 이러한 동양지역연구로서의 오리엔 탈리즘은 단순히 동양에 대한 서양의 사고방식이 아니라, "동양을 지배하고 재구성하고 억압하기 위한 서양의 방식"임을 사이드는 밝혀내었다. 사이드의 오리엔탈리즘에 대한 비판적 연구는 서양의 도전에 대해 동양의 담론적 응전의 길을 모색하는 담대한 작업이었다. 20세기 후반기의 냉전 시대가 종식되고, 이후 오늘날에 이르기까지 세계의 지정학적인 권력 관계들의 전략적인 구도는 유동적으로 변화하고 있고, 세계의 각 지역들은 지정학적인 구도의 새로운 길을 모색해야 하는 과제 앞에 서있다. 여기에서 당연히 우리 동양은 오리엔탈리즘과 옥시덴탈리즘의 관계를 재배치하는 데에 적극적으로 나서야 할 것이다.

3. 코스모폴리턴 권력 – 지식론의 전망

이제 21세기를 맞이하여 세계 속의 지역 관계들은 어디로 흘러갈 것인가? 지배와 억압의 적대적 관계를 넘어 모든 지역 문명들이 상호인정하면서 공존할 수 있는 새로운 관계로 역사의 물줄기가 바뀔 수 있기를 기대하는 것은 아직은 시기상조인가? '지구화(globalization)' 담론은 서구 자본의 전세계적 공간 팽창이란 서구중심주의적 맥락 속에서 출현한 오리엔탈리즘적 함축을 담고 있지만, 이 지구화의 시대를 맞이하여 민족과 인종의 다문화주의적 인정을 표방하는 코스모폴리스의 이념이 담론의 세계에 재등장하고 있다. 근현대의 시대에 들어서서 세계시민주의(cosmopolitanism)의 이념은 임마누엘 칸트에 의해 전쟁을 넘어서는 평화의 담론으로 부상하였다. 세계시민론은 독일과 프랑스의 전쟁이 종식되고 바젤조약이 체결됨에 따라 칸트가 전쟁을 영구히 종식시킬 수 있는 이념으로 제시하였다. 이 세계시민론은 당시로서는 유럽 내부에서의 평화와 공존의 논리로 제시된 것이지만, 그 개념 논리적 구성은 유럽을 넘어 전세계의 평화와 공존의 담론으로 확장될 수 있다. 당시 프랑스와 독일이 대립 갈등하는 정세 속에서 칸트에 의해 제시되었던 코스모폴리타니즘은 이 이념이 처음 출현했던 역사를 돌아가 보면 여러 상이한 민족, 인종, 지역들이 서로 인정하면서 공존할 수 있는 관계를 담고 있는 담론이라는 점을 더 분명하게 확인할 수 있다.

코스모폴리스란 표현은 디오게네스가 최초로 사용하였다. "나는 세계시민(cosmopolite)이요, 세상이 내 도시(국가)입니다." 디오게네스에 의해 세계가 그리스인들의 도시국가를 넘어 다른 민족들의 도시도 포괄하는 코스모폴리스로 확장되었고, 시민의 외연도 세계시민으로 확장되었다. 키케로도 "동료 시민들에게는 올바른 원칙을 적용하면서 외국인들에게는 그렇게 못하겠다는 입장은 인류를 하나로 결속시키는 연대를 파괴하는 것이다."라고 말하였다. 디오게네스와 키케로는 만인 평등 사상으로서 코스모폴리타니즘을 천명하고 있는 것이다. 그런데 이 코스모폴리타니즘이 단순한 철학자들의 사상에 그친 것이 아니었다. 알렉산더 대왕이 디오게네스를 찾아갔을 때, 햇빛을 가리지말아 달라는 말만 들은 것이 아니었다. 그는 디오게네스로부터 큰 가르침을 받았다. 그것이 바로 코스모폴리타니즘이었다. 알렉산더는 이 이념을 받아들여 알렉산드리아를 만인이 평등한 도시로 건설하였다. 알렉산드리아는 그리스인, 이집트인, 유태인, 페르시아인 등 모든 민족이 평등한 도시로 건설되었다. 그 시대 이전에 도시들은 지배 민족이 타 민족을 노예로 부리는 지배의 도시들이었다. 서구 민주주의의 역사적 기원으로 삼고 있는 그리스 도시 아테네도 노예들이 천대받는 불평등한 도시였다. 알렉산드리아는 지배하고 지배받는 민족이 따로 없는 만인 평등이 실현된 인류 역사상 최초의 도시였다. 그래서 도시의 역사 속에서 알렉산드리아는 "최초의 그리고 가장 위대한 만인의 도시"라는 명성을 얻게 되었다. 알렉산드리아라는 현실적 도시 속에서 코스모폴리타니즘의 이념이 단지 이념에 그치지 않고 실제로 실현되었던 것이다. 그리고 다시 알렉산드리아 이후에 역사 속의 도시들 속에서 코스모폴리타니즘은 사라져 버렸다. 칸트에 의해 그 코스모폴리타니즘이 다시 재등장하였지만, 아직까지 담론의 차원에 머물러 있을 뿐, 현실성을 얻고 있지는 못하다. 그렇지만 21세기의 세계의 지역들 사이에 전략적 구도가 변하고 있는 새로운 지정학적 변화 속에서 코스모폴리타니즘의 이념이 현실성을 얻게 될 수도 있을 것이다.

경성제국대학 법문학부의 인맥 구조와 조수 제도

이효진

1. 들어가며

본 발표는 경성제국대학 법문학부의 교수진과 조수들의 인적 네트워크를 통해 제국대학간 학적 네트워크의 연결고리를 검토해 보고자 하는 것이다. 이러한 시스템이 최종적으로 경성제국대학 학술의 중심에 있는 연구진들이 어떻게 경성제국대학으로 모이게 됐는지 그 인적자원 조달의 프로세스와 이후의 자체적 학적 네트워크 형성의 양상을 검토할 것이다.

지금까지 경성제국대학교의 교수진에 대한 연구는 종종 있어 왔다. 경성제국대학 교수들이 일본 정부주도의 연구사업 혹은 개인 연구에 종사하며 남긴 연구와 연구 프로젝트에 대한 분석도 상당 부분 밝혀지고 검토되었다. 하지만 본 발표에서는 식민지 제국대학의 학술에 대한 분석보다는 인물을 통한 '학적 계보'에 주목하고자 한다. 교원 채용의 프로세스를 통해 학적 계보를 파악함으로써 식민지 제국대학과 일본 내 제국대학들의 유기적인 인맥 관계의 형성과 유지, 그리고 인적 네트워크와 아카데믹 커리어와의 상관관계를 볼 수 있을 것이다.

또 하나 주목할 만한 것은 제국대학의 조수 제도이다. 제국대학교는 교수-조교수-조수의 삼중 구조로 이루어져 있었고, 조수 시스템은 교원 제도의 가장 아래에 위치하면서 교수/조교수와 유기적으로 연결되어 있었다. 여기서 일반적으로 조수 포스트는 교수진으로 여겨지지 않았지만 사실상 제국대학교의 조수직은 제국대학 교수에 이르는 아카데믹 커리어를 위한 에스컬레이터였다.[1] 본 발표에서는 제국대학의 학적 네트워크라는 관점에서 식민지 제국대학에 있어서의 조수들의 위치와 커리어에 관해 주목해 보고자 한다.

2. 겸성제국대학과 대북제국대학의 초기 교원 임용 루트

본 절에서는 경성제국대학의 초대 총장인 핫토리 우노키치(服部宇之吉)와 대북제국대학의 초대 총장인 시데하라 타이라(幣原坦)의

---

1) 岩田弘三, 「帝大助手のキャリア」, 伊藤彰浩 外, 『近代日本高等教育における助手制度の研究』(高等教育研究叢書3), 広島大学大学教育研究センター, 1990年, 28~29쪽.

초기 교수임용의 특징에 관해 살펴 볼 것이다. 우선 핫토리의 경우, 총장으로 재직한 것은 일여 년 정도이지만 준비단계까지 포함하면 5년에 걸쳐 경성제국대학의 기틀을 다진 인물이다. 개교시 부임한 법문학부 교수들의 증언에 따르면 핫토리의 적극적인 권유로 경성제국대학의 부임을 결정한 인물들이 많다. 이외에도 조선총독부와 핫토리의 의견이 불일치하여 일시적으로 핫토리가 총장후보에서 제외된 적[2]도 있는 등을 감안하여 볼 때 핫토리가 학교 운영 및 교원임용 전반에 크게 관여하고 있었음을 알 수 있다.

시데하라는 오사카 출신으로 1893년에 동경제국대학 사학과를 졸업했다. 1900년부터 한국학정참여관으로서 서울의 신식학교인 경기중학교의 교사로서 한국에 건너와 1906년 귀국까지 한국사에 관한 연구를 시행하는 한편, 귀국 후에는 식민지 교육에 관한 저술[3]을 출판하기도 했다. 시데하라가 일시적으로 경성제국대학의 총장으로 거론된 적도 있었고 경성제국대학의 문학부장으로 취임 예정이었지만 최종적으로는 1928년 대북제국대학의 총장으로 부임하게 됐다.[4] 취임과 동시에 시데하라는 동경제국대학의 후배인 동양사학자 후지타 토요하치(藤田豊八, 1869~1929)를 초대 문정학부장으로 초빙했다.[5]

초대 총장으로 부임한 핫토리와 시데하라는 본인들의 인맥을

---

2) 「京城大学総長의辞職問題」, 『東亜日報』, 1924年 10月 21日, 1면.
3) 『殖民地教育』(同文館, 1912) 및 『朝鮮教育論』(六盟館, 1919).
4) 당시 타이완 총독이었던 이사와 타키오(伊沢多喜男, 1869~1949)와 시데하라는 지인으로 개인적인 친분이 있었다.
5) 「先学を語る: 藤田豊八博士」, 『東方学』 第63輯, 東方学会, 1982.

최대한으로 활용해 교수들을 초빙하는 데 힘 썼으며 필요에 따라서는 뛰어난 학자를 수소문해 개인적으로 컨택함으로써 각 분야의 전문가를 초빙하기도 했다. 물론 소위 조선통으로 불리며 조선총독부와 긴밀히 협력했던 인물들도 일부 교수진에 포함되어 있었다. 하지만 외지(外地)에 세워진 신생 제국대학에서 각 전공에 적임자를 찾아 충원하는 것은 쉽지 않았다. 이에 총장에 의해 임용된 교원들은 다시 자신들의 제자와 후배를 불러들이는 방식으로 교원 채용의 루트가 확장되었다. 특히 핫토리의 전공인 지나철학과를 보면 이러한 선배-후배, 스승-제자의 인적 연결고리가 분명히 드러난다. 핫토리는 지나철학과의 교수로 제자였던 후지쓰카 지카시를 불러들였고, 후지쓰카는 자신의 제자였던 가토 죠켄(加藤常賢)과 혼다 류세(本多龍成) 등을 다시 조교수로 불러들이게 된다.

흥미로운 점은 초기 교원을 살펴보면 경성제국대학교의 법문학부의 교원은 대부분이 동경제국대학 출신이었으며, 대북제국대학의 경우 동경제국대학과 경도제국대학의 출신이 섞여 있는 양상을 보이게 된다. 특히 대북제국대학의 철학 관련 강좌의 경우 대부분의 교원이 경도제국대학 출신이었다. 이에 주목할 점은 초기 문정학부장인 후지타의 인맥이다. 후지타 본인은 1985년 동경제국대학 한문과를 졸업했는데 그 동기에 이후 경도제국대학의 교수가 되는 카노 나오키(狩野直喜)[6]가 있었으며 일년 후배로 역시 경도제국대학의 동양사를 가르친 구와바라 지쓰조(桑原隲蔵)가 있었다. 이들을

---

6) 중국 철학부분에서는 1900년대부터 카노 나오키의 경도제국대학 제자들이 학회에서 활동하기 시작한 시기이기도 하다(坂出祥伸, 『東西シノロジー事情』, 東方書店, 1994, 43~44쪽).

통해 후지타는 경도제국대학에서 동양역사학과 철학부분의 교수들을 소개 받았을 것으로 추측된다.

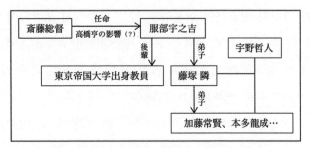

〈그림1〉 경성제국대학법문학부설립시 교원임용 인맥도

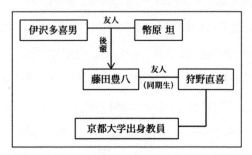

〈그림 2〉 대북제국대학법문학부설립시 교원임용 인맥도

3. 제국대학의 조수 제도

제국대학의 조수는 교수, 조교수와 함께 교원의 일부를 이루고 있다. 제국대학의 조수 제도에 관한 연구를 종합한 『近代日本高等教育における助手制度の硏究』(伊藤彰浩外, 広島大学大学教育研究セン

タ一, 1990)에 의하면 제국대학관제에 법률상 조수의 위치가 명시화 된 것은 1893년이었다. 1893년 8월 11일에 개정된 제국대학관제 제9조에 「조수는 판임(判任)으로 함 교관의 지휘를 받아 학술기예에 관한 직무에 종사함」[7]으로 조수의 직책과 업무를 명시하고 있다.

주지하다시피 제국대학은 강좌제를 설치하여 각 강좌는 각각 하나의 연구분야로서도 의미를 가졌다. 담당 교원은 이 과목들의 강의와 연구의 의무가 부여되었다. 그리고 필요에 의해서는 하나의 강좌에 조교수 및 조수를 두는 경우도 있었다. 경성제국대학에서는 1926년 개교 당시의 법문학부에는 6명의 조수를 두고[8] 다음 해에는 12명까지 증원시켰다. 이 이후 경성제국대학 법문학부의 조교는 평균 15명 전후의 체제를 유지했으며 가장 인원이 많았던 연도에는 17명까지도 조수로 재직했다. 『경성제국대학일람』의 1927년부터 1935년까지 이름이 실린 조수들은 다음과 같다.

1927년(6명)	植野武雄, 園田庸次郎, (商学士)渡植彦太郎, 富山民藏, (文学士)尹泰東, 林原操
1928년(12명)	植野武雄, 園田庸次郎, (商学士)渡植彦太郎, 富山民藏, (文学士)尹泰東, (文学士)天野利武, (法学士)森谷克己, (法学士)李愚昌, 金志淵, (法学士)木沢建郎, 林原操, 圓城寺勳
1929년(16명)	植野武雄, 園田庸次郎, 鎌塚扶, 富山民藏, (文学士)天野利武, (法学士)李愚昌, 桜井義之, (商学士)金洸鎮, (文学士)渡部一, (法学士)俞鎮午, (文学士)権世元, 金志淵, (法学士)木沢建郎, 林原操, 圓城寺勳, 張之兌

7) 『東京帝国大学一覧』, 東京帝国大学, 明治26~27年, 18~21쪽.

8) 植野武雄, 園田庸次郎, (商学士)渡植彦太郎, 富山民藏, (文学士)尹泰東, 林原操.

1930년(17명)	園田庸次郎,, (文学士)天野利武, 桜井義之, (法学士)俞鎮午, (文学士)権世元, (文学士)中澤希男, (文学士)趙潤済, (法学士)崔容達, (文学士)高裕燮, (法学士)李康国, (法学士)朴文圭, (文学士)寺本喜一, (法学士)岩崎二郎, (文学士)須藤粂雄, 圓城寺勲, 張之兌, 金容河
1931년(17명)	桜井義之, (法学士)俞鎮午, (文学士)趙潤済, (法学士)崔容達, (文学士)高裕燮, (法学士)李康国, (法学士)朴文圭, (文学士)寺本喜一, (文学士)須藤粂雄, (文学士)小松鳳三, (文学士)申南澈, (文学士)権稷周, (文学士)田川孝三, (文学士)田中一郎, (文学士)厳武鉉, 圓城寺勲, 張之兌
1932년(15명)	桜井義之, (法学士)俞鎮午, (文学士)高裕燮, (法学士)朴文圭, (文学士)小松鳳三, (文学士)権稷周, (文学士)申南澈, (文学士)田川孝三, (文学士)田中一郎, (文学士)渡部保, (文学士)杉本長夫, (法学士)朴元善, (法学士)相内俊雄, 圓城寺勲, 張之兌
1933년(16명)	桜井義之, 圓城寺勲, 張之兌, (文学士)渡部保, (文学士)杉本長夫, (法学士)朴元善, (法学士)相内俊雄, (法学士)奥徹, (文学士)竹下暉彦, (文学士)中山岩光, (文学士)李鎮淑, (文学士)金文卿, (文学士)裵延鉉, (文学士)朴致祐, (法学士)李明新, (法学士)申基碩
1934년(15명)	桜井義之, 圓城寺勲, 張之兌, (法学士)相内俊雄, (文学士)竹下暉彦, (文学士)中山岩光, (文学士)李鎮淑, (法学士)裵延鉉, (文学士)朴致祐, (法学士)申基碩, (法学士)栗岡武, (文学士)庄司秀一, 習田達夫, (文学士)生沼逸郎, 今関光夫
1935년(15명)	桜井義之, 圓城寺勲, 張之兌, 今関光夫, (法学士)相内俊雄, (文学士)李鎮淑, (法学士)申基碩, (法学士)栗岡武, (文学士)庄司秀一, 習田達夫, (文学士)李皓根, (文学士)安川圭一郎, (法学士)隈部光, (文学士)江田忠, (文学士)柳洪烈

　　초창기 조수로는 우에노 타케오(植野武雄, 1897~1949, 1920년 동경
제국대 지나문학과 선과 졸업), 윤태동(1900~?, 1925년 동경제국대학 독
문과 졸업) 등 동경제국대학 출신들이 채용되었다. 하지만 경성제
국대학이 첫 졸업생을 내는 1929년부터는 조교의 대다수가 경성제
국대학 출신으로 메워졌다. 주목할 만한 점은 조수의 경우 조선인
의 비율이 비교적 높다는 점이다. 조선에 세워진 제국대학이었지
만 실상 조선인 교수/조교수를 한 명도 채용하지 않았던 것을 고려
해 볼 때 조수에 1/3 가량이 조선인이었던 것은 이례적이라 할

수 있다.

다른 제국대학 조수들과 달리 조수회를 만들어 학회지를 발간하기도 했다. 1934년에 조수회를 창설하여 예회를 열고 1934년과 35년에 걸쳐 기관지 『학해(学海)』를 두 차례 발간하였다. 준비에서부터 결성까지 모두 당시 조수로 근무했던 인물들 즉 나카야마 이와미쓰(中山岩光), 타케시타 테루히코(竹下暉彦), 박치우(竹下暉彦), 슈다 타쓰오(習田達夫), 사노 미치(佐野道), 쇼지 쇼이치(庄司秀一)의 여섯 명의 주도로 이루어졌다. 이 중에서 슈다와 쇼지가 간사로 활동하며 예회와 회보의 편집 등을 담당했다.[9] 이는 경성제국대학이 자체적으로 졸업생을 중심으로 하는 학적 네트워크를 형성해 나갔으며, 경성제국대학 출신이 교원 임용의 가장 아랫단계까지 진입했던 것을 시사한다.

4. 결말을 대신하여
: 경성제국대학 부임과 그 이후의 아카데믹 커리어

앞에서 살펴본 바와 같이 경성제국대학의 교원들은 초기 설립부터 동경제국대학의 인맥을 중심으로 파견되었으며 이 채용 루트는 해방 전까지 유효했다. 총장은 교수를 부르고 교수는 조교수와 조교를 채용하는 방식으로 이루어졌으며 이들은 스승과 제자, 선배

---

9) 「彙報」, 『学海』 第一輯, 京城帝国大学法文学部内文科助手会, 1935年 1月.

와 후배의 관계로 밀접히 묶여 있었다. 그리고 이 네트워크는 내지/외지의 구분보다도 동경제국대학의 자기장 속에서 존재했다.

교수로 장기간 일본 밖에서 근무한 경우 다시 일본 학계로 돌아가는데 곤란을 겪기도 하였으나 대부분 일본에 돌아간 후 일본 내 대학교의 교수 혹은 학장으로 부임하여 학자로서의 커리어를 유지했다. 조교수의 경우 경성제국대학에서의 경력은 동경제국대의 교수가 되기 위한 좋은 수단이었다. 동경제국대학을 졸업한 후 경성제국대학에서 경력을 쌓고 일본에 돌아가 동경제국대학의 교수직으로 올라가는 동경제국대학－경성제국대학－동경제국대학의 루트가 존재했던 것이다. 예를 들면, 서양사학강좌의 타카하시 코하치로(高橋幸八郎, 1912~1982)의 경우 1934년 동경제국대학 문학부 서양사학과를 졸업하고 1941년에 경성제국대학에 조교수로 부임했으며, 해방 이후 1947년에 다시 동경대학 사회학과 연구소로 돌아왔다. 지나철학강좌의 조교수였던 다카타 신지(高田真治), 가토 죠켄(加藤常賢), 아베 요시오(阿部吉雄)도 경성제국대학에서 경력을 쌓은 후 동경대학교의 교수로 부임했다.

하지만 경성제국대학의 조수들의 커리어를 살펴보면 경성제국대학의 독자적인 학적 네트워크는 구축하지 못했던 것으로 보인다. 조수들 중에서 경성제국대학의 교수까지 올라간 케이스는 아마노 도시타케(天野利武)가 유일하지만 그는 동경제국대학 졸업생이었다. 경성제국대학 졸업생 중에서는 1929년 지나어학·문학전공을 졸업한 나카자와 마레오(中澤希男)와 1930년에 국어학·국문학전공을 졸업한 스토 마쓰오(須藤衆雄)가 조수를 거쳐 예과 교수로

올라간 예가 있다. 이와 같이 졸업생으로 조수의 경력을 밟고 올라
갈 수 있는 곳은 경성제국대학 예과 교수까지가 한계였던 것으로
보인다. 즉 일본 내의 타제국대학과는 다르게 경성제국대학졸업－
경성제국대학조수－경성제국대학(조)교수로 이르는 에스컬레이
터는 조수와 교수의 중간에서 끊어져 있었던 것이다.

12강

19세기 베트남의 유학儒學교육

: 판귀틱(范貴適, 1760~1825) 사례 연구

브엉 티 흐엉(王氏紅, Vương Thị Hường)

유교(儒教)는 오랜 시간 베트남 사회에 깊은 영향을 준 사상 체계로 베트남 군주왕조의 조직, 사회질서 유지, 경제 발전, 문학 등 분야에서 기여해 왔으며, 베트남 곳곳에 깊은 영향을 미쳤다. 베트남의 유학(儒學)은 여러 차례 난관에 봉착하기도 하였으나, 여러 왕조를 지나면서 더욱 공고히 발전해 왔다. 베트남 유학은 19세기 중엽부터 서양 문명의 영향을 받기 시작했으나, 여전히 판보저우(潘佩珠), 판저우쩐(潘珠偵), 호찌민(胡誌明) 등 신지식인에게 영향을 주었다. 18세기 말부터 19세기 초 사회적으로 혼란한 시기에 베트남 유가(儒家), 특히 판귀틱 박사는 지식적 측면에서 많은 변화를

---

* [번역: 박정희(단국대)]

가져왔다. 이런 변화의 움직임은 후대 유학자들에게 상당한 영향을 준다.

1. 판귀틱 박사와 유가사상

판귀틱은 경신년(1760)에 태어났고, 자는 옥도(璵道), 호는 입제(立齊)이며 초당거사(草堂居士)라 불렸다. 본적은 상홍부 당안현 화당사(華堂社, 현재의 다이즈엉성 빈장현 지역)이다. 그는 승룡경성(升龍京城)에서 판꾸에히엔(范桂軒)의 아들로 태어났으며, 향공(鄉貢)에 합격했다.

판귀틱은 찐 군(鄭軍)이 남쪽 변경을 확장하고자 응우옌 가(阮氏)와 떠이 썬(西山)군대를 공격하는 것을 경험하게 되는데, 당시 어지러운 사회 환경은 판귀틱의 사상에 적잖은 영향을 주었다. 전쟁이 끝나고 2년뒤 조정에서 실시한 과거시험에서 19살의 나이에 박사(博士) 제 3급에 오르고 동각교서(東閣校書)에 임명되었으며, 그 후 학원교도(學院校討), 경북도어사감(京北道禦史監)을 지냈다. 하지만 그의 큰 뜻과 재능을 다 펼쳐 보기도 전에 찐섬(정삼, 鄭森)이 물러나면서 조정은 다시 혼란을 겪게 된다. 떠이 썬군(西山軍)이 북진하며 '좌리멸정'(후 레이 왕조와 찡 왕을 멸하자, 左黎滅鄭)하고자 하여 판귀틱은 박닝(北寧)으로 피난하게 된다. 이 사건으로 그의 지식과 사상은 큰 변화를 맞이하게 된다.

당시 박하(北河)지역의 다른 지식인들처럼 판귀틱 역시 레 왕조

(黎朝)에 대한 충심이 있었기에 떠이 썬군(西山軍)하에서는 관직에 응하지 않았다. 1802년 황제가 다시 관직에 불렀고, 수차례 고사 끝에 시중학사(市中學士)에 다시 임명되었다. 그는 스스로 탕롱에 머물고자 하여 탕롱에서 독사(督學)직을 맡았고, 그 후 회덕독사(懷德督學)에 오른다. 하지만 몇 년 뒤 관직에서 물러나 낙향한다. 자룽(嘉隆) 10년인 1811년까지 응우옌세조(阮帝)의 부름으로 수도로 돌아와 사관직을 수행한다. 하지만 몇 개월 후 관직에서 물러나 낙향해, 학교를 설립하게 된다. 민망(Minh Mạng, 明命) 2년인 1821년에 다시 황제의 부름을 받지만 병을 이유로 고사한다. 당시 유가에서는 수학, 과거급제, 등관을 '충군애국(忠君愛國)'을 위한 최대 목표로 보았다. 하지만 당시에 판귀틱을 필두로 하는 많은 유학자들이 이를 인생에서 추구해야 할 목표로 삼지 않는 등 많은 변화들이 일고 있었다. 박하의 명망 높은 유학자가 관직에 올라 조정을 위해 일하는 것을 마다했다는 것 자체가 사유 방식에 변화가 있음을 반증한다. 유교를 사상 체계의 주축으로 하는 중앙집권적 봉건국가에서는 유가사상을 국교로 격상하였다. 유교의 도덕 관념은 기본적으로 황권을 보호하려는 정신이 강해 국가 제도를 공고히 한다. 하지만 당시 베트남의 왕위 옆에 찐주(鄭主)가 주위(主位)의 권력을 행사하고 있어 사실상 레 왕(黎王)은 독립적인 최고 권력자로서의 힘을 잃었다. 이는 유교의 도덕관념이 이미 흔들렸다는 것을 보여준다. '충(忠)'은 본래 유교학에서 가장 우선으로 하는 개념이었는데 일부 유가에서는 그렇지 않았다. 응우옌 가(阮姓)의 봉건제도 하에서 국가적 차원에서 유교를 중시했지만 뚜렷한 효과를 보

지 못했을 뿐 아니라 국가의 차등 관리 분야의 독존적 지위가 약해졌고, 유교 이외에 도교, 불교, 천주교와 더불어 서양의 유물사상이 싹트기 시작했다.

정치 사회 전반의 혼란한 분위기는 유학자들에게 직접 영향을 미쳤다. 우리는 유학자들의 행동을 통해 그들의 사고와 지식 방식이 어떻게 변화했는지 좀더 명확하게 알아볼 수 있으며, 지식인들 내부의 사고 분화(分化)에 대해 연구할 수 있다. 많은 종파가 형성되면서 유교 사상체계를 갖고 있는 선비들은 자신의 길을 명확하게 선택하기가 더욱 어려워졌다. "18세기 말, 봉건제도의 붕괴와 함께 사상체계가 분화되면서 당시 공자의 가르침을 신봉하던 유학자들은 방향을 잃었다."1) 유교의 사상과 도덕이 이미 베트남의 봉건사회에 깊숙하게 뿌리내려 유학자들 자신의 인생의 목표로 자리 잡았다. 그러나 신념에 위배되는 현실에 부딪히면서 서둘러 자신의 길을 찾고자 했다. 이렇듯 사상의 혼돈, 두려움, 폐쇄 가운데 유학자들은 각자 다른 사회 환경 가운데 다른 선택을 하였다.

전통적인 유가에서는 '이 세상에 유가의 본분에 속하지 않은 일은 없다[宇宙內莫非分事]'라 하였다. 때문에 사회적 책임을 다하고자 노력했고, 난관에 봉착해도 목숨을 내놓을 정도로 기꺼이 마주했으며, 이를 통해 왕에 대한 충성심을 증명하길 원했다. 유학자들은 '충(忠)'에 가치를 더했고, '충(忠)'을 삶의 이상으로 삼았다. 최선을 다해 배우고, 자신을 수양해 '현신(賢臣)'이 되어 '현군(明君)'을 위해

---

1) 阮璐, 『越南文學(下半XVII世紀~結束XIX世紀)』, 教育出版社(第2次再版), H., 1997.

일하고자 했다. '치국평천하(나라를 잘 다스리고 온 세상을 평안하게 함, 治國平天下)'에 동참하는 것이야 말로 유학자들이 꽃 피우고자 했던 열망이자 이상이다. 뜻을 펴지 못하게 된다는 것은 포부와 이상이 무너지는 것을 의미하며, 가장 고통스러운 일이자, 삶의 의미를 잃는 것이다.

그러다 18세기 말에서 19세기 초에 이르러 베트남의 유가는 여전히 목숨을 다해 군왕을 지키는 자들과 '삼강오륜'의 충과 효는 지키되 군왕의 도의를 보고 따를 것인지 숨을 것인지를 선택하는 자들로 나뉘게 되었다. 국가의 상황이 복잡하게 전환되거나, 왕주(王主)가 부도덕하고, 국가가 큰 혼란에 빠지게 된 경우, 그들은 관직에서 물러나 낙향하여 교육, 의료, 저술 등에 힘썼다. 물론 '개성이 강한' 유학자의 경우 권력자를 위해 일하며 사회적 지위를 얻은 자들도 있었다. 예를 들면 당쩐쓰엉(鄧陳昌)[2]이 있다.

판귀틱은 전통적인 유가에 속하는 인물로 유교의 '수(修)·제(齊)·치(治)·평(平)'을 수련하고자 힘썼다. 자신을 수양하고 공자의 이치를 깨닫기 위해 배움에 최선을 다해 치국(治國)과 평천하(平天下)에 참여하고자 했다. 그래서 젊은 나이에 과거에 급제하여 21세에 관직에 올랐다. 당시 판귀틱은 "자고로 충신은 불리한 상황에서도 뜻을 굽혀서는 안 된다.", "만약 나의 군주가 홍성하여 의로운 때가 되면 원대한 포부와 지혜로 다스리니 부유하여 영원히 가난해지지 않는다. 어진 선비를 바르게 등용하니 호미나 쟁기를 들 필요가

---

2) 鄧陳常: 1759~1813, 레 왕조에 등용, 떠이 썬 조정 위해 관직을 하다 응우옌 왕조 때 관직에 또다시 오름.

있겠는가. 공자와 맹자의 도의로 사람을 등용하고 의로 다스리니 이익을 논할 필요가 있겠는가?"[3]라고 했다. 태평했던 '요순(堯舜)시대' 판귀틱은 정치적인 이상을 좇았다.

그러나 관직에 오른 뒤 1년 만에 판귀틱은 고향으로 돌아가고자 했다. 관직에 올라 현군을 위해 일하겠다는 꿈은 깨어지고, 조정 내부의 암투와 혈투를 직접 목도하면서 사회의 냉혹함을 경험하게 된다. 판귀틱은 가을 매미에 비유해 심경을 토로했다. "에휴! 무지한 매미도 높은 줄 알고, 예를 지키는데 하물며 대장부랴, 삼강오륜을 지키지 않으면 의복을 갖춘다 하여도 짐승과 다를 바 없으며, 파리와 무슨 차이가 있는가? 어둠 속에서 비굴하게 굽실거리면서도 낮 동안에는 오만하니 이 얼마나 비열하고 파렴치한가! 동물의 지능은 본래 인류와 견줄 수 없는데, 뜻밖에도 인간이 못 미치는구나.[4] 나라가 어지럽고 사회가 혼란한데 우르르 몰려와 관직만 보존하고자 하니 부끄러운 일이 아닐 수 없다." 판귀틱은 마음을 다해 충절을 지키고 삼강오륜을 중시하였고, 하루 세끼는 챙기면서 신하 된 도리를 잊은 자들을 비난했다. 또한 자신을 수양하고, 세상을 일깨웠다. "후대의 군자는 도를 위해 자신을 버릴 수 있어야 하며, 부귀를 누리기 위해 이름을 더럽혀서는 안 된다."[5]

내전과 종파 간 권력 다툼이 끊이지 않는 상황에서 자신이 나아갈 길을 선택하는 것이 당시 유가의 난제였다. 판귀틱은 관직에서

---

3) 陳義 편집, 『漢文小說總冊』, 科學社會出版社, 1997.
4) 위의 책.
5) 위의 책.

물러나 은거하였지만 유교도에 따라 전통적인 길을 선택하며 황제에 대한 충심을 잃지 않았다. 그러면서 학교를 설립하여 인재를 양성하고 '문이재도(文以載道: 글로써 사상을 표현하다)'를 이상으로 삼았다. 다른 유학자들과 마찬가지로 판귀틱 역시 학습-과거-등과-관직 등용이라는 전통적인 길을 선택하였다. 물론 그의 삶을 보면 이상을 실현하지 못한 것처럼 보일 수 있으나, 실제로 그는 많은 우수한 후학을 양성하여 큰 공헌을 했다.

2. 유교의 가르침을 후대에 전파

당시에 사람들은 판귀틱의 높은 덕망을 칭송했다. 후대를 위한 좋은 스승을 양성하는 데 힘써 '스승 중의 스승'이라고 불리기도 했다. 판귀틱은 첫 수업에서 늘 독서를 지도해 학생에게 가장 적합한 서적을 알려주었다. 간단해 보이는 일이지만 사실 책을 읽지 못한다면 지식의 바다에서 헤매다 빠지기 쉽다. 인류의 우뚝 솟은 지식의 보고 앞에서 자신에게 적합한 서적을 선택하지 못한다면 부족한 부분을 채우지 못하게 된다.

그는 학생들에게 "생과 사와 같은 심오한 문제를 논하기보다 구체적인 상황에 따라 가능한지 아닌지를 판단해야 한다. 옳고 그름에 관해서는 적합하고 구체적인 이유를 여기에서 찾을 수 있다[非高談太極言性命之謂必其隨事隨文可否是非求于精当而已]."[6]라고 지도했다고 행장(行狀)에 기록되어 있다. 독서는 책을 완전하게 신뢰하는 것이 아닌 책을 통해서 직면한 다른 문제를 해결하는 것이다. 책을 읽을 때는 한 작가의 책만 보면 안 된다. 그렇게 되면 주관적인 기준에 빠지고 의지를 얽매게 된다. 책 읽기를 배우는 것은 세상의 바른 도리와 인생의 진리를 찾아가는 것이다. 판귀틱은 학생들에게 "독서의 도는 문장의 구절을 차분하게 이해하는 것으로 심오한 말로 본래의 의미를 잃게 해서는 안 된다. 또한 선유(仙儒)의 주석도 한 계파만 보지 말고, 마음을 열어 이치를 탐구해야 한다[讀書其文從字順平心講說不可抗之使高轉失本旨注疏亦不可專主一家博求其是]."[7]라고 당부했다. 이 말은 오늘날 여전히 학생들을 위해 어떤 책을 선택해야 할지 고민하는 우리에게도 큰 가르침을 준다. 많은 사람들이 읽거나 사고하는 데 나태하여 자신의 마음에 맞는 책을 발견하면 좀더 탐구하기 보다는 베껴 적기에 급급하고, 칭송하기에 바쁜데 사실 이는 책의 원래 의미와는 큰 차이가 있다. 또한 책의 내용을 무조건적으로 신뢰하고, 열린 마음으로 '책 속의 이치'를 탐구하지 않는다면, 극단적이고 편협한 사고로 다른 사람의 의견을 받아들이기 어려워진다. 자신만 옳다고 여기는 생각은 자기 자신을 해치는 일이며, '학습은 부족한 지식을 채우는 것'이라는 목표에도 위배된다.

입제(立齊) 판귀틱은 학생들에게 과거 급제를 위한 학습의 부정적인 면도 지적했다. 그는 다양하게 읽어 근본적인 의미를 찾고,

---

6) 입제선생행장(立齋先生行狀), A.775, 張 24a.
7) 입제선생행장(立齋先生行狀), A.775, 張 24a.

어떤 문제가 가능한지 여부를 판단하게 하는데 학습의 이유가 있으며, 학식과 진정한 창의력을 갖춘 학자라면 '학위'가 없어도 사회의 존경을 받을 것이라고 보았다.

본이 되는 스승 판귀틱은 학생들을 절제하게 하는 법을 잘 알고 있었으며, 스스로 절제할 수 있도록 지도했다. 출세하지 못한다 해도 진리가 어디에 있으며 무엇이 한 때 헛된 소모인지 알게 했다.

허명(虛名)으로 세상을 속이려 하는 이들은 처음에는 실력으로 자신을 내세우고자 하나 그 후에는 명성을 이용하여 점차 조정의 자리를 두고 다투니 아직 성숙되지 않은 실력이 이름에 가려 사라진다. 예부터 영웅호걸 모두 이 둘 사이에서 헤매었다. 성현은 실력 있는 이가 이기면 칭찬하고, 이름난 이가 이기면 부끄럽다고 했는데 군자는 이기려고만 한다.[8].

배우는 자는 지식인을 대표하는 것이 표면적인 화려함인지, 내면의 지식인지를 명확히 알아야 한다. 만약 드러나는 화려함으로 내면의 부족함을 덮는다면, 처음에는 자랑할 만한 것이 있을지 몰라도 시간이 흐르면 가려졌던 표면이 벗겨져 그 안의 부족한 실체가 드러나게 될 것이다. 그래서 실력이 가장 중요하며 실력은 성실함과 진정한 지식을 말한다. 때문에 실력을 최우선으로 삼아야 한다. 재능과 학식을 중시하면 감독관이 수험생의 답안에 비록 일부

---

8) "以聲譽爲炫世之資始焉務矜厥名,終焉持厥名久之爭名于朝究之名未成而寔先墮古來英雄豪傑誤于名之中者豈少哉昔賢云寔勝善也名勝恥也君子惟務寔勝而已.[名寔辨]" 입제선생행장(立齋先生行狀), A.775, 張 24a.

실수가 있다하여도 창의적이고 좋은 답안을 제출하면 합격시키는 것이다. 쭈비엔찌(周遠誌)는 판귀틱에 대해 "선생은 시험 답안을 채점할 때면 문장의 구절구절을 보아 누가 진정한 실력과 학식을 겸비하였는지 판단하였다. 혹여 실수가 있는 자는 합격시켜도 간사한 수를 쓰는 자에게는 엄했다. 선생은 공명정대했고, 그 누구에게도 털 한 올 숨김없었으며 답안을 3번 이상 보았다. 그래서 수많은 명사와 사대부가 그를 신뢰했다."라고 말한다.9) 판귀틱은 학업에 매진하여 관직에 등용되어도 늘 배우고 자신을 발전시키고자 노력해 후세에 본이 되어야 하고, 사회의 지식인으로 마땅히 나라와 민족을 위해 공헌하는 것이 진정한 명성이며, 대세에 따라 누리고자 하여 빼앗는데 앞장선다면 그 모든 것이 헛된 명성이라고 제자들에게 당부했다.

우리 사회의 모든 사람 가운데 1등은 선비라 불리며 선비는 다른 4명을 이끌게 된다. 따라서 선비는 외부에서 얻게 되는 명성만큼 내적으로 실력을 쌓아야 한다. 부끄러움 없는 실력을 갖춘 선비가 명성을 얻는 것은 부끄러움을 당하지 않는 일이며, 존경을 받는 것도 이치에 맞는 일이다. 하지만 부족한 실력으로 선비에 오른 자는 다른 이의 질타에 허명(虛名)으로 그것을 덮으려 할 것이다(선비의 예의염치/禮義廉恥)10)

---

9) "猶命典試衝文知有學者雖大錯誤必取尤抑奔誑奸巧者毋得其私前後典試凡三所得多名士士論信." 입제선생행장(立齋先生行狀), A.775, 張 24a.

10) 입제선생행장(立齋先生行狀), A.775, 張 20a·b.

판귀틱의 견해에 따라 교육하는 것은 지식인에게 가장 귀한 일이며 또한 지식을 전수한다는 것은 가장 행복한 일이기도 하다. 그래서 그는 하노이에 입제(立齊)학교를 세우기로 결정했다. 당시 신망 높은 스승이었던 부이후이빗(裴輝碧)[11]은 "내 나이가 입제(立齊)보다 많아 먼저 세상을 떠나게 될 것이고, 백년이 지난 후에도 입제와 견줄만한 인재가 있을지 모르겠구나. 그러니 너희들은 그에게서 배우도록 하라."[12]라고 말하며 문하의 제자들을 판귀틱에게 부탁했다. 이런 당시 판귀틱의 교육 방식과 학습 방식이 어느 정도 영향력을 가지고 있었으며, 높은 평가를 받고 있었는지 잘 보여주는 사례이다. "진위관퇴위사(進爲官退爲師, 나아가 관직에 오르고 물러나 스승이 되다)". 당시 혼란한 사회적 환경 속에서 판귀틱은 고민하며 관직에서 물러났지만, 포기하여 멈추지 않고 교육에 매진했다. 수많은 제자들이 관직에 오르거나 교육에 힘써 '베트남 승룡(升龍)지역 문화 진흥'을 이끌었다. 이는 판귀틱의 새로운 방식의 사회 공헌이 성과를 거두었다는 것을 의미한다.

---

11) 裴輝碧 또는 裴輝璧(1744~1818), 자는 희총(希枪), 하노이 출신. 그는 레 왕조 현종 때 황갑(黃甲)을 지냈고, 학교 교리를 담당하며 시제까지 올랐다(1771년). 예안독동 등 직무를 수행하면서 정치에도 참여하였다. 그러나 떠이 썬 왕조에 이르러 관직을 내려놓고 학생을 양성하며 글을 썼다.

12) 입제선생행장(立齊先生行狀), A.775, 張 16a.

3. 유교 도덕 지식의 전파

입제(立齊) 판귀틱온 먼저 정신과 인격을 수양한 후에 과거에 급제해 관리에 올라야 한다는 교육 이념을 갖고 있었다. 그는 "나는 본래 과거 시험의 문장을 가르치기보다 매일 한 두 명의 학생이 경서와 사서(經史)를 가지고 나와 설명해보게 하고 싶다[我本不欲專以此藝教諸子弟只得三五人日將經史於前誦讀講說以爲樂]."라고 토로한 적이 있다. 배움은 정신을 즐겁게 하고, 인간으로서 도리와 사리에 통달하여 다른 이를 아끼고 공감하기 위해서이다. 판귀틱은 덕을 쌓고 능력을 어느 정도 갖춘 자가 관직에 나아가는 것이 선비 된 책임이라고 생각했다. 하지만 관직에 오른 이에게 가장 중요한 것은 지적인 부분은 물론이고 좋은 인격과 도덕적 품격도 갖추어야 한다는 점이다. 좋은 관리는 백성과 나라를 위할 줄 알고, 민족의 번영과 발전을 이끌어야 한다. 그는 자신의 학생들에게 "백성을 다스리는 것은 사실 양민(백성을 기르다, 養民)과 교육하는 일이다. 후대에 백성을 교육하는 일은 이전의 왕조와는 다르겠지만 부모, 형제, 어른에게 해야 할 일을 바르게 한다는 점에서 선조와 후대 사이에 큰 차이가 없을 것이다".[13] 화법은 다를지 모르지만 그 이치는 같다. 양민(養民)의 핵심은 근본과 절약이다. 근본이란 근면하게 일하는 것을, 절약이란 소비를 줄이는 것을 의미한다. 배움은

---

13) "民之道不過教養而已後世之教民非猶先王之教民也然求其父子兄弟長幼之各得其所無以異所以法不一而道一者也養民之法在務本而節用務本者勤之謂也節用者徐之謂也." 입제선생행장(立齋先生行狀), A.775, 張 38a.

지식을 쌓기 위함이요, 백성을 배 불리고 편안하게 하는 방법을 찾는 것이다. 이것이 바로 관직에 오른 자의 사명이다. 배움에 게으르고 덕을 쌓지 않는다면 관직에 오르고도 힘을 잃게 되고 백성을 일으켜 나라를 돕지 못할 것이다. 관료는 백성 앞에 서는 사람으로 조정과 백성이 주는 빛을 누리기 때문에 부단히 도덕을 수양하고 지식을 갈고 닦아야 한다. 풍부한 지식을 통해 생산을 늘릴 수 있고, 백성을 기르고 배부르게 할 수 있는 능력이 생긴다. 도덕을 수양해야 예(禮)와 의(儀)를 분별하고, 백성을 포용할 수 있어 본이 된다. 관리의 책임을 맡은 선비는 염치(청렴과 부끄러움, 廉恥)를 알아야 실수하지 않고 물질에 미혹되지 않는다. 관직에 올라 백성과 국가의 발전을 도모하지 못한다면 명성은 무의미하다. 사실 실명(實名)과 허명(虛名) 사이에는 아주 모호한 경계만이 있어 단 한 순간이라도 강직하지 못하다면 독이 삽시간에 퍼져 경계가 무너지게 될 것이다. 관직에 오르는 것에 큰 열정이 없었던 판귀틱이었지만 배우고 과거 급제 후 관리가 되어 백성을 돕는 것이 선비로서 나아가야 할 길이라고 여겼다. 따라서 선비의 4덕행을 성실히 이행하고, 늘 몸에 지녀 떠나지 말아야 하며 잃지 않도록 조심해야 한다고 강조했다. 입신출세하기 전에 마을 주민들에게 본이 되어 이후 교화하는데 도움이 되도록 하고, 도덕과 윤리를 보호하며 사회의 추악함을 없애고 조금의 천한 것도 허락하지 말아 명예에 걸림돌이 되지 않도록 해야 한다(선비의 예의염치)고 하였다.[14]

---

14) "士誠於是四者体之而弗離奉之而無失在下則訓俗型方在上則明体達用於以助宣教化扶持人倫而囂喪隕越之集苟且卑污之行不使少干於其身焉庶幾可長享榮名而無愧

그가 언급한 4덕행이란 예, 의, 염, 치(예절·의리·청렴·부끄러움을 아는 태도, 禮義廉恥)를 의미한다. 선비는 자신에게 성실해야 하는데 내면의 4덕행이 근간이 된 성실함은 어떤 상황에서도 타락하지 않도록 잡아주어 비로서 완전하게 "부끄러움 없이 명예를 누릴 수 있게 된다".

학생들의 이해를 돕기 위해 맹자의 말을 인용하기도 하였다. 밥 한 그릇과 국 한 대접이 있어도 멸시하며 건네면 굶주려도 받지 않을 것이요, 발로 짓밟아 건네면 거지라도 받지 않을 것이다. 평범한 이들의 예의염치는 약해도 이렇듯 지켜지는데 하물며 선비가 이를 포기한다면 현인이나 성인이라 흉내 낼 수 있을까?[15] 만약 관리된 자가 염치로 자신을 다스리고 예의로 다른 이를 대한다면 감사하지 않을 자 없을 것이고 스스로도 지킬 수 있다. "하물며 사대부가 현명한 임금을 만나 몸과 마음을 다잡고 도를 닦고, 군자는 학문을 닦고 친구를 사귀어 사람을 도우니, 덕과 의를 기준으로 과거에 합격한 자의 명예를 더럽히지 않고자 한다."[16]

판귀틱은 학생들에게 "갓난아이로 이 땅에 태어나 힘든 삶의 여정 끝에 무로 돌아간다. 이는 선인이나 영웅호걸이나 낮은 자나 교활한 자나 예외 없이 모두가 언젠가는 죽음을 맞이한다. 하지만 어떤 이의 죽음은 사라지지 않고, 어떤 이의 죽음은 흙으로 부서져

矣. [士人当有禮義廉恥]" 입제선생행장(立齋先生行狀), A.775, 張 21b, 22a.

15) 입제선생행장(立齋先生行狀), A.775, 何玉端, Sđd, 43쪽.

16) "況乎士夫遭際聖明以身循道君子進德修業以友輔仁將無愧于科名蓋有資于德義[賀卓峰松年范公]." 입제선생행장(立齋先生行狀), A.775, 張 29b.

완전하게 사라진다. 추악한 육체가 한 줌의 흙으로 변해버리면 그 누가 살았었는지 완전히 잊혀진다."17)라고 말했다. 그래서 '세상에서 가장 쉬운 일은 죽음'이지만, 부끄럽지 않는 죽음은 그 생기가 세세에 기억된다."18) 이 생기는 바로 모든 이의 마음속에 있는 인품과 자존과 자중을 아는 것을 의미한다.

4. 사상 전수

응우옌 성조 신이년(1821) 5월에 특별 교시에서 "시중학사 판입제(立齋)는 유학의 선비로 명망이 높고, 재능이 뛰어나다."19)라고 치하했다. 판귀틱의 제자들은 진심으로 그를 존경했으며, 그들에게 스승이란 평생을 단련해 나아가게 하는 우상 같은 존재였다. 제자 쭈비엔찌(周遠誌)는 "배움에 관해서 스승님은 보통 사람과 달랐다. 과거에 급제하기 위해 잘못된 방향으로 학습하며 잊었던 경서와 사서의 대의를 스승님을 통해 깨달았다. 이에 만족하지 않으시고 더욱 노력하셨던 스승님께서는 늘 도의는 사서 안에 있다."라고 말씀하셨다.20)

판귀틱의 애제자 쭈비엔찌(周遠誌)는 학식이 높았으나 과거를 보

---

17) 입제선생행장(立齋先生行狀), A.775, 何玉端, Sđd, 46~47쪽.
18) 입제선생행장(立齋先生行狀), A.775, 何玉端, Sđd, 46쪽.
19) 입제선생행장(立齋先生行狀), A.775, 何玉端, Sđd, 22쪽.
20) 입제선생행장(立齋先生行狀), A.775, 何玉端, Sđd, 22쪽.

지 않고 교육과 의료 구제, 집필에 힘쓰며 스승의 뒤를 이었다. 많은 제자들이 다양한 분야로 진출했고, 과거급제 후 관리가 되어 후대에 지식을 전파하는데 기여하기도 하였다. 하지만 대부분이 응우옌 왕조 당시 문리박사(文理博士), 문초보감(文超副榜), 위충보감(偉忠博士) 등 교육과 연구소 관련 직책을 맡았다. 과거에 급제한 판귀틱의 대다수 제자들은 스승의 영향을 받아 잠시 조정의 관료로 있다가 낙향하여 학교를 세웠다. 호안끼엠 호(還劍湖) 주위에 호정(湖庭), 방정(芳庭), 지정(誌庭), 양정(陽庭), 연정(蓮庭), 선정(善庭) 등 '庭'자가 들어간 학교 이름은 그의 제자들이 세운 학교이다. 학교 이름에 '정(庭)'자를 넣어 선조의 이름을 빛내고자 한 것으로, 황갑(黃甲) 응우엔뜨지안(阮思簡), 박사(博士) 응우엔색헙(阮仲合), 박사(博士) 방뜨엉호이(黃相協), 황갑(黃甲) 레딘딘(黎庭延), 부방(副榜) 판히렁(范希亮), 응오반당(吳文鄧), 학사(學士) 리응옥럼(李玉林) 등이 있다.

　판귀틱의 학생들은 스승의 가르침에 따라 '입신'하였고, 관직에 있을 때를 제외하고는 백성을 위해 지식을 전하고자 학교를 세웠으며, 국가의 인재를 기르기 위해 민족 문화를 부흥시켰다. 먼저, 판귀틱의 우수한 제자들은 '向善會(응옥썬(玉山寺)사에 위치)'를 조직하였고, 부똥판(武宗潘)과 응우엔반시에우(阮文超)가 회장을 맡았다. 이후 응옥썬 사당은 진정한 의미의 '문화의 사원'으로 거듭나게 된다. 이들은 백성들이 선을 행하게 하고, 사람의 착한 본성과 학업에 대한 열정을 이끌어 내었다. 이런 사상은 19세기 말은 물론 20세기 초에도 영향을 끼쳐 박하지사 '동경의숙(東京義塾)' 흐름의 바탕이 되었다. '동경의숙' 운동의 목표 역시 교육 계몽 활동을 전개하는 것으로 무상교육 학교를 설립하고 연설회를 통해 사상을 교류하고 국민을 양성하는 것에 있다.

렁반람(梁文幹)은 응우옌뚜에득(阮慧德) 학사의 제자(蓮庭 학교)[21]로 전통을 이어 동경의숙의 숙장(塾長)을 지냈다. 이로써 박하 사대부의 후손이 정치에 참여해 국가 발전을 위해 기여했고, 변호사기자 무정괴(武庭槐, 武宗潘 박사의 4대 손)는 베트남 민주공화국 1대 국민교육부 장관에 올랐다.

판귀틱은 교육과 유교(儒教) 지식을 전하기 위해 평생을 고민했다. 죽기 전 그는 "죽음이 앞에 후회가 되는 것이 무엇이 있겠는가. 단지 새로운 학생 중 자질이 좋은 자가 많은데 이끌지 못하는 것이 미안할 뿐이다."라고 말했다. 또한 삶의 마지막 순간에 그는 이렇게 독백했다. "가만히 생각해보니 이 세상에 60여 년을 보내도 자녀를 양육하기 싫어 자녀로만 남는다면 후세들이 가족의 후예를 알 수 없으니 무익하다. 가정교육 역시 마찬가지다. 부귀만 좇아서는 안 된다. 그럼 현재의 희생이 훗날 반드시 누리게 되니 영원히 죽지 않는 것이다."[22]

---

21) 阮慧德 학사는 판귀틱 박사의 제자이다.
22) 立齋先生行狀, 何玉端, Sđd, 27쪽.

5. 결론

학교를 설립하고 교육에 힘썼던 판귀틱의 노력은 어느 측면에서 보면 응우옌 왕조의 재건과 유교를 확대하려던 노력과 맞았지만, 판귀틱의 교육 목표는 응우옌 왕조와는 달랐다. 판귀틱은 지식과 도덕을 겸비한 유교 학자를 양성하고자 했으나, 응우옌 왕조는 유교(儒教)의 보수적인 측면을 이용하고자 교육했다. 응우옌 왕조의 자롱(嘉隆)황제, 민망(明命)황제, 티에우찌(紹治)황제, 뜨득(嗣德)황제 역시 과거에 급제한 사람을 등용하여 유학(儒學)을 일으키고 번성기를 다시금 맞이하여 국가의 정치와 사상을 공고히 하고자 했다. 하지만 응우옌 왕조의 유교(儒教) 교육은 관직에 오르는 것에만 목표가 집중되어 있어 유학자들의 깊이가 줄어드는 결과를 초래했다. 물론 "몸을 영화롭게 하며 집을 살찌우고자[榮身肥家]"했던 학술을 고집했던 이들도 있었으나 이미 사회의 상황과 맞지 않았다. 유가 판귀틱은 사상체계를 확립하지는 못했으나 교육과 양성에 있어 변화가 필요하다는 것을 인지했다. 그는 후대 유교 선비들이 보수적인 사상을 변화하도록 길을 닦아주는 역할을 했으며, 깊은 이해 없이 모방만 하는 연구의 문제점을 바꾸려고 시도했다. 판귀틱의 제자에서 제자로 계통이 이어져 내려오면서 응우옌야이또(阮長祚), 응우옌룹짜이(阮璐齋)와 같이 교육분야에서 유교 교육의 낙후된 면을 비판하는 학자도 나왔고, 그 후 유학자 당후이쯔(鄧輝㷆)는 기존의 깊이 없는 모방식 학습방식을 버리고 학생들의 창의적인 사고를 가능하게 하는 교육방식으로 전환해야 한다고 주장했다.

이렇듯 우리는 유학자 판귀틱 박사의 사례를 통해 18세기 말~19세기 초 베트남 유교에 이미 변화의 움직임이 생겨났음을 알 수 있다. 유교의 '삼강오륜'를 중심으로 한 사상체계를 여전히 따르고 있지만, 전통적 사상을 유지하려는 유학자들은 공자의 가르침을 지키면서도 치국에는 참여하지 않고 대신 인재 양성, 유교 지식 전파, 문헌 기록에 힘썼다.

이는 베트남이 '서양의 문명'을 접하면서 생겨난 자연스러운 변화이자 전제가 되었다. 각성을 통해 새로운 문명을 받아들이면서 학식의 필요성을 느꼈고, 교육에 대한 인식이 높아졌다.

참고문헌

『立齋先生行狀』, A.775, 漢喃研究学院.

『東溪詩集』, A.2439, 漢喃研究学院.

阮朝國史館, 『大南實錄』, A.2772/1-67, 漢喃研究学院.

越語(베트남어):

周志, 何玉端譯解, 『立齋先生行狀』, 胡志明: 學料中心出版社, 1969.

陳義－Francoic Gros 同主編, 『越南漢喃遺産——題要書目』, 河内: 社
    會科學出版社, 1993.

阮璐, 『越南文學(下半XVII世紀~結束XIX世紀)』, 教育出版社(第2次 再
    版), 1997.

陳玉王, 『儒家才子文學作者的類型與越南文學』, 教育出版社, 1995.

陳義 主編, 『漢字小說總册』, 科學社會出版社, 1997.

陳氏冰清, 『串玉侯——作品』, 科學社會出版社, 2006.